本书获得

福建省自然科学基金项目"基于语义分析的公司社交媒体披露的市场影响研究"

（项目编号：2019J01882）、

福建省社会科学研究基地重大项目"大智移云背景下的主动财务报告模式研究"

（项目编号：FJ2018JDZ014）和

福建省社会科学研究基地财务与会计研究中心

资助

福建省社会科学研究基地财务与会计研究中心系列丛书

Series Books of Fujian Province Philosophy Social Science
Research Base Finance and Accounting Research Center

新媒体环境下上市公司
信息披露研究

王　冰／著

RESEARCH ON FIRM

DISCLOSURE IN

NEW MEDIA ENVIRONMENT

中国财经出版传媒集团
经济科学出版社
Economic Science Press

前言

　　党的十九大报告明确提出推动大数据与实体经济深度融合，实施国家大数据战略。2017 年 12 月中央政治局会议上，习近平总书记提出要运用大数据推进国家治理的现代化水平。大数据也是世界各国关注的焦点，美国政府把大数据比喻为"未来石油"，麦肯锡全球研究院则认为大数据是与蒸汽机改良类似的"第四次产业革命"。中国也正在积极利用大数据和信息技术提升资本市场运行效率。《资本市场信息化建设总体规划（2014—2020）》中提到，"到 2020 年，中国资本市场信息化建设的总体目标是：全面建设世界一流的资本市场信息系统"。其中主要任务是让投资者能及时获取市场各种类型的信息披露公告，满足各种投资者日益增长的信息需求。新媒体的全民化、及时性和互动性等特点能大大降低信息披露的成本，未来在资本市场的信息披露上将会大有所为。

　　2019 年 1 月，中国证券监督管理委员会和上海证券交易所发布了科创板及试点注册制征求意见稿，对科创板信息披露提出了更高要求，在设置科创板和试点注册制前夕，公司信息披露责任得到进步一强化。证监会和上交所要求公司要更充分地披露信息，但仍然没有提到要利用新的信息技术更及时、全面、多元和广泛地披露信息。笔者研究中国资本市场与会计多年，见证着中国资本市场从初创到不断发展完善，信息披露制度也不断地修订和提升。可是，信息披露问题却仍然层出不穷，之前有蓝田股份、万福生科和绿大地的信息披露违规和造假，近年有獐子岛上演的一次又一次"扇贝跑了"，导致投资者损失惨重，资本市场遭受信任危机。改革信息披露制度和信息披露方式刻不容缓，如果能很好地运用信息技术和新媒体的发展成果，在技术巨变的过程中，不断改变和修订信息披露制度，使其适应时代的变化，将会让中国的资本市场实现"弯道超车"，不断发展壮大，成为我国重要的国际竞争力之一。当然，这一过程需要转变思想，改变资本市场管理者和上市公司对信息披露的态度，不是一蹴而就的，但朝着这一方向迈出的每一步都很重要。

信息披露是资本市场发展的基石，真实、准确、完整、及时和公平的信息披露有助于提高资本市场的运行效率。传统媒体环境下，公司在指定媒体披露信息，其全面性、及时性、公平性和覆盖面较难得到保证。新媒体的出现改变了原有信息传播模式，让公司可以绕开中间媒体直面投资者，以较低的成本披露更多信息。本书以上市公司新媒体信息披露为研究对象，从会计信息披露的发展过程和新媒体传播的特征出发，采用规范分析和实证分析相结合的方法，研究了上市公司新媒体信息披露的博弈均衡、现状、主要影响因素和对资本市场的作用。主要研究内容和结论包括以下六个方面：

（1）通过理论分析，本书认为新媒体环境下，信息传播呈现多元化、交互性、非线性和自主性等特征。信息传播裂变式和全媒体化发展，传播速度快，范围广。新媒体传播主体的多元化和传播权利的全民化使代理人的行为更易暴露在委托人面前，有利于对代理人的监管。代理人则有了便捷和低成本的信息披露渠道，他们所做的努力和成绩更易被传播出去。公司管理层如果愿意在新媒体上披露，哪怕是微不足道的信息，也可以为投资者提供增量信息，提升其决策的准确性。理论上看，新媒体的特征如果能被较好地运用于信息披露，能减少信息不对称和委托代理成本，增强市场有效性。

（2）通过经济分析和博弈分析，本书综合研究了各主要利益主体之间的博弈关系，认为公司做出是否在新媒体上披露信息的决策取决于披露成本与披露对公司市场价值影响的权衡。由于新媒体的低成本特性，新媒体信息披露对公司和投资者都有益。上市公司基于竞争和自身利益会利用新媒体披露信息。当没有监管，博弈是一次性时，管理层可能会选择夸大披露以获取短期更高收益。如果考虑长远利益，从重复博弈的角度分析，公司会在新媒体上真实披露。但现实中经常出现短期行为，导致公司夸大披露。那么引入监管方，将被管理层侵占的利益返还和补偿投资者，新媒体披露就能达到帕累托最优。

（3）本书以最有可能使用新媒体的信息行业的公司为研究样本，通过统计分析考察了它们运用主要的九种新媒体披露信息的情况。研究发现，它们对公司网站和投资者互动问答平台的接受程度很高，对微信和微博的接受程度较高，对博客、App、RSS 订阅和邮件订阅的接受程度很低。互动问答平台上财务信息披露水平较高，微博和微信上的财务信息披露水平较低，主要用于宣传企业文化和维护客户与投资者关系等。可见，我国上市公司利用新媒体自愿披露意愿较强，但披露的财务信息较少，渠道有限。通过聚类分析，本书将新媒体披露接受程度分为高低两组，发现新媒体接受程度高的公司披露了更多信息，也更受投资者关注，说明新媒体披露能提升信息披露的效率。

（4）通过实证分析，本书研究了公司新媒体披露的影响因素，发现影响传统自愿披露的因素同样影响公司新媒体披露，而且传统影响自愿披露的因素对成熟新媒体（如网站新闻和互动问答）影响更显著。公司规模和是否再融资等对新媒体披露有正影响，财务杠杆、国有控股股东和股权集中度等对新媒体披露有负影响。公司业绩对新媒体的影响不同，对网站新闻和微信有正影响，对投资者互动平台有负影响。本书还对公司绩效与投资者聚集的互动平台信息披露进行了研究，发现绩差公司披露了更多信息，绩优公司受到了更多关注，说明投资者在互动平台上对信息的获取较为理性，绩优公司披露效率更高。

（5）本书还研究了新媒体信息披露的市场反应。以运用最广泛的微信为研究对象，选择经常使用微信披露的两个行业中的公司，用指示变量区分了有微信披露和没有微信披露的公告。发现在有微信披露时，公司股票换手率、成交金额和波动量等都显著上升，说明上市公司通过微信披露已公告信息可以增加信息披露覆盖面，节约投资者信息成本，减少投资者间的信息不对称，提升股票流动性。波动量的上升则表明，由于我国投资者不成熟，扩大信息披露范围增加了股票的波动性。本书还用微信披露的点击率作为披露水平的代理变量，研究发现微信披露点击量越大的事件，公司股票换手率、成交金额和波动量都会上升，微信披露增加了投资者的关注度，提升了股票的市场流动性。本书还将公司分为规模大小不同的两组，研究发现小公司通过微信披露引起的市场流动性增量要强于大公司，说明小公司微信披露效应更明显。

（6）基于对上市公司新媒体信息披露的研究，本书提出了监管建议和制度设计。理论和实证分析都认为公司新媒体信息披露可以提高市场效率，因此，从监管上来看，放开信息披露的渠道管理，提倡公司采用多种载体提升信息披露的全面性和真实性，鼓励公司运用新媒体及时披露，增强公平披露，倡导全民监管模式，增强公司的媒体压力，减少虚假信息披露。加大新媒体披露处罚力度，提升公司治理水平，抑制夸大和虚假新媒体披露，加强新媒体信息披露的安全监管。从制度设计来看，建立新媒体披露的政府监管体系，实时监测上市公司通过新媒体披露的信息。完善新媒体披露的法律监管体系。健全新媒体披露的社会监督体系，鼓励投资者运用新媒体获取信息，提升信息传播效率，加强新媒体披露的内部监管体系。

目前，新媒体上的公司信息披露还不是我国官方指定的信息披露渠道，但美国等资本市场发达的经济体已经将其作为公司主要披露信息的媒体。虽然，它会出现各种问题，如最近特斯拉创始人马斯克在推特上披露公司可能私有化，随后又放弃，导致公司股票大起大落，最终遭到美国证券交易委员会处罚。这一事件彰显了新媒体披露的及时性，可以做到实时披露，甚至当方案还在管理者的头脑中时，但同时也说明这种随意披露可能导致资本市场的波动。这也正说明新媒体信息披露的监管和制度需要进一步增强和完善，新媒体信息披露的理论和实践需要进一步提升和总结。相信随着时代的进步，随着技术、理论、实践和制度的进一步完善，上市公司新媒体信息披露必将成为主流，从而进一步提升资本市场信息披露的效率。

如果我们再大胆地想象一下，未来公司的信息披露能够通过多种媒体形式，不光是文字和图片，实现实时录像和实况播出，公司的每一项重要资产、负债、收入和费用的变化都能够通过实况转播的形式披露出去，那么财务舞弊和欺诈将被消灭，"不做假账"会成为真正的现实。这无疑给公司治理提供了最厉害的武器，可以解决许多现有信息披露和公司治理解决不了的事情，也为政府信息公开和国家治理提供企业层面的经验。因此，未来新媒体信息披露可以做得更多。

在本书即将出版之际，谨向我的导师潘琰教授致以最深的谢意！向亲朋好友们表示诚挚的感谢，他们的鼓励和帮助，使我能够完成这部作品。

王冰

2019 年 3 月 1 日

Contents

第1章

绪　　论

1.1　研究背景与问题的提出

人类有了文字之后，最重要的就是要有一个很好的载体。世界上每一次信息传播成本的降低都大大改变了世界。造纸术的发明，使人类摆脱了笨重的甲骨、竹简和昂贵且不利于书写的绢帛，为人类文化的传播和发展做出了十分宝贵的贡献，对中国和世界历史产生了重要影响。印刷术的发明则为书籍的传抄提供了更便利的条件，为信息及时有效的传播提供了方便，使得只有精英才能读书和接受较高教育的状况得到改善，为欧洲的文艺复兴提供了一个重要的物质条件。类似于造纸和印刷术，新媒体再一次颠覆了信息传播方式，它的出现和发展使信息可以在短时间内大量传播，传播速度的大幅提高和传播成本的急剧降低都将对人类社会产生重要影响。

美国著名的大法官路易斯曾说过，"阳光是最好的防腐剂，灯光是最好的警察"。充分透明的信息披露是资本市场上的阳光，让隐藏在黑暗中的公司舞弊行为无处藏身。但是，信息披露需要成本，公司会权衡成本与收益进行信息披露。新媒体的产生极大地降低了信息披露的成本，扩大了信息传播的覆盖面，提升了信息传播的多元化和及时性，这些变化将对上市公司的信息披露造成怎样的影响？

每一种新媒体的产生和广泛运用都标志着世界已经进入了新时代，这个时代是全新的交流时代，如果我们不能跟上时代的步伐，将被时代所抛弃。

随着 Web2.0 和移动通信技术的迅猛发展，微博、微信、Blog、Tag、SNS、Wiki、IM 等新媒体应用遍地开花，显著影响着人们的日常生活、工作和社交，深刻改变着人们获取和使用信息的方式，让大众信息的传播形式、社交关系的维系形式和社会结构的演进形式都发生了重大变化。例如，美国总统特朗普 2017 年的胜选也主要借助了社交媒体等新媒体。可见新媒体的巨大影响力。

新媒体也使公司信息披露在会计理论、会计政策、证券发行与交易、披露方式和市场监管等诸多方面发生了巨大变化。2008 年，美国证券交易委员会（the U. S. Securities and Exchange Commission，SEC）认可上市公司官方博客作为发布各类财务信息的正式平台。2013 年 4 月 3 日，SEC 又允许上市公司在事先告诉公司股东会使用哪些网站进行信息披露后可以使用推特（Twitter）、脸谱（Facebook）等社交媒体披露关键企业信息，美国上市公司对推特等新媒体的运用程度达高达 70%。

在我国，新媒体环境下的信息披露正处于起步阶段，上市公司信息披露主要由证监会指定的《中国证券报》《上海证券报》等几大专业报刊垄断，这些权威渠道虽然从法律上为信息的准确性进行了背书，但因事件发生与信息披露之间的时间较长，容易造成信息泄露与内幕交易，且缺乏互动性。新媒体的出现使信息披露出现了新现象，一方面，越来越多的上市公司利用微博、微信等来发布信息，提高信息发布的频率、及时性和覆盖范围，实现同步播报，节约信息成本，减少信息不对称；另一方面，其自媒体性质使其在媒体治理方面也起到了监督上市公司、保护投资者的作用。但是，披露缺乏规范和网络的不安全性也让新媒体存在诸多隐患，如黑客攻击可能性高、擅自发布内幕消息和虚假消息的流出等，对资本市场冲击强烈。

在新媒体这种冰与火的环境中，上市公司信息披露成为重要的研究课题。2013 年 6 月，证监会发言人对新媒体的信息披露行为做出说明，证券交易所将核查在新媒体发布、传播上市公司未公开信息导致股价异常波动的行为，强调信息披露人在新媒体公布信息的时间不得先于指定媒体，披露的信息必须真实、客观，禁止误导，不得提供、传播虚假或者误导投资者的上市公司信息等规定，要求上市公司加强新媒体归口管理，及时发现、快速澄清新媒体上的不实公司信息。在加强监管的同时，证监会也鼓励上市公司使用新媒体进行信息披露，并正在积极研究新媒体的信息披露形式，开通了类似于微博、微信的投资者互动问答平台。而学者们对信息披露的研究仍主要集中在传统媒体角度，对新媒体环境下公司信息披露的研究较少。因此，本书紧紧围绕以下问题来分析：新媒体的特征如何？公司选择新媒体披露的考虑因素，各利益相关方在新媒体披露中的博弈策略及均衡，公司利用新媒体信息披露的现状怎样？有何运行机制、特点和影响因素？新媒体披露的市场反应怎样？如何构建新媒体信息披露的监管机制？以上问题亟须学术界的关注和研究。本书着眼于此，研究新媒体环境下的上市公司信息披露问题。

1.2 研究目的与意义

微信、微博等新媒体形式的出现丰富了上市公司信息披露的渠道和披露方式，但也给信息披露的监管带来了挑战。本书将立足新媒体对信息披露的冲击，以新媒体治理为主线，系统研究新媒体冲击下上市公司信息披露领域出现的新现象，凝练重要科学问题。通过对新媒体传播的理论解释，探讨新媒体信息交流的特征、规律与机制，探寻新媒体信息披露多点多向的交流机理；剖析新媒体环境下上市公司信息披露的市场效率与影响；为有效治理新媒体信息披露构建综合治理机制，解决制度缺位难题，旨在为降低新媒体披露的风险和改善资本市场效率提供理论支持和实践指引。经过系统研究，本书丰富了信息披露领域的理论基础，推动了该领域理论与应用研究的深入开展。

新媒体具有开放性、及时性和裂变性等特点，这些特点正好匹配资本市场公开、公平、公正原则。研究新媒体信息披露的现状、特点和影响具有重要的意义。对于上市公司而言，有益于其把握新媒体的特征，匹配信息披露类型与信息披露渠道和方式，及时利用其及时性和覆盖面大的特点，达到提升信息披露影响的效果；对于投资者而言，有利于其掌握新媒体信息传播情况，正确做出投资决策；对于监管层而言，解决新媒体环境下信息披露的公平性和真实性等监管问题，建立健全新媒体环境下的信息披露法律法规，完善信息披露，有效防范舞弊行为具有重要意义。本书提出"新媒体环境下上市公司信息披露能提升信息披露的及时性、覆盖面和完整性，增强市场流动性，减少信息不对称"，研究成果将具有重要的科学意义和学术价值。

理论上，可以建立起新媒体环境下信息传播理论，丰富和发展现有信息传播理论和信息披露理论，促进会计学、行为金融学和相关学科的发展，引领信息披露研究的新领域；实践上，本书的研究成果能够对上市公司新媒体环境下信息披露提供理论和方法指导，并可在上市公司中推广应用，产生社会经济效益。

1.3　研究思路与方法

本书以新媒体环境下上市公司的信息披露为线索，以政策建议为目的，归纳总结新媒体披露的现状和特点，采用博弈分析新媒体披露各方的利益均衡，通过实证研究新媒体信息披露的影响因素和市场反应，分析上市公司新媒体运用的特点并提出政策建议。文章依据"现状分析—理论研究—特征归纳—博弈分析—实证分析—政策建议"来设计研究框架，如图 1-1 所示。

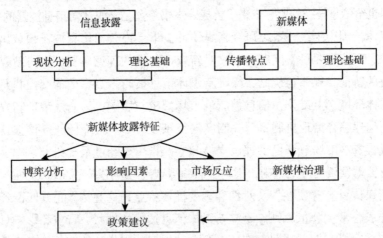

图 1-1　新媒体环境下上市公司信息披露研究框架

本书的主要研究方法如下：

（1）文献研究。经典理论和文献研读是文献研究的主要内容。本书通过全面、细致的文献研究，为新媒体环境下上市公司信息披露现状、影响因素和市场反应，奠定坚实的文献与理论基础。

（2）博弈分析。博弈分析是理论探索和机制构建的主要研究方法。本书通过分析上市公司新媒体信息披露各利益方的博弈过程，采用定量分析方法和多阶段博弈模型来研究上市公司进行新媒体信息披露的选择，及投资者和监管者的应对情况，最后分析得出博弈均衡。

（3）统计研究。统计上市公司通过各种新媒体进行披露的情况，运用均值分析对上市公司新媒体使用情况进行比较，通过聚类分析将上市公司按新媒体披露程度分类，研究各类别公司的特点。

（4）实证分析。运用回归分析方法，研究上市公司利用新媒体进行信息披露的影响因素及其对市场的反应。

1.4　主要内容和结构

本书利用新媒体数据和财务数据，运用理论分析、博弈分析和实证分析的方法对上市公司使用新媒体披露的情况进行了研究，系统分析了公司新媒体披露现状、影响因素和市场反应，为我国资本市场建立规范适当的新媒体信息披露制度和环境提供参考。

全书内容共分为8章。第1章为绪论，第2章至第7章是主体，第8章是结论和对未来的展望。

第1章介绍了本书的研究背景、目的意义、研究思路和方法，概括了研究内容并指出了本书的创新之处。

第2章对新媒体信息披露的相关概念和基础理论进行界定和研究。解析了新媒体的概念和特点，分析了新媒体传播的模型。对信息披露的概念进行解析，分析了自愿信息披露的发展历程。从信息不对称理论、有效市场理论和新媒体环境下的大众传播理论分析了上市公司新媒体披露。

第3章对上市公司信息披露和新媒体传播进行了文献回顾。对自愿信息披露的动机、影响因素、内容方法和效果进行了文献回顾，综述了网络媒体、社交媒体信息披露和新媒体的其他应用。本章对文献进行了全面梳理。

第4章对新媒体信息披露进行了博弈分析。运用三阶段博弈分析方法对信息披露各方进行了博弈均衡分析。文章分析表明，当监管薄弱时，投资者和公司的短期行为会导致公司采取夸大披露策略。引入监管方处罚夸大行为并将被公司管理层侵占的投资者利益返还投资者，新媒体披露方式就能达到帕累托最优。

第5章对上市公司新媒体信息披露现状进行了分析。本章考察了九种主要的新媒体披露形式，分析发现，公司网站、网站新闻、互动问答这些较为成熟的媒体在上市公司中的接受程度很高，微信和微博的接受程度较高，博客、App、RSS 订阅和邮件订阅的使用程度很低。互动问答的财务信息披露很高，微博微信等媒体财务信息披露水平不高。本章认为新媒体接受程度高的公司披露了更多的信息，也更受投资者关注。

第 6 章实证分析了新媒体信息披露的主要影响因素。本书发现影响传统自愿披露的因素同样影响新媒体披露。影响自愿披露的因素对接受程度高的成熟新媒体的影响更显著。本章还发现在互动问答上，绩差公司披露了更多的信息。

第 7 章实证分析了新媒体信息披露的市场影响。文章发现公司用微信发布信息时，公司股票的换手率、成交金额都在显著上升，说明上市公司通过微信发布公告可以提升其股票的流动性，减少信息不对称。

第 8 章对全书进行了总结和展望，并结合前面的分析给出了新媒体信息披露的综合治理建议。

1.5　主要创新点

本书的主要贡献在于：

（1）研究框架上，研究新媒体环境下的信息披露问题，基于信息披露—影响因素—市场反应—综合治理的整合分析框架是本书不同于以往分散研究信息披露和新媒体的创新性尝试。以前的零散研究大多出现在传媒学和会计学等领域，在新媒体对资本市场和上市公司信息披露的影响方面鲜有研究。本书研究资本市场上新媒体披露的特征、规律与机制，探讨其传播交流机理，为研究新媒体对资本市场的影响及治理奠定理论基础。

（2）研究内容和焦点上，本书聚焦于上市公司的新媒体信息披露，着重分析其影响因素和市场反应，这些内容的研究在国内尚属新领域。新媒体的传播加剧了信息披露的复杂性，但目前未见对新媒体传播增强市场有效性的系统研究。本书对新媒体的市场影响及其程度进行实证检验，研究投资者对新媒体传播的反应，形成新媒体对市场有效性影响的经验证据，有助于进一步研究新媒体信息治理的路径和方法。

（3）研究方法上，采用博弈分析和实证研究基础上的规范研究。从多方面研究新媒体综合治理机制，探讨其实现的可能性，提出应对中国新媒环境下公司信息披露的建议。这些都是本领域的创新研究。已有的研究较少涉及新媒体信息管理，而复杂的互联网环境和制度缺失也使新媒体治理遭遇严峻挑战。本书提出通过有效整合技术、正式制度和非正式制度来构建新媒体治理机制，超越传统的监控和监管思想。

第 2 章

相关概念及理论基础

　　本章首先对新媒体的概念做了界定，并对新媒体的特征与传播模型进行概括、分析和总结；其次对信息披露的概念进行分析，梳理了信息披露的发展进程；最后理论分析了新媒体信息披露，从信息不对称理论、博弈论、有效市场理论和新媒体传播理论论述了新媒体环境下信息披露的理论基础。

2.1　相关概念界定

2.1.1　新媒体

1. 新媒体的含义及内容界定

　　媒体是传播信息的媒介和平台，是大众接收信息的重要渠道。新媒体这一概念最早是由美国哥伦比亚广播电视网技术研究所的戈尔德马克（P. Goldmark）在 1967 年首先提出的，他在一份开发电子录像的商品计划中把与传统纸质媒体不同的、基于电波和图像的广播、电视和电影等称为"新媒体"（new media）。后来美国总统传播政策特别委员会主席罗斯托（E. Rostow）在提交给尼克松总统的报告中多次运用"new media"一词，使得"新媒体"一词在美国流行，进而扩展到全世界。当时的新媒体概念只是相对于旧的媒体报纸而言的。

　　互联网信息技术出现以后，新媒体概念发生了很大变化。联合国教科文组织认为新媒体是基于数字技术，以网络为载体的信息传播媒介。我国学者把新媒体定义为相对于报刊和电视等传统媒体而言，采用数字和网络技术，通过电脑和手机等终端设备，向用户传播信息和其他服务的媒体形态（葛欣航，2012）。

Web2.0 和移动互联网络技术发展迅猛，新媒体概念又有了新的变化。这时，手机和平板电脑等移动终端几乎取代了传统台式电脑和笔记本电脑作为信息的接收装置，人们渐渐习惯于使用手机等移动终端来阅读新闻、发布微博和微信及相互交流，这使用户可以随时随地的获得信息，突破了传统媒体的时空限制。因此，移动互联网被称为是在报纸、广播、电视和互联网之后的第五媒体。随着 3G、4G 和 WiFi 热点等技术的不断发展与完善，手机已经从一种通信工具变成了重要的信息传播媒介。产业界人士认为新媒体是基于数字技术的、具有互动传播特点的创新形态的媒体，它能同时为大众提供个性化内容，信息传播者和接受者在新媒体中具有平等的地位，他们可以进行个性化的交流。新媒体具有交互性、即时性、海量性、共享性、多媒体、超文本、个性化和社群化的特点。很多学者对新媒体进行了不同角度的研究，其定义也各不相同。有些从时间来划分，有些则以数字技术的变革来划分，还有些以新媒体体现的特性来划分。有学者认为新媒体是相对于旧媒体而言的，在互联网出现后的数字电视、网络媒体、手机媒体等都是新媒体。还有学者把新媒体定义为所有数字媒体，如数字化的传统媒体、网络、移动终端和数字电视等。有学者认为虽然新媒体具有即时性、开放性、个性化、信息海量化、成本低、方便检索和相互融合等特性，但其本质应该是信息传播上的互动性，在此基础上将新媒体定义为数字化的互动媒体（匡文波，2008）。甚至有学者认为新媒体除了具有互动非线性传播特征外，还应该是能够传播多元复合性的大众传播媒介，包括了数字广播电视（邵庆海，2011）。

可见，新媒体概念至今没有准确定义。本书认为，新媒体的新虽然体现在技术、形式和理念上，但理念上的创新是其核心内容，它是一种万物皆媒体的信息环境，能实现人与人之间信息的快速及时传播，将大众传播和人际传播相融合。从技术和传播维度两方面定义新媒体，只要它是基于数字、互联网或移动通信技术，能实现用户创造和即时互动，可以多向和非线性传播多元复合与无限兼容信息的媒体。因此，网络和移动媒体是我们所定义的新媒体形式。它既包括网页和互动平台，更包括博客、微博、微信和网络视频直播等基于数字技术的具有更强即时交互功能的社交媒体形式，但不包括互动性并不强的数字广播、电视和纸质媒体。

2. 新媒体的特征

（1）多元化。新媒体的出现使话语权和传播主体多元化。以前由主流媒体单向传播的方式被彻底改变，在新媒体环境下，只要有基本网络知识就可以建立自媒体平台，发布信息，使新媒体成为重要的信息发布渠道、开放化信息来源和多向信息传播载体，产生连锁传播效应。多元化也让传播者和接受者的关系变得模糊，二者能轻易转换：信息接收者在接收信息后再转发传播出去，变为传播者；原来的传播者也可收到接收者传来的信息，变为接受者。这种角色转化和融合的模式使传播主体地位泛化和弱化，进而使传播权利全民化。多元化的结果导致传播"去中心化"，用户的自主跟随产生新兴意见领袖，进而达到"再中心化"，意见领袖在新媒体中由于被跟随的人多，具有较大发声权，有较强舆论引导和社会动员作用。

新媒体的多元化，还体现在传播内容的多元化，相比于传统媒体，新媒体能较为有效地将文字、图形、图像、音频和视频等信息媒介融合在一起，通过多媒体形式满足信息接收者的需求，让他们感受多元信息的便利性。

新媒体多元化对公司信息披露的启示是：使公司成为新媒体意见领袖，增强信息传播的范围、广度；增强信息通俗化和碎片化特征，提升被传播的可能性；采用多元化信息，拓展信息传播的深度；运用区块链技术和电子鉴证技术减少信息传播过程中的信息失真和虚假信息。

（2）交互性。传统媒体很少能让受众发表自己的观点，互动性差。新媒体让传受关系发生变化，信息受众主体地位提升，改变了人们的交流方式，由单向传播变为交互式传播。新媒体的交互性使受众可以随时随地对传播者传播信息、表达思想、发表意见和看法。这种交互性极大地缩短了人与人之间的距离。各种新媒体层出不穷，各具特色。博客、微博和微信等主要实现人际传播，BBS、社区等主要实现群体传播，局域网和内部网主要实现组织传播，新闻网站、综合网站和各种数据库主要实现大众传播。这些传播形式相互关联，具有交互性，在新媒体内部进行信息共享和互动，形成一个巨大的网络。信息在大众互动、评论、转发和分享中不断补充和完善，传播效果更好。互动性还表现在新媒体中人机互动和跨媒体融合，平板电脑、手机等新媒体移动设备与传统的电视、广播等媒体上的内容相互融合，实现互惠发展、信息联动、资源共享、交叉互补，甚至真正实现全媒体。

新媒体的交互性特征对公司新媒体披露的启示是：披露的信息应简单易

懂，语音通俗和网络化，采用图画、动画、视频等多种传播类型，提升信息传播的效果。传播过程中的互动能提升信息披露的完整性和真实性，传播效果更好。

（3）非线性。传统媒体的信息一般只能实时线性传播，如广播、电视的音频和视频等一次性播放，受众一旦错过就很难返回，内容也是由传播者选择，报纸、广播和电视传播怎样的信息，受众就只能接收怎样的信息。新媒体中，传播具有非线性，受众可以自主选择信息接收的时间和空间，选择想接收的信息，忽略不关心的，权利在受众。另外，用户还可以在不同平台和页面间转换，根据自己的需要对信息进行暂停、倒退、跳转等操作，还可以相互交流信息，对信息进行编辑、收藏、共享和转发等，主动参与信息的传播过程，体现了一种点对点、点对多点、多点对多点的非线性传播模式。

新媒体传播的非线性特征对公司新媒体信息披露的启示是：在披露过程中发挥人民大众的力量，设置投资者感兴趣的话题，使其在参与过程中了解企业的信息，这样既传播了信息，又收集了投资者的观点等信息，让信息披露更加具有效率性。

（4）自主性。新媒体环境下，每个传播者和受众都是对等与独立的，都有平等和相互控制的权利。任何参与者在传播过程中都具有自主性，根据个人的偏好选择是否接收和转发信息。无论怎样的信息，只要传播者认为值得传播就可以转发出去，传播的内容完全由传播者自主选择和决定，通常突发的、异常的、贴近生活的、"草根"化的信息容易得到受众认可，引起他们的关注。传播者也可以自己创建信息，不需要像传统媒体一样层层把关、严格筛选。这种自主性使新媒体不能再像传统媒体那样进行单向同质化传播，而是会更加注重受众的个性需求，传播内容变得多样化和个性化。通过App 应用，用户可以定制差别化信息，分众异质化传播成为可能。通过大数据分析，精准地将信息需求分类，将大众按照其特性划分为单个相对独立的小群体，如虚拟社区、QQ 群和微信群等，向这些固定群体推送个性化和定制化信息，实现信息的精准传播和专业交流。

新媒体自主性特征对信息披露的启示是：自主性使得所有公司可以主动在新媒体上面对投资者直接披露信息，让那些被传统媒体忽略的公司获得一个平等的披露平台。传播的自主性决定了公司应该披露那些能引起传播者认同、认可或感兴趣的信息，并以一些通俗易懂的表达方式体现，让接收者有认同感和认可心理。有意识地建立上市公司信息披露社交群，精准的管理投资者和潜在投资者。

（5）碎片化。新媒体经历了从网页、BBS 到博客、QQ 空间再到微博、微信的变化。由于现代人生活节奏快，人们在互联网上利用零碎时间查看信息，发布的信息越来越短，时间和信息碎片化现象明显。碎片化导致信息缺乏深度，使人们的阅读习惯变得娱乐化、实用化和生活化，他们更欢迎那种贴近生活、轻松愉快和生动简单的信息，倾向于定制服务和人际交往。碎片化和全民化也引起信息大爆炸，海量信息充斥新媒体，又没有把关人，信息内容鱼龙混杂。重复信息、信息泄密、虚假信息和信息污染等影响着新媒体信息传播的效果，给监管带来困难。

新媒体碎片化的特征对信息披露的启示是：在碎片化的海量信息中，信息披露需要采用具有关注性的标题、娱乐轻松化和通俗化的表达方式传播公司信息；定制化发送给投资者和潜在投资者相关信息，建立投资者群，增加人际交往，加强投资者关系管理。许多公司披露的信息仍是陈旧的，直接复制传统媒体中的长篇文章，不新鲜也不及时，媒介语态也与新媒体的特征不符合，传播效果不好。

（6）数字化。以光纤为载体的数字技术是新媒体发展的技术基础，其将各种形式的信息用数字或代码进行编译后，在新媒休上传播，以数字化渠道和网络设备进行传播，信息的存储、复制、编辑、筛选、重组和传播等都非常方便，能够最大限度地拓宽信息的传播范围，打破时空限制。

新媒体数字化特征对公司信息披露的启示是：上市公司通过新媒体披露的信息在被转发时由于没有鉴证技术，容易被复制、编辑篡改。因此需要发展数字鉴证技术和区块链技术，提高新媒体信息披露的真实性。

（7）及时性。新媒体移动方便，可随身携带，使每个人都成了直播记者，能在第一时间发布现场情况，再加上数字技术使得信息传播的速度加快，信息的生成、解读、编码和传播在短短几秒钟就能完成，大大降低了生成和传播成本。信息受众也可在第一时间阅读一手信息，使信息传播的时效性大大加强，提高了信息传播的效率，缩短了时空距离。及时的信息生成和发送与庞大的受众群体以及群体间的人际和网络传播，使传播的范围和效果大大增强。

新媒体传播的及时性特征对公司信息披露的启示是：新媒体采用推送技术，只要投资者关注了公司，就能在第一时间接收到公司披露的信息，减少了接收信息的时间，降低了信息搜寻成本。目前，我国投资者主要是个人投资者，他们时间精力有限，信息渠道狭窄，新媒体具有更强的意义。公司能运用新媒体缩短信息披露的时间周期，减少信息泄密和内幕交易的可能。

（8）便利性。便利性体现在新媒体的传播者和受众上。传统媒体的成立需要经过国家多部门的审批，维持和发布也需要大量人力、财力。新媒体则比较简单，只需要在新媒体平台注册实名制账户就可以发布信息，成本很低。受众接收信息只需一个移动终端，如手机、平板电脑等，便可随时随地，几乎免费的获取信息，成本也很低。

新媒体便利性特征对公司信息披露的启示是：公司信息披露成本的大大降低有利于公司对自身信息的披露，减少内部人与外部人间的信息不对称，提高公司价值。因此，应在政策上允许和鼓励上市公司在新媒体上披露信息。

总体而言，新媒体具有多元化、交互性、非线性、自主性、碎片化、数字化、及时性和便利性等特点，这些特点使上市公司的信息披露具有全民化、及时性、低成本和多样性等优势，如果能利用这些优势构建良好的制度，必将促进和提升上市公司信息披露的效率，进而提升资本市场的整体效率。

3. 新媒体单元传播模型

通常的新媒体单元传播模型如图 2 - 1 所示，由网站、微博、微信等新媒体渠道发布信息，形成新闻，这些新闻的类型可能是文字、表情、图片或视频的一种或多种。公司通过发布渠道运用这些多种类型的表达方式将信息

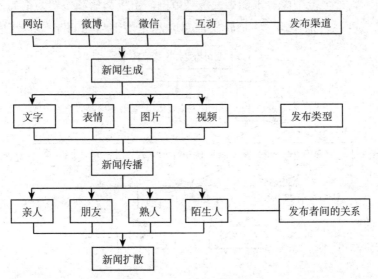

图 2 - 1　新媒体单元传播模型

披露出去，之后在亲人、朋友、熟人和陌生人间扩散开来。

上市公司的信息要能够被更广泛的投资者所知晓，首先，在发布渠道上应尽可能地运用各种新媒体形式，如在网站、微博、微信和互动平台等及时发布信息。其次，发布信息的类型应可以清晰地表达公司所要传达的信息，可以通过文字、图片和视频等多种类型的载体多角度的表达公司信息，让投资者便于理解、转发和传播。最后，由于上市公司希望信息传播面广，所以需更多的提高吸引力，增加投资者的关注度。增强信息时效性、可读性、趣味性和专业化，与投资者互动，能增加信息的转发和阅读量，更为广泛地披露信息。

4. 新媒体披露的全媒体传播模型

通常来说，公司新媒体信息披露要想更大范围的传播，进入全媒体传播是最好的情况，如图2-2所示。公司首先通过新媒体披露信息，一般最早是由相关的社交媒体发现并转发，当有意见领袖转发后，公司披露信息的影响力加强，吸引网络媒体加入传播。随着信息的进一步发酵，传统媒体加入传播，之后又有更多的社交媒体和网络媒体加入传播，达到全媒体传播。少数重要公司的重大信息一开始也许就会被网络媒体或传统媒体发现，并被扩散开来。当然，在传播过程中，如果信息没有传播价值，吸引力不够，就可能限制在某个范围内，不能扩大传播范围。由于微信和微博为主的社交媒体是"态度"传播模式，人们转发信息时总是附上自己对事件的看法和态

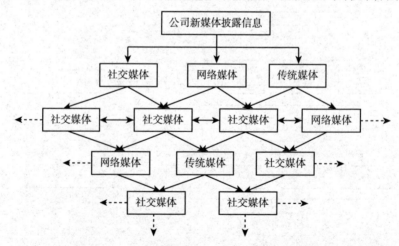

图2-2　公司新媒体信息披露的全媒体传播模型

度，因此公司在新媒体发布时需要特别关注发布信息可能产生的对公司态度的改变。

在社交媒体、网络媒体和传统媒体的交叉作用下，上市公司披露的信息才能更广泛地被传播出去。当然，想要网络媒体和传统媒体的加入，通常需要在社交媒体引起广泛关注，或者信息的内容有足够的引起兴趣的要点，因此上市公司在进行信息披露时，应选择一个适当的角度作为切入点。

2.1.2　信息披露

1. 信息披露的含义及内容界定

早在 1914 年，美国最高法院大法官路易斯·布兰代斯（Lois Brandeis）在其著名的《别人的钱》一书中说道，"信息披露可以治好社会和行业的弊病，因为阳光是最好的消毒剂，灯光是最好的警察"。[①] 信息披露是指信息制造者通过一定的信息传播载体和渠道向社会大众（或特定人群）发布及传递相关信息的过程。而上市公司信息披露通常是指公司在证券市场上发行证券、上市和交易等一系列过程中，按照法律法规、部门规章、监管机构和交易所的有关规定或管理者认为必要时，以一定方式向投资者和社会公众等信息使用者公告与公司证券有关的财务和其他对投资决策有影响的信息。这些信息可分为定量信息和定性信息。定量信息以财务信息为主，定性信息则包含内部控制、社会责任等。信息披露一般需要遵循真实性、准确性、及时性、完整性和公平披露的原则。信息披露是经济资源能被有效配置和资本市场高效运转的根本，对证券市场的透明度和定价效率有重要影响，是投资者做出投资决策的主要参考，也是证券市场监督管理的核心内容和践行公平、公开、公正"三公"原则的基础。

信息披露被分为强制披露和自愿披露。强制披露是政府通过干预市场以解决市场失灵的法定披露，主要是指由法律和法规等明确规定的必须披露的信息，主要包括发行前的首次披露和上市后持续公开的定期报告以及临时公告。首次披露一般由上市公司招股说明书和上市公告书等组成；定期报告主要包括年度报告、半年度报告和季度报告；临时公告主要包括公司收购公

---

① ［美］路易斯·布兰代斯：《别人的钱：投资银行家的贪婪真相》（胡凌斌译），法律出版社 2009 年版，第 53 页。

告、重大事件公告和其他需要披露的事项等。披露的内容则主要包括上市公司概况、主要业务情况、基本财务信息、重大关联交易、股东及管理人信息和内部控制情况等。

随着证券市场的发展，买方市场渐渐形成，上市公司为了吸引投资者，自愿披露以展示其企业文化、核心竞争力并进行投资者关系管理。自愿披露是上市公司根据自身需要而主动向公众公开的非法定信息。有许多机构和学者给出了自愿披露的定义，米克等（Meek et al.，1995）认为自愿披露是公司管理者自愿披露的，在强制披露之外的，与信息使用者决策有关的公司财务和未来前景等方面的信息。美国财务会计准则委员会（Financial Accounting Standands Board，FASB）则认为自愿披露是公司在会计准则（Generally Accepted Accounting Principles，GAAP）和其他监管要求之外主动披露的信息。他们通过研究公司网站和年报等渠道总结出了自愿披露的六大主要内容：业务数据；管理层对业务数据的分析；前瞻性信息；所有者和管理者信息；公司背景资料；没有确认的无形资产。我国学者认为自愿披露是公司为了宣传企业文化和进行投资者关系管理等原因而主动披露的非强制披露的信息（何卫东，2003；宋献中，2006）。另有一些学者认为公司在保证所有投资者都有机会平等获得信息的前提下，根据自己的意愿主动披露的、在强制披露之外的、可能对决策带来帮助的信息和行为是自愿披露（钟伟强和张天西，2006；梁飞媛，2011）。

可见，虽然学者对自愿披露的定义各异，但一般都认同自愿披露是上市公司在法律和法规之外的一种信息披露行为。它是以信息经济学、委托代理理论和有效市场假说等理论为基础，公司为了自身利益来解决由于所有权和经营权相分离而导致的信息不对称问题。由于我国监管部门规定所有"重大信息"必须在其指定的媒体进行披露，而新媒体不是我国官方指定的披露渠道。所以，公司在新媒体披露的信息主要是那些已经在指定媒体披露过的"重大信息"，如定期报告和临时公告等，也有披露如公司文化、品牌建设和合同签订等"非重大信息"，但这些"非重大信息"并非没有作用，仍具有一定信息含量。虽然本书所指的新媒体环境下的公司信息披露包含了部分已披露过的强制披露的内容，但大部分包含的是自愿披露的内容。由于新媒体到目前为止仍只是证监会鼓励而非指定的信息披露渠道，因此，从本质上说，上市公司新媒体信息披露行为仍属于自愿披露范畴，本书的研究属于非正式的自愿披露形式和渠道。

2. 自愿披露的特点

上市公司进行自愿信息披露是希望通过披露信息进行投资者关系管理，有效地与投资者沟通，增强公司股票的市场流动性，降低资本成本，提高资本配置效率。公司的自愿信息披露具有以下特点：

（1）自主性。自愿披露是上市公司的自主决策行为，是他们在对成本与收益相权衡后所做的披露或不披露的行为，由管理层根据自身的实际情况和投资者的需求而确定是否披露，以何种形式披露。是否在网站或其他新媒体上披露，披露哪些信息，都是由企业管理者根据信息重要性、自身利益的权衡和成本效益比较而自主做出的决定。

（2）多样性。自愿披露在内容上具有多样性，可以是财务信息、公司战略，也可以是非财务信息。既可以是历史信息，也可以是预测信息；既可以是定量信息，也可以是定性信息；既可以是货币信息，也可以是非货币信息。

（3）不确定性。披露方式和时间的不确定，既可以运用文字，也可以运用图表，甚至声音、图像和视频进行披露。披露的信息也主要为预测和对未来发展的陈述，一般会使用形容性描述，带有主观估计性。时间则可以视具体情况而定。

（4）灵活性。自愿披露在渠道上非常灵活，没有法律法规的强制和约束，披露的载体既可以是年报、季报、临时公告或新闻发布会，也可以是网站、电视或其他新媒体。

3. 信息披露制度的发展进程

上市公司信息披露经历了一个由自愿到强制再到自愿和强制并行的时期，信息披露的渠道也由纸质传统媒体转移到网络和新媒体形式。因此，为了更好地分析新媒体披露，有必要梳理一下信息披露的发展过程。

（1）西方信息披露制度发展进程。信息披露制度是资本市场最基本的制度之一，是资本市场发展和完善的前提。西方信息披露制度的发展进程是与证券市场的发展紧密相连的。在证券市场发展初期，信息披露监管不完善，自愿披露是公司信息披露的主要形式，股份公司往往只需向大众做出简单的关于利润和前景的承诺就能募集到资金，信息披露处在无人监管环境下。那时人们奉行"看不见的手"的理念，证券市场监管很少，他们认为自由市场各方的理性交易能使市场达到信息被完全披露和经济资源有效配置的帕累托均衡。证券交易所的建立在一定程度上割裂了投资者尤其是中小投资者与上市公司的联系，再加上当时亚当·斯密的自由放任主义流行，英国证券市场欺诈和投机等行为泛滥。1720 年"南海公司泡沫"的破灭又导致英国政府矫枉过正，颁布了《泡沫公司取缔法》，股份公司和信息披露制度都延缓了近百年。因此，在 19 世纪 40 年代之前，信息披露处在自由放任阶段。

随着工业革命轰轰烈烈的开展，1825 年英国废除了《泡沫公司取缔法》，并于 1844 年制定了《联合股份公司法》，加强了证券市场监管，并要求股份公司按照规范的格式和内容向股东公开经过审计的财务报告，初步建立了信息披露制度。美国企业在大规模工业公司形成后，开始通过股票筹资，投资者的信息需求增加，公司才开始进行自愿信息披露。1911 年堪萨斯州的《蓝天法》规定了发行人必须公布财务报告。1926 年纽约证券交易所要求上市公司向股东提供年度报告。虽然这些法律要求公司公布资产负债表和损益表，但没有严格规定编制的方法，公司披露什么、何时披露和披露给谁，基本上都由公司自己决定，上市公司信息披露质量很难保证。因此，19 世纪 40 年代至 20 世纪 20 年代期间，自愿信息披露占主导地位。

1929 年美国发生了股市大崩盘，投资者损失惨重，引发了西方国家有史以来最严重的经济大萧条，使人们信奉的自由放任市场经济的观念遭受了巨大冲击，美国国会的调查发现，上市公司虚假信息披露和造谣并操纵市场的行为跟这次股市大崩盘有密切关系。为了遏制虚假信息披露，提升大众对资本市场的信心，美国颁布了《证券法》和《证券交易法》，并在 1934 年建立了证券交易委员会（SEC），这两部法案规定上市公司在一级市场和二级市场分别必须要披露相关信息，标志着信息披露由自愿披露为主转向了强制披露。这两部法案还明确了结构性信息披露和非结构性信息披露。结构性信息披露规定了公司的经营成果信息必须以标准的格式披露给投资者，如年度报告（10 - K）、季度报告（10 - Q）、重要事件公告（8 - K）及管理层讨论和分析（MD&A）等。非结构性信息披露则允许公司根据自身情况按一定原则披露信息，披露的途径非常广泛，如定期报告、致股东的信、电视电话会议、投资者会议、与分析师和投资者的沟通等。之后，1940 年 SEC 汇编发布了《S - X 规则》和《S - K 规则》，分别规定了财务报告和非财务信息的具体披露要求。另外，SEC 还组建了美国财务会计准则委员会（FASB）等会计组织，推动颁布了公认会计准则、公认审计准则等一系列会计准则用以规范信息披露。因此，直到 20 世纪 80 年代，信息披露都以强制信息披露为主。

　　20 世纪 90 年代初，战略管理和公司治理研究兴起，人们开始关注上市公司与核心竞争优势相关的各种信息，传统的强制披露很难满足投资者对这类信息的需求。甚至在强制披露主导下，自愿披露还会受到一定限制。因为，受到《证券交易法》等强制披露的监管约束，对于自愿披露的信息，不披露则无责任，如果披露不准确反而会被股东诉讼。因此，在 1995 年，SEC 颁布了关于预测性信息披露的"安全港"制度，鼓励上市公司自愿披露前瞻性信息并对可能面临的股东诉讼提供保护。FASB 专门成立了研究鼓励自愿披露的指导委员会，引导公司自愿披露对投资决策有用的关于公司战略目标、核心竞争力和未来潜力等的预测信息。2001 年，FASB 发表的研究报告表明，美国行业中处于领导地位的许多大公司都将自愿披露作为企业战略管理的一部分，围绕核心竞争力进行自愿披露，以彰显公司的竞争优势，获得投资者青睐。

　　进入 21 世纪后，美国接连发生了安然和世通公司财务欺诈，2002 年国会颁布了《萨班斯法案》，修订了《证券法》和《证券交易法》，加强了公司信息披露义务和违法处罚措施，将内部控制信息披露由自愿转为强制，并要求会计师事务所对公司管理者出具鉴证报告。但是，随着资本市场的发展，专业的机构投资者不断扩大，资本市场已经进入买方市场，上市公司对投资者的争夺日益加剧，对信息披露提出了更高的要求，只有更加广泛地披露信息和与投资者更为有效的沟通，才能获得投资者关注和信赖，有助于他们做出正确的投资决策，提高资本市场的有效性，因此，自愿披露动机不断增强。可见，现阶段西方证券市场的信息披露制度是强制披露和自愿披露相结合的。强制披露使信息能满足投资者的基本需求，自愿披露则能提供更高质量信息以满足利益相关方的特殊需求。自愿披露正成为公司进行投资者关系管理，显示公司竞争优势和未来美好前景的重要途径。但充分信息披露和公司的经营成本之间的此消彼长的悖论始终困扰着上市公司与证券市场的监管者。新媒体的出现，为公司自愿披露提供了更加便利、低成本的渠道，为上市公司信息披露制度的演进做出贡献。

　　（2）中国信息披露制度发展进程。我国信息披露制度是跟随我国股份制改革和证券市场而发展的。从 1984 年开始，一般划分为信息披露萌芽阶段、强制披露阶段和自愿披露与强制披露相结合阶段。

　　1992 年之前我国信息披露处于萌芽阶段。1990 年和 1991 年沪深证券交易所与证券业协会相继成立，股票交易快速发展。证券一级市场和二级市场的建立使我国上市公司信息披露进入了萌芽期。股份公司处于试点阶段，上市公司信息披露不受重视，投资者和政府主管部门信息披露意识薄弱，当时的主要任务是发展问题，规范问题处于次要地位。

1992~2002年，我国信息披露制度进入强制会计信息披露主导阶段。1992年中国证监会成立，中国资本市场实现了全国统一监管。之后，监管部门先后颁布了《股票发行与交易管理暂行条例》《公开发行股票公司信息披露实施细则》《公开发行股票公司信息披露内容与格式准则》《公开发行证券的公司信息披露编报规则》等一系列信息披露具体细则，标志着我国信息披露制度的初步形成。1994年和1999年先后颁布的《公司法》和《证券法》则将信息披露制度写入国家法律。但是，我国的上市公司造假行为却接连爆发。21世纪初，银广夏和蓝田股份造假事件的爆发，暴露了我国信息披露制度的缺陷。2005年修订后的《公司法》和《证券法》以及2007年新的《上市公司信息披露管理办法》进一步规范和细化了上市公司信息披露行为。这些法律法规都属于强制披露范畴，这一时期我国对自愿披露提及不多，只是在1994年将上市公司盈利预测规范由强制披露改为自愿披露。

2002年《上市公司治理准则》颁布，鼓励公司在保证所有股东有平等机会获得信息的前提下，及时主动披露那些强制披露之外的，对投资人和其他利益相关者的决策具有影响的信息。这标志着中国证券市场进入了自愿披露与强制披露相结合的时期。2003年，深交所发布的《上市公司投资者关系管理指引》界定和规范了自愿披露，认可了上市公司通过投资者关系管理的各种活动和形式来自愿披露强制信息披露之外的信息。2005年，证监会和上交所也在颁布的投资者关系指引中鼓励公司自愿披露以提高投资者关系管理，保护公众投资者的合法权益。此后，深交所和上交所相继发布了《上市公司社会责任指引》《上海证券交易所上市公司信息披露事务管理制度指引》《上海证券交易所上市公司环境信息披露指引》等文件，规范了上市公司在社会责任和环境保护等方面的自愿披露行为。

目前，中国资本市场已经建立了以《证券法》为主体，相关行政法规、部门规章等其他法规为补充的上市公司信息披露制度体系。对信息披露的内容、形式和格式等多方面要求与规范做了规定，并对包括上市公司在内的其他市场主体的监管情况也做了具体规定。证监会、证监会的派出机构、证券交易所、证券业协会和注册会计师协会等相关监管与自律组织合作监管的信息披露监管体系已经初步建立。

　　中国资本市场的上市公司信息披露制度体系主要有四个层次，即法律、行政法规、部门规章和自律性条款。第一个层次是基本法律，主要是《证券法》和《公司法》，以及《刑法》中有关上市公司信息披露的相关规定；第二个层次是行政法规，主要是国务院等部委发布的《股票发行与交易管理暂行条例》《国务院关于股份有限公司境内上市外资股的规定》《国务院关于股份有限公司境外募集股份及上市的特别规定》等；第三个层次是部门规章，主要是中国证券监督管理委员会制定的规范上市公司信息披露的相关制度，主要有《禁止证券欺诈行为暂行办法》《公开发行股票公司信息披露实施细则》《上市公司股东大会规范意见》《股份有限公司境内上市外资股规定的实施细则》《公开发行证券的公司信息披露编报规则》《证券市场暂行规定》《公开发行证券的公司信息披露规范问答》《公开发行股票公司信息披露的内容与格式准则》《关于加强对上市公司临时报告审查的通知》《关于上市公司发布澄清公告若干问题的通知》《证券交易所管理办法》《前次募集资金使用情况专项报告指引》《可转换公司债券管理暂行办法》等；第四个层次是自律性条款，主要是指上海和深圳证券交易所制定的《上海证券交易所股票上市规则》和《深圳证券交易所股票上市规则》等。

　　对于不断涌现的新媒体披露行为，证监会发言人在 2013 年表示，新媒体可以披露法律和法规规定必须披露的信息，但要在指定媒体披露之后，内容也不能多于指定媒体。同时，鼓励上市公司通过新媒体加强与投资者沟通。这就决定了新媒体成为指定媒体的补充，成为一种新的自愿披露方式。

　　因此，当前我国政府和监管部门在不断完善强制信息披露的同时，不断鼓励上市公司自愿披露，加强投资者关系管理。但是由于我国自愿披露指引的系统性不强，对由于自愿披露而引发的诉讼也缺乏指导，导致我国上市公司自愿披露随意性大，水平参差不齐。我国上市公司自愿披露的渠道主要有三种：一是定期财务报告，上市公司在这些报告中增加一些软信息；二是与机构投资者和分析师的沟通或业绩说明会等，这往往也成为某些内幕信息的发源地；三是运用新闻媒体，将公司的文化、竞争优势、人力资源等信息传播出去，虽然这种渠道传播及时、发布面广、市场反应快，但成本高昂。而运用新媒体则可以降低成本，提高披露的速度和覆盖面。可是，由于证监会规定，上市公司的重大信息必须由指定媒体（"三报一刊"：《中国证券报》《上海证券报》《证券时报》《证券市场周刊》）披露，其他媒体的披露时间不得早于指定媒体，网络新媒体不是证监会指定媒体，因此，新媒体上披露的信息通常是"非重大"信息或者是已经披露的重大信息。虽然如此，但"非重大"信息也可为投资者提供一些增量信息，而已披露信息在网络新媒体上再发布也可以提升其信息的覆盖面。另外，新媒体上披露的信息还存在很多如广告、娱乐等无关的信息，这些信息可能会导致投资者信息过载，注意力分散，对重要的信息反应不足。

新媒体披露目前是一种自愿披露行为。自愿披露是以信息不对称理论和有效市场假说理论为基础，公司为了自身利益，去解决由于所有权和经营权分离导致的信息不对称问题。下面从理论上分析公司新媒体披露。

2.2　相关理论基础

2.2.1　信息不对称理论

1. 信息不对称产生的根源

上市公司信息披露最基本的理论是信息不对称理论。有效地配置资源是资本市场最重要和最基本的功能，而信息在提高资本市场效率中起到核心作用，是资本市场生存与发展的根本。信息是资本市场的基石，信息不对称是资本市场的基本属性，信息披露成为资本市场的核心，是财务会计学研究的重点。市场经济所面对的基本问题是怎样最有效地利用信息以达到最优的资源配置。资本市场可以说就是通过一系列的制度安排来产生信息、传播信息、运用信息和反馈信息，最终有效的管理信息通过证券价格来提高资源配置的效率。因此，在资本市场中信息披露和信息传导的效率具有非常重要的意义。

上市公司信息披露是随着资本市场的产生而出现和发展的。在资本主义的萌芽期，以小企业为主的市场对外资金需求和供给少，基本不需要资本市场来配置资本，因此也就几乎没有企业的信息披露。随着经济的不断发展，企业的规模越来越大，自身的资金无法满足企业的发展，于是就产生了对外的资金需求；同时随着社会财富的积累，有闲置资本的人需要投资，就产生了对外资金的供给，而投资决策需要信息的支持。由于供给和需求方众多，资金数额又很庞大，双方很难面对面传递和交流信息，即使可以，交易成本也很大，于是产生了审计师事务所、分析师和信用评级机构等信息中介，以及银行、证券公司、保险公司等金融中介。他们为资金需求和供给方提供信息和投融资服务，起到了资本市场润滑剂的作用，如图 2-3 所示。在资本市场上，资金的需求方为了能减少信息不对称，更有效率的融资，对外信息披露。政府和中介机构对披露的信息进行监管及服务，以保障资本市场高效地运转。

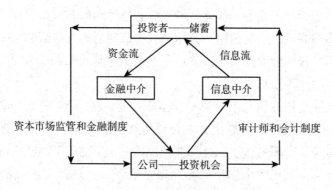

图 2-3　资本市场资金流和信息流框架

2. 信息不对称的后果

古典福利经济学认为，当满足信息是完备的等其他条件时，最终都能达到竞争性均衡，但是后来人们发现现实中信息总是不对称，于是提出了信息不对称理论。该理论认为，在市场经济中，交易双方信息的了解情况是不同的，掌握信息充分的一方通常拥有优势，信息贫乏的一方处于劣势。一般信息不对称的表现形式有四种：（1）信息源不对称，内部管理者总比外部投资人更了解企业；（2）时间不对称，早知道信息的交易方比晚知道信息的交易方具有优势；（3）数量不对称，内幕交易者获得的信息数量比其他投资者多；（4）质量不对称，知情交易方获取的信息质量高，其他交易者获取的信息可能不完整、不真实。

由于信息不对称，信息优势方会利用其信息优势占信息劣势方的便宜，进而导致市场资源配置效率的扭曲现象，产生委托—代理问题。委托—代理问题在这里是指，在公司制体制下所有权和经营权相分离导致他们之间形成委托代理关系，管理层受所有者委托经营企业，但他们的目标并不一致，管理层会利用自己对公司的信息优势满足自己的利益，牺牲股东的利益。对委托代理理论最主要的解释是逆向选择和道德风险。逆向选择最早是美国学者乔治·阿克劳夫（George Akerlof）提出的，是指二手车市场上买方和卖方对汽车质量了解不同，卖家知道汽车真实的质量情况，具有信息优势，买家不知道，于是卖家会以次充好，买家也只知道平均质量，只愿意出中等价格。这样会产生"劣币驱逐良币现象"，高于中等价格的二手车会退出市场，于是买家继续降低中等估价，较好的旧车也退出市场，这样恶性循环，最终市场只剩下烂车。这种逆向选择的现象也会发生在资本市场，内部管理人对公司的经营有信息上的优势，如果没有监管和信息披露，投资者很难辨认证券价值的高低，使高价值的公司和低价值的公司价格渐渐相同，高价值的公司因为卖价太低而退出，最终市场上只剩下低价值公司和"赌徒"，资本市场没有效率，最终失败。

道德风险是指在信息不对称时，由于交易一方观察不到（或监督成本很高）另一方的行动，信息优势方会利用自己的信息优势采取使自己受益而让信息劣势方受损的行动。这种道德风险一般存在于因为合同的不完备，责任人的行为不会承担全部损失和获得全部利益。具体表现在资本市场就是，一旦通过股东选举产生了公司的董事会和其他管理者，由于股东很难对内部管理者的隐藏行动或不行动进行监督，管理者可能会为了自身利益而做出有损于股东利益的事情，如在职消费、关联交易和掏空上市公司等行为。

为了解决信息不对称所产生的委托—代理问题，学者们提出了三种办法。（1）信息中介。资本市场的信息中介从事信息生产、交流和服务，如审计师、会计师、分析师和评级机构等，他们为投资者提供信息服务，能够一定程度上减少信息不对称。（2）最优合同。期望在内部管理者和外部投资人间订立一个完备契约来约束其披露私人信息和与股东利益一致。但是这种完备契约往往不可能真的面面俱到，仍然会受到信息不对称的干扰。（3）信息披露。委托人会希望代理人披露更多信息，提高公司透明度。由于代理人也会承担代理成本，代理人也自愿披露更多信息，拓宽信息发布渠道，以减少代理成本，增加自身利益，特别是高价值的公司为了区别低价值的公司自愿披露更多信息以获得投资者的关注和认可。当市场失灵时，监管部门会要求上市公司的管理者披露公司的重要信息，并保证信息的真实、准确、完整、及时。

詹森和麦克林（Jensen and Meckling，1976）认为信息不对称产生委托—代理问题，代理人利用信息优势获利而使委托人受损，这就会产生代理成本，主要包括委托人的监督成本、代理人的保证成本和剩余损失等。为了减少信息不对称，降低代理成本，所有者愿意与管理层签订契约以监督管理者。监督契约的执行需要成本，这些成本可能会减少管理层的分红、奖金等报酬，管理层为了减少代理成本，会愿意以较低的成本披露信息，不断向所有者传递信息，以显示其努力工作的过程和公司的经营成效。

由于信息不对称产生委托—代理问题，契约是解决这一问题的一种方式，但这些问题的解决都离不开信号传递，因此，学者们又发展了信号传递理论。信号传递理论是斯宾塞（Spence, 1973）提出的，他认为劳动力市场中，信息优势方（雇员）如果能通过"信号传递"将信息传递给劣势方（雇主），将使双方的结果更好，交易的帕累托改进将实现，最终达到有效的市场均衡。1979 年，斯蒂芬·罗斯（Stephen Ross）将信号传递理论运用到财务学领域，他认为上市公司在市场上争夺稀缺风险资本的过程中，自愿信息披露起到了重要的信号传递作用，即使没有强制信息披露，高质量的公司通过信号传递能将自己与质量较差公司相区别，市场的积极反应会提升公司股票价格，不披露信息的公司通常会被认为具有不好的消息，市场的消极反应会降低股票价格。因此，高质量的企业通过充分披露信息来减少信息不对称，进而减少投资者对公司未来的不确定性担忧，降低了投资者的投资风险，投资者要求的回报率降低，公司的融资成本降低，企业价值提升。那些质量中等的企业由于怕不披露信息会被认为是隐藏坏消息，也不得不披露信息。质量较差的企业为了维护企业信誉和对企业的绩差情况进行解释，也可能愿意披露相关信息。最后，只有那些最差的企业不愿意披露任何信息。另外，在成熟资本市场中，投资者的行为更理性，信息收集和处理的成本更低，对披露的信息反应更快。机构投资者的信息获取、处理能力和信息需求更强，对公司的信息披露也有激励作用。因此，被投资者认同的信息披露传递出上市公司质量优劣的重要信号。自愿披露能传递企业的信息，它的三个前提假设是管理者理性、知情交易者和披露真实信息，如果这三个假设被弱化，则强制信息披露更为重要（何进日和武丽，2006）。

3. 新媒体环境下的信息不对称

如图 2-4 所示，新媒体环境下可以让公司更便捷和有效地与投资者直接交流，进而提升信息传播的效率。信息的传播速度更快，范围更广，交流更密切深入，传播主体的多元化和传播权利的全民化都使代理人的行为更容易暴露在委托人面前，代理人不利于公司和委托人利益的行为很容易被新媒体发现并传播，信息不对称将弱化，有利于对委托人的监管，降低监管成本。

代理人由于有了更便捷、成本更低的信息披露渠道，其为公司经营管理所做的努力更容易在新媒体上传播，其通过新媒体披露的信息可以实时、快捷和大范围的被投资者关注、传播与评论，利用新媒体交互性强的特点与投资者进行积极的信息沟通和交流，对公司的不实信息进行快速澄清。新媒体的信号传递功能强大，上市公司运用新媒体发布信息，传递企业发展战略、品牌文化和未来前景等信息，吸引投资者关注，让投资者对公司做出正确的价值判断。这些都起到了信号传递作用，减少了信息不对称，降低了代理成本。

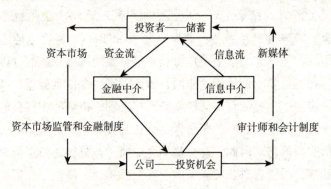

图 2 – 4　新媒体和资本市场资本信息流

2.2.2　博弈论

1. 博弈论的定义

经济学是研究稀缺资源是如何被有效配置的。它通常假设在人是理性的前提下，价格这只"看不见的手"可以起到有效的资源配置作用，这就是价格理论。价格理论要发挥作用，还需要满足市场不存在信息不对称和市场是竞争性的两个条件。但现实情况是，首先，市场上交易双方的信息是不对称的，信息不对称导致非价格制度的出现，人与人之间的影响变得更为重要，信息不对称理论促进了博弈论的发展。其次，市场并非竞争性的，市场上的竞争者并不是无限量的，而通常是有限个数的，他们之间的行为会相互影响、相互作用，一个人的决策会影响到另一个人。在这种情况下，自20世纪70年代开始，经济学家将注意力放在了博弈论上，博弈论成为经济分析中的一种重要理论。

博弈论是研究决策者的行为发生相互影响时的决策，以及这种决策最终可能导致的均衡结果，它研究公式化的激励结构间的互相作用，考虑了决策者的预测行为和实际行为，并分析他们的占优策略，它是研究带有竞争现象的数学理论和方法。传统经济分析中的决策总是假设个体在给定其他参数的前提下的决策，即个体的决策只依赖于其自身的选择，与他人的选择无关。但是，与以往的经济分析不同，博弈论是研究个体的选择受到其他个体的影响，同时自己也会影响其他个体时的决策和均衡问题。个体的决策不仅依赖于自己的选择，也取决于对手的选择，即个体的最优选择是其他人选择的函数。

博弈论的模型一般可以从五个方面来描述，即 $G = \{P, A, S, I, U\}$，这五个方面也称为博弈的五要素。

P（player）：表示博弈决策的参与人、局中人，他们是博弈中选择行动以实现自身最大效用为目标的决策主体，可以是一个团体，也可以是个人。

A（action）：表示参与人所有的可能战略或行动的集合。根据这个集合是有限还是无限的，可将博弈分为有限博弈和无限博弈。

S（strategies）：表示博弈各方的战略集合，即每个参与人选择行动的规则和方案，它规定了参与人不同情景下的行动或策略。如敌动我动，敌不动我不动。

I（information）：表示博弈者的信息，指博弈中参与者所了解的信息，特别是针对有关其他参与者的特征、战略和行动的信息。

U（utility）：表示博弈者的效用，它是所有博弈参与者的战略或行动的函数，即当博弈结束时，各博弈参与者所获得的收益，是每个参与者最关心的事情。

2. 博弈论的类型

按不同标准，博弈论可以分为不同类型。按照决策方是否合作，博弈论通常可以被分为合作博弈和非合作博弈。划分标准主要是看相互作用的决策者之间是否能够达成具有约束力的协议，如果能，他们的博弈就是合作博弈；如果不能，则是非合作博弈。合作博弈分析的是团体理性，即团体的最优决策。而非合作博弈分析的是个人理性，即个人的最优决策，当然，最优决策结果可能是有效率的，也可能是无效率的。

按照决策者行动的先后顺序，博弈论可以划分为静态博弈和动态博弈。静态博弈指的是决策各方同时选择行动，或者虽然没有同时选择行动，但是后行动一方并不知道先行动方采取了怎样的行动策略。如经典的"囚徒困境"博弈中两个囚徒互相之间并不知道对方的决策,就是一种静态博弈。动态博弈则是指决策各方的选择行动有先后顺序,后行动一方可以观察到先行动一方的选择策略后再选择行动。如日常娱乐中的棋牌游戏通常行动有先后顺序,在知道别人的决策行动后再决策,是一种动态博弈。

按照决策者对其他决策者信息的了解情况,博弈论可以划分为完全信息博弈和不完全信息博弈。完全信息是指各决策者对其他决策者的特点、战略空间和收益函数等信息有准确的了解。不完全信息则是指各决策者对其他决策者的特点、战略空间和收益函数等信息了解不够,或者不能对所有决策者的特点、战略空间和收益函数都有准确的了解。

现有对博弈论的研究通常是指非合作博弈,因为合作博弈比非合作博弈复杂,理论上不成熟,所以对于合作博弈各方一般将其看作非合作博弈的一方进入模型。非合作博弈的理论更为成熟,因此,非合作博弈结合上述行动的先后情况和信息的完全程度可以划分为四种博弈:完全信息静态博弈、完全信息动态博弈、不完全信息静态博弈和不完全信息动态博弈,如表2-1所示。这四种博弈理论分别对应四种均衡概念:纳什均衡、子博弈精炼纳什均衡、贝叶斯纳什均衡和精炼贝叶斯纳什均衡(张维迎,2004)。

表2-1　　　　　　　　　　　博弈论的分类及其均衡

信息 ＼ 行动顺序	静态	动态
完全信息	完全信息静态博弈 (纳什均衡)	完全信息动态博弈 (子博弈精炼纳什均衡)
不完全信息	不完全信息静态博弈 (贝叶斯纳什均衡)	不完全信息动态博弈 (精炼贝叶斯纳什均衡)

资料来源:张维迎,《博弈论与信息经济学》,上海人民出版社2004年版,第13页。

当然,博弈论还可以按照其他标准分类,如按照博弈是否是一次性地分为一次博弈和重复博弈,按照博弈的次数是否有限分为有限博弈和无限博弈,按照各博弈方的收益不同可以分为零和博弈、常和博弈与变和博弈,按照博弈的逻辑基础不同分为传统博弈和演化博弈等。

3. 博弈论的发展进程

目前通常认为博弈理论开始于1994年冯·诺依曼和摩根斯坦恩合著的《博弈论和经济行为》,他们创立了预期效用等理论,奠定了博弈论的理论基础。20 世纪 50 年代以来，合作博弈进入鼎盛发展期，纳什和夏普里的"讨价还价"模型就是经典之作。这一时期，非合作博弈也开始创立，纳什和塔克在 20 世纪 50 年代发表的著作证明了完全信息静态博弈均衡解的存在，奠定了现代非合作博弈的基础。60 年代，泽尔腾在其论文《一个具有需求惯性的寡头博弈模型》中将纳什均衡的理念引入完全信息动态博弈分析，提出了精炼纳什均衡的概念。之后，海萨尼把不完全信息引入博弈理论，提出了贝叶斯纳什均衡和贝叶斯精炼纳什均衡。80 年代以后，维克里和莫里斯运用博弈论发展了不对称信息下激励理论。近年来，阿克尔洛夫、迈克斯宾塞和斯蒂格利茨（2001）的研究为不对称信息市场的一般理论奠定了基石，是现代信息经济学的核心部分；谢林和奥曼（2005）的研究通过博弈论分析促进了对冲突与合作的理解；梯若尔（2014）在产业组织理论以及串谋问题上采用了博弈论的思想，让理论和问题得以解决。可见，最近几十年来，博弈理论作为分析和解决冲突与协作的方法，在经济学和管理学领域得到了十分广泛的应用。

新媒体的出现改变了信息的传播方式，其低成本和广覆盖等披露特征也必然改变主要利益相关者的博弈信息、行动、战略和支付，包括上市公司管理层和投资者等利益相关方在内与参与者的博弈均衡也会改变。将博弈论运用到新媒体信息披露各方的选择上，有助于理解利益相关方行为背后的逻辑，预测公司和投资者在新媒体披露上的战略选择，提升制度设计的科学性。第 4 章将从博弈论的角度分析新媒体披露各方战略选择时的博弈均衡。

2.2.3　有效市场假说理论

1. 有效市场假说理论的提出

1965 年，美国金融学教授尤金·法玛（Eugene Fama）在其博士论文《股票市场价格行为》中提出了有效市场假说理论（efficient market hypothesis，EMH）。他认为，在市场竞争充分、没有交易成本、参与者理性且能同时获得同质的完全信息并迅速做出合理反应等假设的前提下，证券价格能够迅速完全反映投资者可以获得的所有信息时，即所有的信息很快会被投资者领悟并迅速反映在价格上，这样的市场是"有效市场"。在有效市场中，投资者无论投资哪家公司，都只能获得与其风险相等的平均市场报酬率。

1970 年，法玛等进一步将有效市场划分为三种类型。（1）弱势有效市场。当证券的现行价格能够反映全部历史价格信息时，这个市场是弱势有效的，即市场上任何投资者仅根据历史价格信息不能获得超额收益。（2）半强势有效市场。当证券市场证券的当前价格反映了所有已公开的信息时（包括价格信息、财务信息和其他新闻等信息），这个市场是半强势有效的，即市场上任何投资者根据所有已经公开的信息都不能获得超额收益。（3）强势有效市场。当证券市场证券的当前价格反映了所有信息时（不仅包括公开的信息还包括非公开的信息），这个市场是强势有效的，即市场上任何投资者（包括内幕交易者）根据所有信息都不能获得超额收益。

这三种有效市场中，强势有效市场资源配置效率最高，但现实中即使是美国这种历史较长和制度较完善的资本市场都无法达到。许多学者对各国的市场有效性进行了研究，认为美国证券市场接近或达到半强势有效。中国证券市场的学者多数认为中国证券市场接近或达到弱势有效市场（高鸿祯，1996；张兵和李晓明，2003），也有学者认为已达到半强势有效（沈艺峰和吴世农，1999）。

有效市场假说的前提是具有一个完备的市场：（1）市场无摩擦，即没有交易成本和税收，资产完全可分；（2）市场竞争充分；（3）信息没有成本；（4）市场参与者都是理性的，并同时接受相同质量的信息。

在现实市场里，这些前提条件很难成立，投资有交易成本和税收，市场也很难达到充分竞争，投资者获取信息往往具有各种成本，不可能同时获得同质信息，每个投资者的理性程度也不尽相同。但是，竞争可以使市场变得有效，当一个市场竞争是有效的，市场也会趋于有效。上市公司通过自愿披露参与市场竞争，获得投资者关注，进而获得资源。投资者则通过收集信息做出决策来参与资本市场资源配置。信息如果不能充分的传递，则市场会失灵，可能产生信息供给不足和垄断定价（陈艳，2004）。

2. 新媒体环境下的有效市场理论

有效市场依赖于一些前提假设，这些假设在现实中是很难满足的，只有被无限接近，越充分的信息披露将越接近这些假设。在新媒体的环境下，信息交流更加便捷，传播速度更快更有效，如果未来的上市公司都能利用新媒体进行信息披露，所有发生的信息在第一时间都可以通过各种媒体形式进行披露，甚至直播，就不会再有内幕交易者，市场的强势有效也是可以达到的。

从有效市场理论的前提可知，要达到有效市场，完全信息是必不可少的，信息披露的越充分，信息成本越低，投资者对信息的反应速度越快，市场越接近有效市场。因此无论是强制信息披露还是自愿信息披露，如果能借助新媒体将信息更快、更有效地传递给投资者，证券市场的有效程度将越高。

如果证券市场是有效的，公司的管理层就不能够通过愚弄投资者而获利。市场有效性假说理论对于上市公司信息披露来说至关重要，它证明了上市公司的信息能很快影响资本市场，或者说投资者对信息的反映是很快的。上市公司通过新媒体披露信息，披露的信息越多、越全面，市场对公司的反映就越准确。多数研究都认为证券市场处于弱势和半强势有效市场，几乎没有市场能够达到强势有效市场，说明内幕信息市场还无法知晓，因此，内幕信息的获得者可以获得超额收益。在新媒体环境下，随着信息流动的加快，信息传播主体的全民化，内幕信息会越来越难隐瞒，证券市场将变得越来越有效。

如果证券市场是有效的，公司管理层对会计政策的选择就没有意义。因为投资者能分析出不同会计政策对财务报告的差异，他们不会被会计政策所"欺骗"。所以，只要不会对公司的现金流产生影响，管理层可以不用过分考虑选择怎样的会计政策，但是将信息传播出去却很重要。如果他们能够以较少的成本将公司信息披露出去，即只要披露信息的收益大于成本，这种披露就是有价值的。因为当投资者尽力提高自己对公司未来的预测时，所有的信息，哪怕是"非重大"的信息，对他们来说也是有意义的，能增强其预测的准确性。另外，公司披露的信息越多，越能增强投资者对公司的信任度和信心。

证券市场是否有效有两个标准：一是上市公司的相关信息是否可以充分披露并均匀分布，让所有投资者在同一时间获得相同质量的信息；二是价格是否能跟随披露信息的变化而迅速变化。根据第一个标准，信息传播渠道能否将信息在同一时间等质量地传递给所有投资者对有效市场的成立具有重要意义。信息传播的渠道很多，如证券交易所公告、媒体报道、新闻门户网站和上市公司网站等。新媒体的出现为上市公司信息传播提供了更高效的渠道，其及时性、交互性、便捷性等特点使信息传播面更广，大量的用户能够同时接收到信息。这种特点使证券市场更有效的反映公司信息。研究新媒体传播对信息加工、搬运和扩散的作用，为有效资本市场的建立开辟新路径。

新媒体能大幅降低信息传递成本，提升信息传播速度和效率，减少投资者之间获得信息的时间差，公司管理层只要愿意在新媒体上披露信息，哪怕是一些微不足道的信息，也可以为投资者的判断提供增量信息，增强市场的有效性。当然，有效市场理论也意味着在新媒体上披露的信息也不必过多地考虑那些无经验的投资者，因为他们可以聘请专业的分析师来解释信息，或者模仿专业投资者，最终价格也会达到有效。因此，只要公司能够在新媒体上低成本的披露其信息，这些信息不一定是财务信息，只要能够让投资者更好地理解企业、预测企业，这些信息或多或少都会对投资者的判提供参考。

因此，新媒体信息披露对市场有效性的改变如图 2 – 5 所示。传统的信息披露过程是：上市公司私有信息产生，通过传统信息披露渠道披露变为公开市场信息，投资者获取这些信息并解读形成投资者预期，投资者预期影响投资决策进而影响上市公司股票价格。投资者获取市场交易等信息如果是有效地形成弱势有效市场，投资者获取公开信息如果是有效的则形成半强势有效市场，如果上市公司的私有信息都能很快地被市场解读则认为市场是强势有效的。在新媒体环境下，新媒体的多元化、交互性、非线性、自主性、碎片化、数字化、及时性、便利性等特点，使上市公司信息披露和传播变得及时、低成本和全民化。全民化促使强势有效市场的形成，及时性提升半强势有效市场的效率，低成本使得弱势有效市场更有效。新媒体的这些特征将全面提升市场的有效性，尤其是全民化和及时性的特点，将促使强势有效市场的形成，让上市公司私有信息在极短的时间内变为市场公开信息，提升资本市场的有效性。

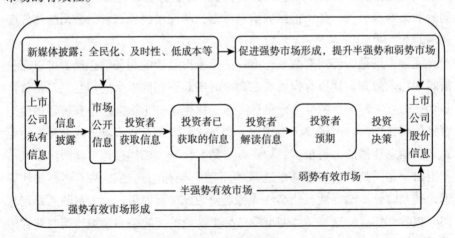

图 2 – 5　新媒体对有效市场的促进作用

2.2.4　新媒体环境下的大众传播理论

1. 新媒体环境下传播模式的改变

新媒体改变了现有的信息传播模式。传统的传播学理论将信息传播分为线性传播模式、控制传播模式和大众传播模式。线性传播模式以拉斯韦尔（1948）的 5w 模型为代表，认为信息传播过程是单向直线的，五个环节和要素分别是：谁（传播者）、说什么（传播内容）、通过怎样的渠道（传播渠道）、对谁说（传播对象）、产生的效果（传播效果）。另外，他们认为传播过程中还会产生噪声。这种模式忽视了"反馈"和社会关系对传播的影响。之后，奥斯古德和施拉姆（1954）提出了控制传播模式，他们引入"反馈"机制，认为信息传播是双向循环的过程，但这一模式没有考虑到受众的社会关系和活动对传播的影响。后来学者们提出大众传播模式，德弗勒（1958）认为在闭合的传播系统里，信息受众既是接收者也是传播者，噪声存在于传播中的各个过程。上市公司新媒体披露根据这一理论，需尽量避免在新媒体上发布噪声，让公司的新媒体披露呈现专业化的特点。

新媒体传播呈现出高度互动的特点，改变了网络空间话语权的地位，每个人都是一个信息发布和接收的中心，在这里，可以产生、分享、反馈和围观信息。但是施拉姆的传播互动理论认为，在信息发布者发布的众多信息中，只有那些与信息接收者有共同经验范围内的领域才能够被接收者再次传播，即只有接收者对这一信息感兴趣并且认同才能得以传播。"六度分割理论"则提出人们最多通过六个人就可以认识任何一个陌生人，新媒体大大增强了这一理论的运用前景和速度，改变了人际交往的习惯，使由管理层引导的中心话语和由用户自发形成的边缘话语在信息传播中交织在一起，信息"耦合"与"区隔化"共同存在，信息管理模式在新媒体的冲击下由"全景监狱"模式向"共景监狱"模式发展。"全景监狱"是古罗马的一种监视囚犯的监狱空间构成，其特殊的金字塔形结构使管理者可以在中心瞭望塔监视囚犯的一举一动，而囚犯却不能看到管理者和相互看见。这种管理模式使管理者利用信息不对称实现对监狱的管理，传统的信息传播类似于"全景监狱"模式，"中心话语"实现了对"边缘话语"的控制。新媒体环境下，用户产生的信息数量巨大，传统的信息传播模式被打破，扁平式的"共景监狱"模式开始呈现，"边缘话语"具有了较强的话语空间，管理者对信息监管的难度加大。"人随网走"变成了"网随人走"，1973 年美国学者马克·格兰诺维特提出的"弱关系力量"理论认为，弱关系为人们提供了超越其所属社会圈子的信息资源。微博就属于一种弱关系链接。而微信由于主要是亲戚朋友等熟人，更偏向于属于强关系链接。因此，新媒体形成的信息在无数的"弱关系链接"和"强关系链接"中传播，通过人与人的交流和反馈被跨区域与跨媒体的传播出去，甚至很容易传导到传统媒体中去，形成不断放大的效果。

这种新型的传播模式使上市公司可以摆脱传统媒体操控的中心话语权，自己可以单独的发声，完全充分地披露自己，管理投资者对公司的认知和行动。当然，"共景监狱"模式一方面使信息的监管变得困难，另一方面也让公司管理层的舞弊和造假行为变得无处藏身，提高了透明度。关系传播则可以让上市公司信息披露更有针对性，准确地把信息披露给那些对公司感兴趣的投资者。

2. 新媒体环境下把关人的转变

1947 年美国学者库尔特·卢因提出了"把关人"概念，他认为把关人筛选信息，将符合他们价值观的信息放入传播渠道。1950 年，怀特则提出了新闻选择的"把关模式"，他认为新闻媒体在信息的传播中具有重大过滤功能，把关人就是传播过程中对信息进行搜集、整理、选择、处理等过滤和加工的人，可能是特定个人（如记者和编辑等），也可能是报社和电台等媒介组织，他们从社会、经济、政治、文化、审美等方面以及自身价值利益出发对信息层层把关，最终决定了面向大众的信息，并通过这些信息影响他人。后来巴斯（1969）在此基础上提出了把关的"双重行动模式"，他把媒体的把关过程分为新闻采集和新闻加工两个行动，前者的把关人是记者，后者是具决定意义的编辑。传统媒体环境下，只要记者把好入口，编辑把好出口，把关人对信息进行的把关较容易实现。

互联网的发展和数字化信息使得新媒体的信息传播比传统媒体的控制难度更大，许多"网红"的出现以及很多的信息都是从微信和微博等新媒体上传到大型网站后才被公众知晓的。新媒体的出现让把关人的角色发生了改变，由于新媒体具有开放性、交互性、便捷性等特点，传播主体多元化和"草根化"，大众可以避开各种控制随时随地的发布与接收信息，在信息免费市场中享受相对宽松的环境。因此，把关过程的采集阶段是普通民众，只要其觉得有用，符合其价值观就采集，作为组织的把关人变得不存在，新媒体发布者的把关全靠爱好和自觉。加工阶段在新媒体似乎很少，有的也就是对事件的一些看法和想法，或者是在转发前对信息的选择和评论，只要是他们感兴趣的，就评论和转发，传播给他人。把关人的效果和功能难以发挥，由事前把关变成了事后把关，通常都是信息影响很大后，相关部门才出面删除和禁止传播。新媒体的大众化使信息传播没有经过中间环节就自主发布和传播了，传统"把关人"对信息的选择和控制的角色发生了根本变化，新媒体成了信息传播相对自由的空间。

当然，"把关人"依然存在。一方面，通过新媒体发布海量信息的民众成了把关人，他们通过自己的选择把关，把自己关心的信息传播出去。另一方面，门户网站、BBS 等似乎都还保留着传统的"把关人"角色，他们对海量信息做减法，为用户提供精准信息，同时事后的删除也是把关方式之一。但是，新媒体的传播方式和海量信息使得把关的困难很大，网上的评论、跟帖等只有当负面影响很大时才被删除。而且，有时候把关成为一件不可能完成的任务，某一社区和网站删除了，其他网站又出现，国内网站关闭了，国外网站又出现；某些关键词被封杀了，换个词又出现。可见，把关人角色在新媒体环境下被弱化，操作难度加大。上市公司应该积极发现并对新媒体上的信息进行澄清，以减少公众误读和被误导所带来的投资损失。另外，应选择一个公众知晓的新媒体平台，及时发布公司信息，减少由于把关人缺失而可能带来的信息混乱，给投资者造成损失。

3. 新媒体环境下议程设置的转变

议程设置是大众传播理论的重要假设之一，最早由美国学者帕克提出。之后许多学者研究、证实和发展了这一假说。该假说的主要观点是大众传播能为受众设置"议事日程"，媒体以不同的显著方式报道和传播各种"议题"，这会对民众产生一定的暗示作用，他们会根据这种不同的渲染程度，认同这些议题，进而起到宣传这些议题的作用。这一观点认为，传统媒体具有舆论导向作用，民众判断信息的重要程度取决于媒体对这个新闻的宣传程度。学者们认为在传统媒体上进行议程设置相对容易。

传统媒体受众被动接收信息，传播者为受众设置好议程。但在新媒体环境下，议程设置发生改变。信息发布和传播的权利大众化，每个新媒体的用户既是信息接收方，也是信息发布者，信息传播是双向甚至多向交流，受众主动参与到传播中来，受众根据自己的喜好和需求选择信息或发表看法，甚至修正和改变传播者设定的议程，传播者反而变成接收者，这使媒体设置议程的效果弱化，控制权减弱。传统媒体中传播者的特权在新媒体中不存在，媒体对民众的舆论导向作用变弱。而且，新媒体的传播具有全球性，它跨域了地区、国界和文化，这样不同的议程设置可能会相互干扰。这些都使传统媒体所传播的信息在新媒体中会形成猜测甚至变成了不同方向的议题，从而使议程设置被弱化或者瓦解。

当然，议程设置在新媒体环境中以潜在方式存在。新媒体中议程设置的门槛降低了，但并不是人人都可以做到。只有那些拥有众多粉丝的意见领袖或许可以做到，因为能否成功设置议程还要视议程的设置情况和意见领袖的能力。意见领袖可以设置某些事件的显著性，把它们作为议题，让受众讨论并引导舆论。因此，在新媒体环境下，主流媒体的议程设置功能被弱化，议程设置的权利被相对泛化，从理论上说，人人都可以进行议程设置，影响公众和舆论。

上市公司可以利用新媒体的这一特点进行议程设置，推行有效的投资者关系管理。要做到这一点，需要公司新媒体通过自身的努力，拥有大量粉丝，成为这一行业的意见领袖。将公司的众多事情设置议程，接受投资大众的讨论和建议，这一方面可以发挥群众的力量找到解决问题的方法，另一方面也可以赢得投资者的信任和理解，提高信息披露的效率。

4. 新媒体环境下"沉默的螺旋"的改变

"沉默的螺旋"是德国社会学者纽曼在 1980 年提出的，他认为人们意见的表达实际是社会心理过程。当人们发现自己的观点与多数人（主流）的观点相同时，倾向于发表自己的观点，当发现与多数人的观点不同，很少或者无人理会时，就会由于害怕被社会孤立而倾向于保持沉默或者附和优势观点。这样循环往复，一方声音越来越大，另一方的声音越来越小，形成"沉默的螺旋"。

新媒体环境下，由于害怕被孤立而产生的"沉默的螺旋"可能被打破。首先，新媒体的匿名性让人们不必担心被别人知道观点是谁发出来的，也不用担心自己的观点是否被赞同，是否属于少数，这就使人们在新媒体上发表意见更大胆。即使是实名制的新媒体，转发观点也能表达一种态度，让人不再沉默。其次，新媒体上表达观点通常使用文字，一般不会面对面交流，相对而言，不需要照顾到对面人的感受和别人的看法，也不用担心声音或样貌被人认出，发表观点也就不容易沉默。再其次，新媒体一般使用手机和电脑等私密设备发表观点，受外界干扰相对较少，使大众更容易以自我为中心坚持自己的观点。最后，新媒体还使用户更具主动性，他们可以很容易通过搜索和标签等功能找到和自己意见相同或相似的群体，以期获得他们的支持，避免陷入被孤立的状态。从以上的理论分析可见，新媒体环境下，"沉默的螺旋"作用有限。

但新媒体环境下"沉默的螺旋"并未消失，只是弱化，其重要心理因素"害怕被社会孤立而倾向于保持沉默"并没有完全消除。因为无论怎样匿名，人们还是会害怕被发现。"沉默的螺旋"奏效的三个条件是：第一，容易把媒体意见视为真理的缺乏主见和主体意识的人；第二，很难被发现错误、设置巧妙的议程，或者是由于剥夺了受众知情权，受众发现不了错误而盲从；第三，观点符合多数受众价值观（刘建明，2002）。新媒体环境下，这些条件的存在使"沉默的螺旋"并未消失。

上市公司新媒体披露要合理利用新媒体"沉默的螺旋"的变化，通过多种信息形式发出有利于公司的优势观点。在新媒体上出现不利信息时，及早做出专业化和令人信服的解释，让不正确的观点成为"沉默的螺旋"。

5. 新媒体环境下意见领袖的变化

1940 年拉扎斯菲尔德等首次在《人民的选择》一书中提出了意见领袖的概念，他们在美国总统选举的调查中发现，那些与媒体较少接触、知识水平低或者兴趣低的人会听取拥有较丰富竞选信息人（意见领袖）的意见和建议。他们就此认为信息并不是通过媒体直接传播给受众的，而是有一个二级传播即意见领袖环节来对信息进行处理，这与以前人们认为的意见领袖只是受众中的优秀群体的观点不同。后来他们在众多领域对意见领袖现象进行了广泛而深入的研究，发现在许多领域由于普通受众有对信息解读和分析的需求，意见领袖是广泛存在的，信息由媒体先传播到意见领袖然后再到受众。意见领袖不是通过选举产生的，而是那些通常较聪明和知识渊博的，在信息传播过程中具有影响力，能将媒体信息经过自己加工后传递给别人，其行为和语音能深刻影响其他人的人。后来罗杰斯还发现大众传播中信息流和影响流传达路径的差异，认为信息流同等的到达受众，但影响流却先经过意见领袖，然后才被受众认知。

新媒体环境下，传播者和受众地位趋于平等，意见领袖通常是自然形成的。一般采取用户影响力、活跃度、活跃粉丝数、转载量和评论量等标准来定义意见领袖。通常意见领袖是公共知识分子，大多受教育程度高、知识丰富、喜欢交流和分享，他们发布的信息形式简单且质量高，能将事件的感性认识上升到理性认识，帮助受众分析和理解信息。也有出身"草根"的意见领袖，他们由于质疑权威而拥有大批粉丝。虽然新媒体环境下"草根"的声音被放大，但是真正被大幅放大的还是名人和精英的话语权。意见领袖在信息传播过程中起到中介或过滤作用。有时候他们的作用和影响很大，甚至可以左右信息舆论的发展方向。意见领袖通常被视为新媒体传播中的重要节点，普通的信息通过这个点的传播会爆炸式增长，转发和评论等会呈现几何级放大。可见，在新媒体中意见领袖的地位被加深。

对于上市公司信息披露而言，如何让意见领袖对公司的信息进行正面解读，使他们在新媒体上主动和无偿自愿的传播与分析已披露的信息。在公司处于危机时，上市公司应该监控相关利益方和意见领袖的言论，并利用新媒体最快地解决问题。当然，公司也应该努力在自己的专业领域成为意见领袖。

2.3　本章小结

本章定义了全书的两个重要概念：新媒体和信息披露，并对新媒体的特征和信息披露的发展过程进行了分析。认为新媒体是一种万物皆媒体的信息环境，能实现人与人之间信息的快速及时传播，只要是基于数字技术、互联网技术或移动通信技术，能实现用户创造和即时互动，可以多向和非线性的传播多元复合与无限兼容信息的，则认为它是新媒体。新媒体既包括网页和互动平台，更包括博客、微博、微信和网络视频直播等基于数字技术的具有更强即时交互功能的社交媒体形式。新媒体具有多元化、交互性、非线性、自主性、碎片化、数字化、及时性和便利性等特征，这些特征能较好地增强上市公司自愿披露的及时性、覆盖面和公平性。上市公司自愿披露通常会权衡成本与收益，而新媒体的成本较低，上市公司是否会选择低成本的新媒体披露信息？这种较低成本的披露渠道能否提升信息披露的效率？这些问题将在后面的章节得到回答。

　　本章还从信息不对称理论、博弈论、有效市场理论和大众传播理论分析了上市公司新媒体信息披露。信息不对称理论认为，由于委托人和代理人的信息不对称导致资本市场低效率，为了减少信息不对称，信息披露成为必要。资本市场的效率取决于信息是否被充分传递，新媒体的出现有助于信息快速、低成本和大范围的传播，合理地利用新媒体信息披露将促使资本市场信息传播的效率更高。博弈论则为分析新媒体环境下信息披露的各相关利益方的战略选择及其背后的行为逻辑提供了有效的分析方法和思路。有效市场理论认为市场要达到有效，离不开信息的无成本完全披露，信息披露越充分，市场将会越有效。竞争充分的市场总是能够消化公司披露的信息，即使这些信息是"非重大"的。新媒体传播理论则论证了新媒体改变了信息传播情况，而这种改变能较好地促进信息的及时有效、低成本、大范围的传播。新媒体披露的低成本性和海量性将使资本市场信息传递更迅速、充分和完全，将有助于实现强势有效市场。新媒体对大众传播理论的改变，使得信息传播模式变为人与人的社会关系式"去中心化"传播，话语权重新交给了大众。同时弱化了把关人角色，瓦解了议事日程的设置，打破了"沉默的螺旋"，意见领袖也变得自主化。这些改变使得上市公司可以轻易地使用新媒体披露信息并广泛传播出去，把关人和议事日程设置也变得很难掌控，自发的意见领袖让公司造假心有忌惮，这些改变都使公司不得不披露真实信息，公司透明度更高。因此，从理论上来看，无论是信息不对称理论还是有效市场理论抑或是新媒体大众传播理论，新媒体信息披露可以减少资本市场的信息不对称，增强公司透明度，提高市场的有效性。所以，本章从理论上论证了上市公司新媒体信息披露能减少信息不对称，提高市场有效性。但信息披露中各个主体的利益关系也会影响到新媒体信息披露，后面的章节会从信息经济分析和博弈论的角度继续在理论上研究上市公司新媒体信息披露。

第3章

文献综述

从自愿信息披露和新媒体信息披露对现有文献进行梳理。评述了自愿披露的动机、外部影响因素和效果以及传统互联网信息披露、社交媒体信息披露和新媒体其他应用的研究进展。对现有文献研究的不足进行了讨论。本章的文献是从总体的角度来把握，后面章节中的实证研究部分的文献回顾则主要专注于讨论单一研究方向上的具体方法及结论。

3.1　上市公司自愿披露研究

股份公司所有权与经营权相分离，企业管理者与股东拥有的信息不对称，管理者会利用所拥有的信息优势占信息弱势方的便宜，这种状态持续下去，会形成"柠檬市场"，进行信息披露减少信息不对称是解决这一问题的关键。信息披露可分为强制性披露和自愿性披露，前者是指由法律法规明确规定上市公司必须披露的信息，后者则是上市公司根据自身需要而主动向公众公开的非法定信息。由于新媒体只是我国官方鼓励的信息披露渠道，而不是强制信息披露方式和渠道，因此，本书的研究属于自愿披露方式。目前，对自愿信息披露的研究集中在以下几个方面。

3.1.1　自愿披露的动机

新媒体披露本质上是自愿披露的形式和渠道，对其动机的考察丰富了自愿披露动机的研究。自愿披露动机主要有以下几种观点[①]：

1. 资本市场交易动机假说

当公司的管理者想要在资本市场发行股票、债券或收购其他公司时，投资者对公司的看法就变得非常重要（Healy and Palepu；1995）。由于公司的管理者比外部投资者更了解公司的前景等信息，这种信息不对称的存在导致公司对外发行股票或债券的成本较高。因此，想要在资本市场筹资和交易的公司有动机自愿披露以减少信息不对称，进而减少资本市场的筹资成本（Myers and Majluf, 1984）。也有学者指出，当公司管理者和外部投资者之间存在信息不对称时，为了承受这种信息不对称的风险，投资者会要求额外的风险报酬，管理者可通过增强自愿披露来减少这种信息风险进而降低融资成本（Merton, 1987）。

实证研究表明，近期或者未来一段时期内将要发行证券的公司信息披露评级更高，发行证券六个月前公司信息披露显著增加，尤其是那些自愿披露部分（Lang and Lundholm, 1993）。诺亚（Noe, 1999）的研究也发现内部股票交易和发布预测信息正相关，公司管理者想要交易本公司股票时，更愿意披露更多信息来提高股票流动性。戴蒙德和维里克查（Diamond and Verrecchia, 1991）认为当公司近期有股权融资需求时，管理者倾向于提高信息披露水平。但自愿披露的信息很难鉴证（Dhaliwal et al., 2011），因此也有学者认为管理者会为了获取私有收益而自愿披露夸大甚至虚假信息，控股股东和管理者会利用信息披露的信号作用，在再融资之前提高自愿披露的频率或选择性自愿披露大量模糊信息来误导投资者（唐跃军等，2008）。

张正勇和李玉（2018）以 2009～2015 年披露社会责任报告的重污染行业上市公司为样本，从高管减持视角研究了高管自利动机对环境信息披露行为的影响。他们认为当高管计划减持公司股票时会策略性地披露更多的环境信息，以向外界传递企业良好的环境表现和可持续发展能力，且高管拟减持规模越大，该策略性披露行为更为明显。进一步研究发现，当企业注册地市

[①] Healy P M, Palepu K G., "Information Asymmetry, Corporate Disclosure, And The Capital Marrets: A Review of the Empirical Disclosure Literature", Journal of Accounting And Economics, 2001, 31 (5): 405–440.

场化程度较低或企业股权集中度较低时，高管减持动机与环境信息披露水平的正向关系更强。他们还发现，在区分披露形式后，以上所有结论均在强制披露样本中更为显著。

2. 公司控制权竞争动机

通常股东和董事会认为管理者应该对公司股票的市场表现负责，许多证据表明，公司 CEO 的更替与公司较差的股市表现有关（Warner et al.，1988；Weisbach，1988）。同时，公司股票价格低迷会引来敌意收购，可能会导致原 CEO 被替代（Morck et al.，1990）。想争夺董事会的持有异议的股东也经常把公司较差的业绩表现作为提出更换管理层的理由（DeAngelo，1988）。因此，当公司业绩较差，股票价格表现不好，管理者面临各方压力，存在下台风险时，他们常常会增强信息披露来为较差的业绩表现辩解，以减轻公司价值被市场低估的风险。当然，如果管理者本期面临的压力不大时，从多个时期来考虑的话，他们可能害怕为本期辩解所承诺披露的信息会影响到下一期公司较差表现时的辩解，可能不会在业绩差的时候披露更多信息。

实证研究方面，有学者发现目标公司在竞争性接管报价期间更愿意披露盈利预测信息（Brennan，1999）。斯金纳（Skinner，1997）研究认为，绩效差的公司倾向于提前披露利空消息，公司较差的业绩可能会带来恶意收购，进而导致管理层更换。因此，公司管理层为了自身利益，愿意披露更多信息以防止公司股价被低估，而引发收购风险。

3. 股票报酬假说

公司管理层的股权激励计划会促使他们自愿披露。他们为了交易自己持有的股票，有动力披露信息以增强股票的市场流动性，纠正可能的股票价值低估，尤其是在股票期权到期之前。管理层可能还会自愿披露信息以减少与新聘雇员的股票报酬相关的合同成本。如果股票定价是合理的，股票报酬计划则是有效率的形式，否则，管理层会需要其他一些酬金来补偿其股票错误定价的风险。因此，广泛使用股票报酬计划的公司有动力披露更多信息来减少股票被错误定价。

在实证研究上，有学者发现公司管理层预测与内部人交易公司股票正相关（Noe，1999）。管理层为了增加股票报酬，会在公司股票期权授予期间，推迟披露好消息并加速披露坏消息，以希望股票价格降低获得低行权价的股票期权（Aboody and Kasznik，2000）。而如果管理层拥有的股票期权存在较高风险时，他们更愿意披露盈利预测，为了不让盈余操纵被监管层发现，管理层会在讨论与分析（MD&A）中披露更多非财务信息，尤其是当公司高管有股权激励时，这种现象更加显著（程新生等，2015）。公司高管的股权激励有助于提高公司的环境信息披露质量（李强和冯波，2015）。管理层持股比例越高，上市公司进行择时信息披露的可能性越高（张馨艺等，2012）。

4. 诉讼成本假说

股东可能对管理者信息披露不足和不及时进行诉讼，这会激励公司增强自愿披露。但害怕诉讼还可能使管理层减少自愿披露，尤其是预测性信息。盈利差的公司为减少诉讼成本有动机提前披露这些信息，它们提前披露信息的可能性是有好盈利消息公司的两倍，而且有坏盈利消息的公司更容易被诉讼，还有证据表明，提前披露信息的公司诉讼成本比较低（Skinner，1994）。因为，如果没有诉讼，公司应该同时披露好消息和坏消息，股东诉讼也主要是坏消息披露的延迟。

在中国，国有企业管理层受到国家政策和制度的压力（隐性诉讼成本），会披露质量高的社会责任信息（吴丹红等，2015）。有学者研究了我国环境信息披露，发现公司环境表现较差时，为应对合法性压力，会积极自愿披露，且环境表现越差的公司环境信息披露水平越高，以增加披露数量而非质量来对自己的环境情况辩解（沈洪涛等，2014）。沈洪涛和冯杰（2012）研究了中国上市公司环境信息披露动机，认为公司为了合法性，怕被政府罚款或诉讼，提升了环境信息披露水平。他们发现媒体对公司环境情况的报道能够显著提升其环境信息披露水平，地方政府对公司环境信息披露的监管也能够显著提升公司环境信息披露水平。上市公司之所以自愿披露社会责任报告，是来自正式或非正式的强制压力，媒体是其中一种重要的压力形式（杨汉明和吴丹红，2015）。

5. 管理者才能信号假说

有才能的管理者有动机自愿进行信息披露来宣告他的类型。公司的市场价值能显示投资者对公司管理者能力的看法。投资者越早知道管理者所拥有的信息，他们就越容易评估管理者预测未来变化的能力，进而公司的市场价值越高。因古斯蒂（Inchausti，1997）认为当公司业绩比同行业其他公司好时，管理者愿意向投资者披露更多信息，以显示其管理的才能。张宗新（2005）等认为，优秀公司为避免在"柠檬市场"上折价，有动力进行信息披露，当公司环境管理表现较好时，管理者为显示其才能，会积极进行环境信息自愿披露。也有学者发现，盈余质量好的公司在年报中自愿披露的前瞻性信息较多（汪炜和袁东任，2014）。还有学者发现，大型公司自愿披露投资的创新项目是为了向市场传达管理层具有创新意识，他们公司是有价值的信号（Abdulkadir and Schwienbacher，2016）。

高锦萍和王伟军（2018）以公司高管照片披露为例，构造自愿披露的影响因素多元回归模型来研究管理者才能对自愿披露的作用。他们利用2011～2015年香港联合交易所主板公司的数据进行统计和验证，发现港交所上市公司高管的个人特质信息的自愿性披露水平较高，而且比较稳定，其中保险、公用事业、建筑业、银行等与人民密切相关的行业和中国内地注册公司的自愿披露水平相对较高。公司经营业绩好、营业收入规模大的公司更愿意披露高管个人特质信息，这表明港交所上市公司高管的个人信息披露是一种管理者才能信号的积极传递，而非印象管理行为。

6. 专有成本假说

许多研究认为公司自愿披露还受这种信息披露是否会破坏其在产品市场上的竞争地位的影响（Darrough，1993；Gigler，1994）。他们认为即使会增加发行证券的成本，公司也不会披露那些会减少其竞争地位的信息。但这种动机对竞争的性质很敏感，公司是面临现有竞争者还是潜在进入者威胁，是采用成本竞争战略还是长期增长战略，这些对其信息披露的意愿有影响。这一假说假设公司管理层和股东之间没有利益冲突，并且信息披露总是真实的，以此来研究约束充分披露的经济力量。

卡萨尔等（Cassar et al.，2018）利用1995～2011年434家对冲基金寄给投资者的3234封信，研究了激励对冲基金经理进行自愿披露的动机。他们发现，基金管理者会向投资者提供一系列关于基金回报、风险敞口、持有量、基准、业绩归因和未来前景的定量与定性信息，投资者面临的代理成本与管理者面临的专有成本之间的紧张关系会影响基金披露。与公司管理者降低专有成本一样，业绩较好的基金披露的业绩和持股情况较少；与代理成本理论一样，风险较高的基金披露的关于业绩和资产管理的情况较少。

美国有近 40% 的 IPO 公司在美国证券交易委员会备案时，对信息进行了编辑，屏蔽专有信息以防被竞争对手模仿，当然他们需要权衡是保护专有信息，还是公开信息以提升流动性和股票价格（Audra et al.，2016）。在中国市场化尚不完善，以关系为基础的社会环境中，拥有较多关系网的公司会获得更好的资源和竞争优势，其价值通常较高，披露信息越多越有可能泄露关系网，进而削弱其竞争优势，为避免这种高昂的专有成本，自愿披露信息较少（程新生等，2011）。公司会权衡披露成本与收益，行业集中度越高、对客户依赖性越强时公司专有成本就越高，越不愿意披露客户的详细信息（王雄元和喻长秋，2014）。

3.1.2 自愿披露水平的影响因素

陆正飞（2002）认为国内的信息披露水平受政府干预，主要和宏观经济环境相关。米克（Meek，1995）研究了欧美国家的跨国公司，认为行业差异和国家（地区）差异会影响公司自愿披露。有学者认为证券市场上股票的价格信息会影响到公司管理层对盈利预测的自由披露（Zuo，2016）。政府、环保部门和品牌声誉是影响上市公司披露环境信息的重要因素（王霞等，2013）。消费者口碑敏感的行业社会责任披露水平较高，上市公司自愿披露社会责任的动机在于获得消费者认同，提升产品的市场竞争优势（张正勇等，2012）。有学者研究了上市公司自愿披露社会责任报告，发现媒体曝光度越高、行业敏感性越高、与顾客越近和产品市场竞争越激烈的公司，社会责任信息披露越好（张正勇等，2014）。还有学者发现，市场竞争程度越高，管理层对业绩预告的信息披露水平越高（刘慧芬和王华，2015）。分析师关注程度也是信息披露的影响因素。有学者发现，分析师关注度越高的公司自愿披露程度越高，进而减少了信息不对称，显著降低了上市公司的融资约束（张纯和吕伟，2007）。公司自愿披露社会责任信息水平与媒体关注度正相关（倪恒旺等，2015）。信息披露质量还受地区市场化水平、法律保护水平和社会资本水平的影响，当一个地区市场化程度高、政府少干预、法律保护好、社会资本水平高时，信息披露质量越高（姜英兵和严婷，2012）。

朗（Lang，2018）认为公司经常自愿披露坏消息而不是好消息，并将这种悲观情绪与管理者不断增加的不低于盈利预期的激励联系起来。并基于管理者希望满足或超过分析师盈利预测的动机，分析了管理者私人信息的自愿披露。他们认为，面临强烈激励超过分析师预测的管理者更频繁披露坏消息而不是好消息，以便引导分析师预期未来收益下降。这种悲观情绪在不成熟的经理人市场中更高，即使高股价对他们的激励比打败分析师预期更高，悲观情绪仍可能持续。

黎来芳和陈占燎（2018）研究发现，中国 2014 年股权质押爆发式增长，这缓解了股东融资约束，但增强了股东市值管理的动机。他们研究了市值管理是否会加大公司控股股东信息选择性披露行为，降低信息披露质量。他们利用 2008～2015 年深交所上市公司的数据，分析了控股股东股权质押对公司信息披露质量的影响。发现控股股东股权质押加剧了公司信息不对称，表现为控股股东股权质押增强了公司信息选择性披露的动机，降低了信息披露质量。他们还发现，当存在控股股东股权质押时，非国有企业比国有企业的信息披露管理的机会主义更明显，信息披露质量更差。他们认为较好的投资者法律保护环境能有效抑制控股股东信息选择性披露动机，提高信息披露质量。

库马尔等（Kumar et al. , 2017）研究了信息披露和知情管理者股票回购策略的选择如何影响公司短期和长期股票价值。他们得出了一个部分披露均衡，其中最低价值区域的公司既不披露也不回购，中间价值区域的公司披露但不回购，最高价值区域的公司通过不披露和回购股票而导致价值低估。而且，当知情管理者总是知情（当披露无成本）时（典型自愿性披露模型中典型的上尾部披露区域），并且当知情的管理者可以使用回购来提取信息租金时，众所周知地解开结果不需要获得。他们提供了一个新的视角，公开市场份额回购，最常见的股票回购形式，是披露的最佳时机。他们认为随着企业股票流动性的增加，均衡披露区域缩小。

金姆等（Kim et al. , 2018）研究了交易信用违约互换（credit default swap, CDS）如何影响被参考公司的自愿披露选择。CDS 允许放款人对冲他们的信用风险敞口，削弱他们监控借款人的动力。他们认为，放款人监控的减少反过来又会导致股东加强监控，并要求管理者增加自愿披露。实证研究发现，当交易其公司的 CDS 时，管理者更有可能发布盈利预测并更频繁地发布预测。他们还发现，当放款人利用信用违约互换对冲信用风险的能力和倾向较高，以及放款人监控动机和监控力度较弱时，信用违约互换对公司信息披露的影响更强。与放款人监管减少导致股东对公开信息披露需求的增加相一致，我们发现对于具有较高机构所有权和更强公司治理的公司，信用违约互换对自愿披露的影响更大。总的来说，他们的发现建议有 CDS 交易合同的公司加强自愿披露，以抵销有 CDS 保护的放款人减少监管的影响。

多林思科和斯库宾杰克（Dolinšek and Lutar – Skerbinjek，2018）探讨了斯洛文尼亚大型企业自愿网上财务披露的影响因素及特征，分析了影响使用网络财务报告的公司与没有使用网络财务报告的公司之间差异的因素。根据是否使用网络财务报告，他们将斯洛文尼亚的大公司（n = 192）分成两组，采用二元 Logistic 回归分析来分析自愿网上披露财务信息是否与公司的规模、盈利能力、年龄、公司法律形式、股权分散度和行业有关，研究表明，使用或不使用网络财务报告的公司之间存在统计学上的显著差异。上市公司、从事金融、能源或 ICT 行业的公司以及拥有较大股权集中度的公司发布互联网财务信息的可能性更大。

唐勇军等（2018）则认为中国上市公司碳信息披露水平总体偏低，公司之间碳信息披露水平存在显著差异。完善的法律制度环境有利于提升公司碳信息披露水平，注册会计师审计制度也与碳信息披露质量正相关，聘请大型会计师事务所对上市公司进行审计有助于增强公司碳信息披露水平。

洪（Hung et al.，2018）在研究政治力量与商业环境相互作用的国际商业文献的激励下，研究政治联系是否以及如何影响管理者的自愿披露选择。他们发现，与非关联公司相比，关联公司较少披露管理层盈余预测。此外，与非关联公司相比，关联企业的政治关系变弱，这通常在选举结束之后，管理层预测的频率有较大幅度的增加。进一步的分析表明，缺乏资本市场激励、较低的诉讼风险以及较低的专有成本，都会影响政治关联企业的自愿披露选择。

波沃和舍恩菲尔德（Bourveau and Schoenfeld，2017）研究了积极的股东与自愿披露之间的关系。他们认为自愿披露的一个重要后果是资本市场中的逆向选择较少。发现较少逆向选择就无利可图的一类交易员是积极投资者，他们瞄准了估值可以改善的定价错误的公司。与此观点一致，他们发现，当公司面临激进投资者攻击风险时，经理人更频繁地发布盈利和销售预测，并且这些额外的披露降低了成为激进投资者目标的可能性。这些额外的披露也促使积极的价格反应，包含更精确的导向和超过市场普遍预期。这些发现暗示，经理人利用自愿披露来对积极投资者先发制人，而积极投资者更倾向于将相对不透明的公司作为目标。

郑建明和许晨曦（2018）基于 2015 年 1 月 1 日施行的《新环保法》，

采用中国重污染上市公司 2013～2016 年的数据为样本，利用《新环保法》这一"准自然实验"，依据《新环保法》第 2 章第 26 条，按照公司实际控制人的行政级别，将样本公司分为实验组和对照组，检验了《新环保法》对公司环境信息披露质量的影响。他们发现《新环保法》增强了实际控制人行政级别在厅级及以上的公司环境信息披露质量，这一影响主要体现在环境规制力度强的地区以及市场化水平高的地区。认为《新环保法》对公司环境信息披露质量有正向影响，并与市场机制形成互补作用。

金爱华和于海云（2017）则以上市公司 2009～2012 年的数据为样本，分析了关键客户信息自愿披露。他们发现，第一大股东持股比例、第二位至第十位股东持股比例、公司融资需求、公司产品竞争地位等显著影响关键客户信息自愿披露。而公司规模、业绩水平对关键客户信息自愿披露的影响不显著。他们认为通过加强融资管理、改善公司治理、促进市场公平竞争等方面能推动关键客户信息披露管理工作。

田（Tian，2015）研究了美国证券交易委员会正在推进的实时信息披露。通常认为事件发生后立即披露会减少信息泄密，但来自理论文献的证据表明，这种作用取决于管理者是否能够预计到潜在的所需报告事件。例如，管理者能预测定期的"毒丸收购"，但却没有能力预测进行中的"毒丸收购"。因此，他们测试实时报告是否阻止了围绕常规和进行中的"毒丸收购"信息泄露，以检查管理人员预测事件结果的能力是否实时报告、是否阻止了战略披露。他们发现实时报告并不能阻止常规"毒丸计划"的泄露，但它可以阻止进行中的"毒丸计划"。这些结果表明，只有当经理不能预测潜在事件时，实时报告才能减少信息泄露。

黄超等（2017）针对中国资本市场公司社会责任信息披露机制不完善这一现象，系统考察了国际"四大"审计是否对公司社会责任信息的披露水平发挥提升作用。研究发现，国际"四大"会计师事务所面临更高的诉讼风险，对公司社会责任等非财务信息披露状况更关注，从而提高了公司社会责任信息的披露质量。他们还发现，非国有企业的社会责任信息披露状况比国有企业较差，国际"四大"审计对非国有企业社会责任信息披露质量的提升作用更明显，在法制环境较好的地区，国际"四大"审计面临的诉讼风险更高，因此对公司社会责任信息披露质量的提升作用也更明显。

吕明晗等（2018）认为金融性债务契约能积极促进企业披露环境信息，其中长期金融性债务契约的治理作用更为显著，经营性债务契约对企业环境信息披露则存在消极影响。他们在考虑具体契约情境后，发现信息不对称越严重，契约"不完全性"程度越高，债务契约对企业环境信息披露的治理效应越强。

杨子绪等（2018）对比研究了强制性和自愿性披露制度下的企业碳信息披露质量是否存在差异和投资者对碳信息的解读是否存在差异。他们发现，强制碳披露的质量更高，但却未能为投资者提供有用的增量信息。相反，自愿碳披露更多地被投资者使用，企业价值与披露质量显著正相关。他们还发现，政治关联与企业碳信息披露质量的关系呈倒"U"型。

李虹和霍达（2018）用中国重污染行业上市公司 2011～2016 年的数据为样本，构造 DEA－Tobit 模型衡量管理者能力，实证分析结果表明，管理者能力与公司环境自愿信息披露水平正相关。他们还发现，基于中国文化情境提出的权力距离会对管理者能力与企业环境信息披露水平的相关性起调节作用，当董事长和总经理权力距离较大时，会显著抑制管理者能力对企业环境信息披露质量的提升。同时，中国各地区市场化程度不均衡，在市场化进程较快的情境下，管理者能力对企业环境信息披露水平的正向作用更显著。

傅蕴英和张明妮（2018）研究货币政策对企业会计信息披露质量的影响。他们认为这种影响在各上市板块间存在差异，影响最大的是中小板非国有企业，银根越紧，中小板非国有企业的会计信息披露质量越高，而主板、创业板公司的会计信息披露质量基本不受货币政策的影响。无论在货币宽松期抑或紧缩期，不同板块的所有权性质对会计信息披露质量的影响不同，主板、中小板的非国有企业会计信息披露质量均显著低于同板块的国有企业。金融发展程度对不同板块、不同所有权性质的企业会计信息披露质量的影响是，在货币紧缩期，处于金融发展程度高区域的国有企业相对较低区域的国有企业，会计信息披露质量更高，而中小板、创业板公司不受区域金融发展的影响。

林宇鹏等（Lin et al., 2018）认为，同伴效应是决定公司自愿性披露政策的重要因素。他们研究了年度罗素 1000/2000 指数重组导致的机构所有权分配的不连续性，发现在罗素 1000/2000 指数临界点附近，由于指数基金的标杆策略，排在罗素 2000 指数前列的公司与排在罗素 1000 指数后列的公司相比，在机构所有权方面经历了显著改变。排在罗素 2000 指数前列的公司机构所有权的增加以及由此带来的信息环境的改善，给同行业带来了增加自愿披露的压力。与此预测一致，排在罗素 2000 指数前列的公司不连续较高的机构所有权显著增加了行业同行发布管理预测的可能性和频率，并且他们认为这种效应可能是由企业争夺资本的动机驱动的。

傅传锐和洪运超（2018）以 2011~2013 年我国 A 股高科技行业上市公司为样本，实证检验了包括股权治理、董事会与监事会治理、管理层激励在内的公司治理水平与智力资本信息披露间的相关性以及产品市场竞争对这种关系的调节效应。他们认为，无论是整体公司治理水平的提高，还是股权治理、董事会与监事会治理、管理层激励等分维度治理水平的提高，都能够显著提升企业智力资本自愿信息披露水平。他们发现产品市场竞争与整体公司治理机制通过互补的方式共同促进企业智力资本信息披露水平，但不同维度公司治理机制与产品市场竞争间的关系存在异质性，即产品市场竞争与股权治理、管理层激励存在互补关系，和董事会与监事会治理存在替代关系。

李春涛等（2017）利用深交所 A 股上市公司 2006~2015 年的数据，研究了卖空机制对信息披露质量的影响。研究发现，在控制了一系列可能的影响因素，并使用倾向得分匹配、安慰剂检验和多个双重差分缓解了内生性问题以后，引入卖空机制显著提高了标的公司的信息披露质量。他们使用融券余额作为卖空势力的测度指标并将 ETF 基金持股比例作为其工具变量来控制内生性后，结论依然稳健。他们还发现，在中介市场发育程度较高和法制环境较好的地区，做空对信息披露质量的改善作用更明显。他们还探究了做空提升信息披露质量的途径，认为卖空可以通过增加对管理层的激励和降低信息不对称来约束经理人的自利行为，进而提高公司信息披露质量。

姚圣和李诗依（2017）从公共压力传导效力的视角研究了消除地域因素影响的空间距离对环境信息披露的非线性影响机理。他们认为企业管理层在环境信息披露方面受空间距离影响较大，且存在一个显著的临界点。在临界点以内，出于获得性印象管理的动机，空间距离与环境信息披露呈正相关。当空间距离超过临界点后，出于保护性印象管理的动机，空间距离与环境信息披露呈负相关。他们还发现，当受到的外部压力增加时，企业管理层进行环境信息披露机会主义行为所需的空间距离显著增加。

李常青和幸伟（2017）以 2007~2015 年 A 股上市公司为研究对象，以临时公告为切入点，在区分公告消息性质的基础上，实证检验控股股东股权质押是否会影响上市公司信息披露。研究发现，与不存在控股股东股权质押的上市公司相比，存在控股股东股权质押的上市公司将披露更多的好消息，而且好消息更可能在交易日披露，坏消息更可能在非交易日披露。他们还发现，该现象只存在无投资者关注和非连续质押的样本中。只有在股价下跌临近平仓线时，控股股东才干预上市公司信息披露，该行为能显著提升股价，化解股价下跌的危机，但与此同时，也加剧了股价波动性和降低了股价信息含量。

姚圣和周敏（2017）以 2008 年颁布实施的《环境信息公开办法》为研究背景，选择重污染行业制造业上市公司 2005～2006 年与 2009～2011 年的数据为样本，实证检验环境信息披露与政府补助以及违规风险之间的关系。研究发现，环境信息披露水平与政府补助、违规风险均显著正相关。《环境信息公开办法》颁布实施后，相较于规避违规风险，企业更愿意为了获得下一期的政府补助而增加环境信息披露。

李志斌和章铁生（2017）在理论分析的基础上实证检验了内部控制、产权性质对企业社会责任信息披露的影响。研究发现，内部控制对社会责任信息的披露具有显著的正向影响，且在非国有企业中内部控制对其社会责任信息披露的正向作用更强。他们从实证视角验证了 COSO 等内控报告提出的内部控制的作用范畴已拓展至非财务信息领域，认为内部控制是企业社会责任信息披露行为的重要影响因素，通过强化内部控制实现企业社会责任信息披露水平的提升是可行的。

张秀敏等（2017）认为目前信息披露传递的质量与效率正日益受到多方利益相关者的关注，其中披露信息阅读的难易程度值得重视。他们系统梳理比较了国内外易读性衡量及研究的方法与发展趋势，从信息提供者和信息使用者角度，探讨企业操纵信息披露阅读难易程度的关联因素与后续效应，提出了未来在财经领域强化信息披露阅读难易程度相关研究的思路和建议。

龙立和龚光明（2017）则以中国主板上市公司业绩快报为研究对象，对投资者情绪是否以及如何影响公司自愿性信息披露决策进行了实证检验。研究发现，当公司盈利时，随着投资者情绪的高涨，公司披露业绩快报的概率增加；而当公司亏损时，投资者情绪水平越高，公司披露业绩快报的概率则越低。另外，在公司披露业绩快报的前提下，投资者情绪越高涨，业绩快报中的盈利数据越被高估。他们认为上市公司可能策略性地利用业绩快报行为来应对投资者情绪波动，支持了行为金融学的迎合理论。

雪莉（Shirley，2017）研究了投机性挤兑威胁对金融公司自愿披露的影响，认为金融公司更容易受到投资者信心不足的影响，当所有投资者失去信心并同时撤资时，就可能出现投机性挤兑。他们论证了投机性挤兑威胁可作为一种内生性误报成本，防止银行经理在自愿披露中撒谎。管理层盈余预测等自愿性信息披露具有信息含量，其信息披露的程度与储户对随机投资冲击的看法正相关，即随机投资冲击越大，自愿信息披露越多。

高等（Goh et al.，2018）研究了公司自愿披露政治支出，他们使用由政治责任中心和沃顿商学院齐克林商业道德研究中心（the Center for Political Accountability and the Wharton School's Zicklin Center for Business Ethics Research，CPA – Zicklin）创建的指标，衡量标准普尔 500 涵盖的所有上市公司自愿披露政治支出的水平，检验了与此披露相关的公司层面的特征及其重要性。研究发现，具有较大政治支出、直接政治关联、较高投资者积极性、较佳的企业社会责任绩效和治理以及较多行业竞争的企业倾向于具有较高的政治支出披露水平。在控制了其他披露质量之后，较高的政治支出披露水平与机构投资者的数量和机构投资者持股比例正相关，尤其是社会责任机构投资者所持股份。政治支出披露水平还与较高的分析师跟踪、较低的预测误差和较小的预测离散度有关。政治支出披露增强了公司年度政治支出与公司财务绩效之间的正向关系。他们认为自愿政治支出披露有助于使管理者利益与股东利益相一致。

易志高等（2018）以 2006～2014 年民营企业 IPO 为样本，基于公司管理层经历或背景，研究高管政治关联对公司媒体披露的影响及其市场效应。研究发现，高管政治关联有助于公司在 IPO 期间获得更高的媒体关注度和更正面的报道倾向。政治关联层级越高，媒体报道对其越有利。高管政治关联对媒体报道的影响主要通过非证监会四大信息披露媒体和地理邻近媒体来实现的。而地区制度环境可在一定程度上抑制高管政治关联对媒体报道的影响。由政治关联所带来的媒体报道水平的改善，有助于促进 IPO 首日抑价的上升，但中长期会导致股价反转。

3.1.3 自愿披露的效果

学者们主要从减少信息不对称、降低资金成本和提升公司价值等方面来研究自愿披露的效果。

1. 减少信息不对称

陈晓和陈淑燕（2001）发现，盈余信息披露对股票市场影响显著，但投资者获取信息是不对称和不均匀的。他们利用深交所披露的上市公司考评结果和沪深两市违规披露的公司为研究对象，分析了股票收益波动率、β 值和知情者交易概率等指标情况，发现信息披露水平越高，代理成本越小，股票风险越小，股票价格越高。程新生等（2015）研究了中报和年报信息披露差异对市场的影响，发现上市公司信息披露的差异具有显著负的市场反应，而且负的增量信息导致负的市场反应，正的增量信息具有正的市场反应，公司股票交易量越大，收益波动越小。会计信息披露质量好的上市公司股票市场流动性强（王春峰等，2012）。较好的信息披露质量能够减少上市公司市场价值与内在价值的偏离度，信息披露能修正资本市场估值偏误，降低公司股价泡沫（徐寿福和徐龙炳，2015）。

另外，提高公司信息披露及时性和覆盖面则可降低私有信息较少的投资者同私有信息较多的投资者间的交易风险，能提升投资者的预期，减少信息不对称、逆向选择和代理成本，增强股票市场资源优化配置（Diamond and Verrecchia，1991）。以前很多研究均假设信息一旦投放给公众，所有投资者都能获得信息并采取行动（Merton，1987），但事实上除法定披露外，每个公司信息披露的渠道、受媒体关注度和覆盖面不同，投资者所获取的信息数量各异，市场效率也会有所不同（Hirshleifer and Teoh，2003）。布希等（Bushee et al.，2010）发现在盈利预告中，较广泛的媒体覆盖能提高市场效率，减少信息不对称。公司媒体管理行为能提高 IPO 发行价格和降低 IPO 抑价水平，公司能借助媒体恰当的披露定价信息，提升资本市场的定价效率（汪昌云等，2015）。及时披露在抑制信息泄露、防止内幕交易方面也有积极作用（朱红军和汪辉，2009；程小可等，2004）。

会计信息披露可靠性和相关性的提高能降低公司盈余管理，及时性的提高可降低时滞效应，减少信息泄露（闫华红和包楠，2015）。内部控制信息披露有助于防范企业经营风险，能降低崩盘可能（叶康涛等，2015）。公司内控信息披露越好，股票超额收益越高，会计盈余信息含量较高（余海宗等，2013）。自愿披露高质量的内部控制报告能显著降低盈余管理程度，减少信息不对称（方红星和金玉娜，2011）。上市公司及时披露与价值相关的信息，并且信息被外部投资者所获得能减少信息不对称，进而限制公司内部人通过私人信息获取收益（Frankel and Li，2002）。及时发现并披露盈余重述与之后披露的盈余重述财务信息的可靠性有显著的相关性，即越早发现和披露盈余重述，盈余重述财务信息的可靠性就越高。及时披露与高质量的公司治理特征相关。较短时间的重述期一般之后重述的盈余下降较少，盈余重述的时间长短对后面的重述内容具有信息含量，及时性能提高披露信息的可靠性（Jennifer and Anne，2015）。

当然，还有学者发现企业披露社会责任报告有印象管理行为，重污染行业中的绩差公司印象管理程度大，投资者会受到信息披露中印象管理的影响，对披露中进行印象管理的公司评价较高（黄艺翔和姚铮，2016）。有研究发现，信息不对称严重的公司披露了更多信息，在高信息不对称存在的前提下，信息披露增强了信息不对称（Mark，2015）。有学者认为投资者具有"选美竞赛"的特点，他们会选择大家都会选的公司以期望在投资中获胜。公司则会在这种"选美竞赛"中先发制人的披露投资信息，因为这可以及早建立标准以影响接下来的其他投资者的行为（Anil and Brian，2016）。

2. 降低公司资本成本

有学者从理论上分析认为信息披露以公开方式减少了投资者的搜寻成本，提高了资本市场配置效率，使整个社会的效用得以提高，达到"帕累托改进"的效果（John，1984）。博托桑（Botosan，1997）检验了制造业企业的自愿信息披露水平与资本成本的关系，发现分析师关注少的公司自愿信息披露水平与资本成本显著负相关，且披露的预测信息和重要财务信息对资本成本的影响非常明显。博托桑（2002）还研究了美国制造业企业的分析师追踪情况，发现信息披露水平负向影响上市公司资本成本，分析师对公司信息披露评级越高，公司资本成本越低。信息披露可降低投资者的预测风险，进而降低投资者所要求的回报率，同时，自愿披露能减少投资者之间的信息不对称，提升公司股票的市场需求和流动性，从而降低公司股权资本成本。

弗伦希和罗尔（French and Roll，1986）认为自愿披露能提高企业营业收入的资本化程度，降低股权资本成本，投资者获得公司披露的信息数量和质量与股票价格的波动成反比，即获得的数量和质量越高，股票价格波动越低。布什曼等（Bushman et at.，2011）从理论上分析了降低会计盈余披露会让投资者要求更高的股票卖价和更低的股票买价来自我保护。汪炜和蒋高峰（2004）则研究了2002年前沪市的516家公司，在控制了公司规模、财务杠杆等因素后，认为信息披露质量的上升能降低股权资本成本。他们以配股公司为研究对象，在控制了经营风险、市场风险、公司规模、流动性等因素后，发现信息披露质量与权益资本成本存在负相关，还发现权益资本成本受前四年信息披露质量的影响。

还有学者从自愿披露的具体项目来分析，认为自愿披露社会责任报告能降低公司的融资约束，给公司融资带来便利（何贤杰等，2012）。碳信息披露能提高公司的财务绩效（李秀玉和史亚雅，2016）。民营上市公司中社会责任信息披露能缓解融资约束（钱明等，2016）。有学者发现公司自愿披露碳信息能降低资本成本（何玉等，2014）。有学者研究发现有较高信息透明度的公司有较低的交易成本和较大的流动性，流动性是透明度影响公司价值和股权成本的重要渠道（Lang et al.，2012）。

周志方等（2018）以中国高水敏感性行业的 334 家上市企业 2010 ~ 2015 年的数据为样本，用面板回归模型实证检验了水信息披露与企业资本成本之间的关系，还进一步验证了政治关联在水信息披露与企业资本成本之间的作用机理。研究发现，企业水信息披露在较低水平时，水信息披露与资本成本呈正相关关系，而企业水信息披露在较高水平时，则水信息披露与资本成本呈负相关关系。不同类别的政治关联对企业水信息披露与资本成本关系的调节作用存在显著差异，政府型政治关联表现为削弱二者之间的相关关系，而代表型政治关联主要表现在倾向相反。

傅传锐和王美玲（2018）以我国 2011 ~ 2013 年所有 A 股高科技上市公司为样本，通过内容分析法构建智力资本（包括人力资本与结构资本）自愿信息披露指数，以企业生命周期为切入点，实证考察了智力资本自愿信息披露与权益资本成本间的相关性以及这种关系随企业生命周期的逐步演进的变化趋势。研究发现，智力资本自愿信息披露水平的提高，能够有效降低企业的权益资本成本。但在智力资本内部，只有人力资本自愿信息披露具有显著的降低权益资本成本的效应，而结构资本自愿信息披露的权益资本成本效应不明显。不论是权益资本成本还是智力资本自愿信息披露水平，在企业不同生命周期阶段都存在显著的差异。权益资本成本随企业生命周期先降后升，而智力资本（包括人力资本与结构资本）自愿信息披露水平恰好相反，其随企业生命周期先升后降，即在成熟期企业中最高，在衰退期阶段最低。在所有的企业生命周期阶段中，人力资本自愿信息披露水平都明显低于结构资本的披露水平。研究还发现，随着企业从成长期到成熟期进而到衰退期的逐步发展，只有人力资本自愿信息披露表现出不断增强的权益资本成本效应，而总体智力资本信息披露仅在企业部分生命周期阶段发挥积极显著的权益资本成本效应，结构资本信息披露在所有的生命周期阶段都缺乏显著的权益资本成本效应。

3. 其他效果

高明华等（2018）立足于投资者权益保护，构建了包含治理结构、治理效率、利益相关者与风险控制4个一级指标、31个二级指标的中国上市公司自愿性信息披露评价体系。计算了沪深两市2013年和2015年全部A股上市公司的自愿信息披露指数，并从地区、行业、所有制、上市板块等角度进行比较分析。从信息有用性的角度对自愿信息披露指数的市场有效性进行了验证。研究发现，中国上市公司自愿信息披露水平整体偏低。地区、行业、上市板块、所有制方面，自愿信息披露水平较高的分别是东部和中部公司、金融业公司、中小板公司、民营控股公司。自愿信息披露指数具有信息含量，整体上降低了股价同步性，这种效应对于面临较大融资约束的民营控股上市公司尤其显著。

戴亚南丹等（Dayanandan et al. , 2017）讨论了管理者能否通过提供自愿收益预告来改善市场流动性和降低资本成本。他们考察了盈利预警对市场流动性的影响，发现自愿披露坏消息实际上提高了市场流动性。他们通过对纽约证交所、纳斯达克和美国证交所的上市公司1995 ~ 2010年数据的实证研究发现，发布盈利预警的公司在公布后市场流动性增强。他们认为利润警告减少了信息不对称和买卖价差，增加了成交量。在控制了公司特定属性后，这一结果采用日数据和月数据都成立。通过自愿披露负面收益预报，公司市场流动性显著改善，从而降低了资本成本。坏消息的自愿披露也有利于市场流动性。

操巍（2017）有学者则以2008 ~ 2015年自愿披露盈利预测信息的公司为研究样本，将交叉上市与盈利预测信息的自愿披露行为相结合进行实证研究。他们验证了公司发布盈利预测信息的信号发送作用，同时验证了交叉上市公司自愿披露盈利预测信息的"双重信号"发送机制。证实了盈利预测信息在资本市场分割与一体化进程中所体现的价值。研究发现，交叉上市公司比普通公司更倾向于发布盈利预测信息，且准确度更高，降低融资成本的效果更显著。交叉上市公司发布盈利预测信息显著影响了不同市场间的股价溢酬方向，但都增加了交叉上市公司的价值，即交叉上市同时具有融资效应和上市效应。

希亚拉索和斯里达尔（Cianciaruso and Sridhar, 2018）认为企业有时会获得关于增长前景的软性私人信息，以及关于当前或过去业绩的硬性信息。在这种环境下，他们发现，在多个时间段内优化披露，在自愿披露和强制披露之后都会产生非线性股价反应。他们推导出关于披露和未披露对证券价格的短线和长线效应的不同若干预测。在特定条件下，当公司收益的波动性增加时，同期的和预期的强制性披露后的平均市场溢价（自愿披露高于未披露）上升，而未来的市场折价（自愿披露）也变得更大了。他们还预测，在盈余具有持续性时，披露概率和未披露所包含的信息都会增加。

黄荷暑和周泽将（2017）以 2008 ～ 2013 年沪深两市自愿披露社会责任报告的 A 股上市公司为样本，引入 CEO 权力等情境因素，研究了社会责任信息自愿披露对会计盈余质量的影响。研究发现，在控制样本自选择问题后，社会责任信息自愿披露具有显著的盈余质量提升效应。在考虑了 CEO 权力对企业自愿披露决策的影响后发现，企业社会责任信息自愿披露的盈余质量效应受到 CEO 权力大小的制约，当 CEO 权力较大时，自愿披露社会责任信息与会计盈余质量的正相关关系不再显著。研究认为，企业社会责任信息自愿披露在一定程度上改善了企业的信息环境，提升了会计盈余质量，但社会责任信息自愿披露的盈余质量效应呈现出异质性和情境依赖性的特征。

高锦萍和王伟军（2018）以 2006 ～ 2016 年深交所上市公司 A 股为研究对象，采用动态面板模型（GMM）着重探讨上市公司信息披露质量对股价崩盘风险的影响效应，并考察了终极控制人的两权分离度对二者关系的调节作用。研究发现，上市公司信息披露质量与股价崩盘风险呈显著负相关关系，两权分离度水平的提高会强化该负相关关系。

闫海洲和陈百助（2017）认为公司进行碳排放信息披露对其市场价值有正向影响，与低碳排放企业相比，高碳企业披露碳排放信息更利于其市场价值提升。与位于非碳市场交易试点的公司相比，试点区域公司的碳排放信息披露对其价值影响不大。他们从市场信号传递效应和生产价值效应两种假说对此进行了解释，前者通过了检验，而后者得不到证实。

宋献中等（2017）以 2009 ～ 2014 年沪深 A 股上市公司为样本，分别从社会责任信息披露的信息效应和声誉保险效应两条路径考察了对股价崩盘风险的影响。研究发现，社会责任信息披露与未来股价崩盘风险显著负相关，说明企业披露社会责任信息降低了未来股价崩盘风险。对影响路径的分析发现，社会责任信息同时通过信息效应和声誉保险效应降低股价崩盘风险，但声誉保险效应占据主导地位。研究认为，自愿社会责任信息披露相对于应规披露，对股价崩盘风险的约束作用更强，且上述关系在企业违规这一特定情境下仍然成立。

温素彬和周鎏鎏（2017）分析了碳信息披露对财务绩效的影响机理以及媒体在其中所起的调节作用。研究发现，碳信息披露对资产收益率（ROA）和净资产收益率（ROE）具有显著的正向影响作用。与以往的研究结论不同，研究发现媒体在碳信息披露对财务绩效的正向影响关系中的线性调节作用不显著，而是起到了显著的倒"U"型调节作用。

郑培培等（2017）则采用实验研究方法，以国内某重点大学管理学院MBA学生为投资行为被试对象，设定不同情境，旨在检验企业将履行社会责任作为"持续健康发展的战略举措"或"弥补负面影响的机会主义行为"时，社会责任信息披露的投资决策相关性影响，并通过三步回归方法构建中介模型进一步探讨媒体报道性质对企业社会责任信息披露水平与个体投资者投资决策调节作用的具体路径。研究发现，企业社会责任信息披露水平本身并没有过多的信息含量，不会对个体投资者投资的可能性产生显著作用。企业社会责任信息披露水平对投资可能性的作用取决于媒体报道的性质，当媒体报道为正面时，企业社会责任信息披露越详细，投资者的投资可能性越高。当媒体报道为负面时，企业社会责任信息披露越详细，投资者的投资可能性反而越低。研究还发现，投资者感知的管理层信任度在媒体报道性质对投资可能性之间起到中介作用。

韩金红和余珍（2017）以2011~2015年参与国际CDP项目的中国公司为研究对象，从投资效率视角探析碳信息披露与企业投资效率之间的关系，并就产权性质、管理层权力对二者关系的影响进行检验。研究发现，在其他条件相同的情况下，碳信息披露能够显著提高企业投资效率。同时，相较于非国有企业，国有企业碳信息披露更能提高企业投资效率。管理层权力越大，越会削弱碳信息披露对投资效率的改善作用。碳信息披露通过缓解投资不足和抑制过度投资的共同作用来提高企业投资效率，且这种作用在国有企业及管理层权力较低的企业中更为显著。

田利辉和王可第（2017）认为坏消息的隐匿和积累会引致崩盘风险。他们研究了社会责任信息披露如何影响个股股价崩盘风险，认为中国监管当局强制要求部分上市公司披露社会责任信息，试图减少信息不对称，理论上有助于降低崩盘风险。他们采用双重差分（倾向评分）匹配 DID‑PSM 方法，分析发现强制披露政策的实施显著增大了崩盘风险。基于这一异象，他们提出了社会责任的掩饰效应假说，认为如果经理人代理成本足够大，社会责任信息披露可以被企业用来掩盖粉饰企业运营中的问题，这样，经理人道德风险和社会责任信息披露存在正相关关系。如果股东和经理人利益相对一致，经理人监督机制相对健全，抑或财务信息足够透明，那么社会责任信息披露和股价崩盘风险的正向关系不再显著。

房昭强和应惟伟（2017）研究发现，新三板企业信息披露水平越高，风险资本进入企业的可能性越大，信息披露对风险资本进入企业具有促进作用。新三板企业信息披露水平与企业投前价值存在显著的正相关关系，信息披露有助于提升风险资本对企业的股权估值水平。

李雪婷等（2017）认为低碳经济是目前全球经济发展的趋势，企业碳信息披露越来越多地受到各国政府和投资者的关注。他们通过实证研究证明了中国企业碳信息披露对企业价值有提升作用，且碳排放越高的企业提升作用越明显，作为外部因素的机构投资者加强了碳信息披露与企业价值之间的敏感度。

韩美妮和王福胜（2017）认为信息不对称会严重阻碍技术创新，较高的信息披露质量能够显著降低信息不对称，因而可能会对技术创新产生正向影响。中国企业普遍构建了银行关系，这会弱化信息披露质量对信息不对称的降低作用，因而银行关系可能会对信息披露质量与技术创新的关系产生负向影响。在中国多种产权性质企业并存的条件下，信息披露质量、银行关系和技术创新之间的关系会因为产权性质不同而有所差异。他们基于信息不对称理论和委托代理理论，从融资视角和治理视角分析信息披露质量、银行关系和技术创新三者之间的关系以及产权性质的调节作用。探讨了信息披露质量对技术创新的影响、银行关系作用于信息披露质量进而对技术创新产生影响，研究产权性质调节信息披露质量对技术创新的影响，以及产权性质影响银行关系、信息披露质量和技术创新之间的关系。通过手工收集银行关系和技术创新数据，运用多元回归分析进行验证。研究发现，信息披露质量正向影响技术创新，银行关系会降低信息披露质量对技术创新的正向影响。进一步将银行关系区分为高管关系和持股关系，两种性质的银行关系均降低信息披露质量对技术创新的正向影响，且持股关系的降低作用强于高管关系。在非国有企业中，信息披露质量对技术创新的促进作用要低于国有企业，银行关系对该促进作用的降低程度也低于国有企业。

徐向艺等（2017）发现，高质量的上市公司会计信息能够提升分析师预测的估值水平，并且降低预测偏差，同时公司治理信息的完备性正向调节分析师预测与会计信息质量的关系。公司治理信息的调节作用在成熟期或衰退期组更加显著。

曾辉祥等（2018）基于利益相关者、信号传递等理论，以 2010～2015 年中国高水敏感度行业的 334 家上市企业为研究样本，运用面板回归模型实证检验了水资源信息披露对企业风险（总体风险、系统风险和非系统风险）的影响机理，以及媒体报道在二者关系中的调节效应。研究发现，水资源信息披露与企业系统风险负相关，与总体风险及非系统风险呈不显著的正相关关系。媒体关注度（报纸和网络）在水资源信息披露对企业风险的影响中不具有显著的正向调节效应，媒体报道倾向（负面报道与非负面报道）在水资源信息披露对企业风险的影响中也不具有一致性的调节效应。

危平和曾高峰（2018）则以上证 A 股强环境敏感型行业 2011～2015 年的公司为样本，研究公司环境信息的披露对股价同步性的影响，以及分析师关注所起的调节作用，以揭示环境信息进入股价的渠道。研究发现，上市公司环境信息的披露，无论是显著性、量化性还是时间性的内容，其披露水平与股价同步性正相关。另外，环境信息的披露并不会增加分析师的关注度。关注该公司的分析师会对年报中的环境信息进行解读，并将其反映在股价中，使环境信息与股价同步性之间的正向关系随着分析师关注度的增加而降低。研究认为，当噪声是股价同步性的主要驱动因素时，环境信息披露降低了对企业未来发展不确定性认知，起了"降噪"作用。

王健忠（2018）利用上市公司自愿信息披露指数，探究自愿性信息披露能否促进企业创新，并从声誉效应、治理效应和安全网效应三个方面深入研究其影响机理。研究发现，自愿信息披露对企业创新绩效具有显著的提升作用，其影响机制是自愿信息披露可以显著减轻企业融资约束和代理成本对创新的负面影响（声誉效应和治理效应），降低 CEO 离职业绩敏感性（安全网效应），从而促进企业创新。三种影响机制在国有企业并不显著，这可能与国有企业政策工具性和垄断性特征有关系。

张志红等（2018）认为信息披露频率会对投资者尤其是非专业投资者的信息获取、处理和理解产生影响。而盈利预测是投资决策的核心，所以不同的信息披露频率下非专业投资者的盈利预测会显著影响着投资行为。他们利用 $2 \times 2 \times 2$ 的实验，研究了在季报和周报的披露频率下，非专业投资者的预测行为在收益信息披露顺序和收益数据的变动方向不同时的表现。研究发现，较高披露频率的报告会导致非专业投资者盈利预测准确性和可靠性降低，而两种披露频率下非专业投资者的盈利预测都产生了近因效应。

张静（2018）以 2015 年中国 500 强在深沪交易所上市的企业为样本，收集了 2013～2015 年的相关资料，分别从碳信息、碳信息披露质量影响因素以及碳信息披露质量与企业绩效之间的关系等方面进行研究。研究发现，当期财务绩效会对下一会计年度碳信息披露质量产生正向促进作用。市场及其利益相关者也会对企业所披露的碳信息产生一定的反馈，进而提升其下一会计年度的盈利能力和运营能力，而对于偿债能力和发展能力的影响并不显著。

罗琦和罗洪鑫（2018）则认为互联网环境下企业的网络信息披露行为降低了外部投资者的信息成本。他们基于信息成本的变化探讨了风险资本对企业的"价值增值"功能，对初创企业融资决策模型进行拓展，分析了风险资本提升企业经营业绩的作用机制以及信息披露在风险资本"价值增值"过程中发挥的积极作用。他们以新三板挂牌企业为样本考察了风险资本对企业经营业绩的促进作用，研究发现，风险资本的"价值增值"功能在网络信息披露水平高的情况下更为强烈。他们基于风险资本"价值增值"机理的分析，认为风险资本显著降低企业投资——现金流敏感度，风险资本有利于缓解企业融资约束，从而提高企业投资效率。

王鹏程和李建标（2018）利用比较制度实验方法，构建盈利预测披露实验市场，考察媒体对盈利预测披露行为的治理效应，及其对市场效率和投资者行为的影响。研究发现，高媒体治理水平能够在市场中迅速形成声誉机制，进而有效提高盈利预测披露的准确性，提高市场效率。在竞争性媒体治理环境中，公司行为具有外部性，信息准确性能够产生额外溢价。

邹萍（2018）基于中国沪深 A 股上市公司的研究发现，企业社会责任信息披露及披露质量与企业实际税负均呈负相关，而且相比强制披露社会责任信息的企业而言，自愿披露社会责任信息的企业的社会责任信息披露质量与企业实际税负的负相关关系更强。研究发现，企业明面上在积极主动地披露社会责任信息，暗地里却在从事避税行为，结合中国的转轨经济背景，研究采用寻租理论解释这种言行不一的行为。企业通过披露社会责任信息向地方政府寻租,地方政府则投桃报李地对企业在税收执法上放松,从而帮助企业降低实际税负。研究结合中国的二元经济背景发现,相比国有产权企业,私有产权企业寻租倾向更严重,通过社会责任信息披露显著降低了实际税负,即进行了更加激进的避税行为,而且政治关联的存在强化了这种关系。

程小可等(2018)以创业板公司2012~2016年的数据为样本,检验行业领先公司研发信息披露质量对同行业公司研发溢出效应的影响,考察该影响在同行业公司不同动机(行业地位)和能力(融资约束)下的差异。研究发现,行业领先公司的研发信息披露质量与研发活动溢出效应显著正相关,且该影响对于行业地位高以及融资约束较低的同行业公司更为明显。对研发投入阶段进行区分后发现,研发信息披露质量对研发活动溢出效应的影响主要存在于研究阶段。

姚海鑫等(2018)研究认为,中国高新技术企业存在融资约束及投资不足的问题,反映融资约束的企业当期留存现金在投资—现金流敏感性关系中具有中介效应,会牺牲当期投资,造成投资不足。无形资产在一定程度上代表高新技术企业的成长性、盈利能力和公司价值,无形资产的自愿信息披露具有调节效应,能有效降低信息不对称性,缓解高新技术企业融资约束并抑制投资不足。

李世辉等(2018)以我国2011~2016年A股制造业上市公司为研究样本,采用面板回归模型实证检验了企业水信息披露对企业价值的影响以及异质机构投资者在二者关系中的调节作用。研究发现,企业水信息披露水平整体较低,对企业价值有显著负向影响。机构投资者整体有显著正向调节作用,压力抵制型机构投资者有显著负向调节作用,压力敏感型机构投资者无显著调节作用。

吴红军等(2017)利用2009~2013年中国污染行业所有上市公司数据,检验了公司披露环保信息对融资约束的作用。研究发现,公司提高环保信息披露水平可以显著降低公司面临的融资约束。这种作用在公司财务透明度低的情况下更显著,表明环保信息披露对财务信息披露具有补充作用。

赵良玉等(2017)则以2014~2015年沪深两地A股上市公司为样本进行实证检验,发现企业社会责任信息披露能显著降低企业权益融资成本和债务融资成本,且社会责任信息披露质量越高,权益融资成本和债务融资成本越低。研究还发现，同样质量水平的社会责任信息披露，对权益融资成本的影响大于对债务融资成本的影响，这表明企业如果更多地依赖权益融资，社会责任就更重要。社会责任信息的披露对非国有企业债务融资成本的影响大于国有企业，非国有企业具有强烈的动机承担社会责任，披露社会责任信息，可以建立与政府的友好关系，丰富政商沟通渠道，从而获得融资便利。

当然，还有一些相反的观点，有学者研究了创新行为信息披露情况，发现创新行为自愿披露没有增加融资能力和降低代理成本（韩鹏和岳园园，2016）。有学者认为采用可扩展商业报告语言（eXtensible Business Reporting Langnage，XBRL）披露财务报告并没有减少公司股票的买卖价差，也没有增强股票的流动性和成交量，因此，这种方式没有起到减少投资者成本和信息不对称的目的（Blankespoor et al.，2014）。肖曙光等（2017）研究认为，信息经济时代和传统经济时代的自愿性信息披露决策带有相反性，且处于不同市场结构和市场地位的企业自愿信息披露也不同。企业自愿信息披露数量在传统经济时代存在最大临界值，超过该临界值，信息披露越多越不利。而信息经济时代存在最小临界值，超过该临界值，越多披露自愿信息对企业越有利。在当今信息经济时代，寡头垄断市场、垄断竞争市场以及完全竞争市场结构下的企业多披露自愿信息是有利决策，处于接近完全垄断市场中的企业则选择少披露自愿性信息策略更为有利。

3.1.4　文献述评

可见，对于公司自愿披露动机的研究较为丰富，总体来说，公司管理层会为了自身利益选择自愿披露或者是不披露。从公司自愿披露的外部影响因素来看，多数学者认同政府监管好、法律水平高、经济环境好、市场竞争程度高和媒体关注度高时，上市公司信息披露质量水平越高。对于自愿披露的效果，研究者们多认为提升自愿披露水平，增强信息披露的相关性、可靠性、及时性和覆盖面等，降低投资者之间获取信息的不平衡，可以有效影响公司股票价格，减少投资者和管理层的信息不对称和委托—代理成本。自愿披露水平的提高或者自愿披露某项重要的会计数据或报告能增强股票的市场流动性，降低资本成本。

但是，现有文献对自愿披露的研究较少涉及新媒体披露问题，一方面是由于新媒体最近几年才兴起，公司运用的不够多，学者们的数据采集较少；另一方面，我国监管部门鉴于新媒体传播的复杂性，没有将新媒体纳入法定披露渠道，对新媒体信息披露鼓励不够。但是，仍然存在一些前沿的公司开始尝试使用新媒体披露，对新媒体披露的动机、影响因素和市场反应的研究具有很强的前瞻性。

3.2　新媒体信息披露的研究

3.2.1　传统互联网信息披露研究

1. 网站信息披露

20 世纪 90 年代互联网高速发展，一些学者和权威机构探讨了互联网财务报告（internet financial reporting，IFR）的技术（杨周南等，2010）、现状、模式和质量问题（聂萍和周贷，2011）。潘琰和林琳（2011）对中美百强公司的互联网财务报告使用情况进行了研究。传统互联网信息披露一般是HTML 格式或者 PDF 版本，通常也只是纸质披露的翻版。网络披露信息的途径主要是证监会指定的网站或自建的公司网站，披露内容有强制披露的信息或自愿披露的信息。大多数公司都建立了公司网站并披露财务信息（潘琰，2000），公司间的网络信息披露的差异性较大，网络信息披露能提高上市公司信息披露的及时性和有用性（潘琰，2002）。许多学者调查了公司互联网信息披露的情况，发现我国上市公司网上信息披露很普遍，但完整性和安全性不高（潘琰，2000；何玉和张天西，2005）。从时间上来考虑，美国79.2% 的公司会在收益公告的当天在网上发布信息（Petravick and Gillett，1998）。网络信息披露情况不仅与公司规模、盈利水平、自由现金流、信息不对称程度和外部资本依存度等公司财务因素相关，也与公司独立董事比率、两职是否合一等公司治理因素相关（Ettredge et al.，2002；Craven and Marston，1999；Kelton and Yang，2008）。还有学者认为上市公司网络披露应该适应中小投资者的特点，使用简单、清楚和易懂的语言（武俊桥，2011）。

2. XBRL 技术信息披露

之后，学者们研究与 HTML 和 PDF 不同的 XBRL 技术，认为 XBRL 技术的出现体现了资本市场中信息供求双方对成本节约和信息标准化的要求，希望借助这一技术提高信息披露的效率和公司透明度，他们的研究主要集中在安全问题（Boritz，2005）和对信息透明度的影响等方面（Hodge et al.，2004）。潘琰等（2012）提出基于 XBRL 与 Web 服务的柔性报告模式，探讨了 IFR 质量体系。张天西（2006）运用财务会计和数据库等相关理论，构建了会计信息披露的 XBRL 理论框架。还有学者研究发现 XBRL 在 IFRS 基础上建立的分类标准不能适应各国的会计实践，XBRL 用于实践的路还很长（Bonson et al.，2008）。

对于网络信息披露技术的作用，有学者从成本与收益的角度分析认为类似于 XBRL 技术的实时信息披露系统能大大降低会计信息披露的成本，决策者和投资者能实时获得信息来调整预期，以减少信息不对称带来的信息风险，降低股价大幅波动风险和公司的资本成本（Hunton，2003）。还有学者认为 XBRL 能提高财务信息披露的真实性和透明度（沈颖玲，2004），张天西等（2006）研究了 XBRL 对提升上市公司信息披露监管的作用，认为 XBRL 能加强上市公司的内部控制，进而推动信息披露更真实。霍吉等（Hodge et. al，2004）运用实验研究的方法，考察了非专业人员使用 XBRL 格式的会计信息对决策带来的影响，发现利用 XBRL 技术收集和处理信息的人效率高于其他人，即 XBRL 技术能帮助人们提高决策效率。当然，也有反面意见，有学者采用问卷调查的方式研究认为，XBRL 技术的运用并不能提高会计信息披露的准确性、效率和有效性（Pinsker，2003）。罗纳德（Ronald，2008）研究了 XBRL 信息披露对公司业绩和公司治理的作用，发现早期采用 XBRL 的上市公司业绩和公司治理并没有得到改善。

林祥友等（2017）以中国沪深 300 指数成分股的上交所上市公司构造处理组样本，深交所上市公司构造控制组样本，以沪深交易所 XBRL 信息披露实施前后各 3 个会计年度为研究期间，采用卡恩和沃茨会计稳健性的 CSCORE 模型度量分公司分年度的会计稳健性，采用非参数检验方法和双重差分模型实证分析沪深交易所 XBRL 信息披露的实施对沪深上市公司会计稳健性的影响。研究发现，沪深交易所 XBRL 信息披露的实施能显著提高上市公司会计稳健性，且对沪市公司会计稳健性的影响强于深市公司。

可见，学者们很早就开始对公司在互联网上进行自愿披露信息问题进行了研究，但他们的研究主要涉及公司网站和 XBRL 等的信息披露，也大多认为网络信息披露能降低信息披露成本，提高上市公司的透明度，提升资本市场的有效性。由于社交媒体等更新的媒体产生和发展较晚，他们对公司利用这些媒体进行的披露研究较少。

3.2.2 社交媒体信息披露研究

互联网信息技术的高速发展给资本市场信息披露环境带来了巨大变革（Miller and Skinner，2015）。其改变了媒体参与信息传播的方式和公司信息披露的模式（Lau and Wydick，2014），尤其是社交媒体的出现，颠覆性地改变了信息披露的过程，对资本市场具有较大影响（Lee et al.，2015）。学者们对社交媒体信息披露的研究主要集中在投资者层面和公司层面的信息。

1. 投资者层面

微博的"谣言粉碎机"通过平民化形象宣传和交流，能够快速制止大多数科学谣言，但由于内容碎片化、传播快速和篇幅较短，微博也容易成为谣言的集散地（杨鹏和史丹梦，2011）。德洛尔等（Delort et at.，2011）认为网络留言板经常被用来传播信息以操纵金融市场，他们研究了被操纵的信息，发现欺诈与市场回报、波动和交易量正相关，拥有较高营业额、较低价格水平、较低市值和较高波动性的股票是操纵者比较常用的目标。克雷格等（Craig et at.，2010）则认为网络留言板由于是匿名的，导致其成为廉价的通话世界。他们发现高信誉分值的作者不太可能自愿提供买卖或持有的信息，没有声誉风险的作者更倾向于看跌，有声誉风险的作者往往看涨，另外，高信誉作者信息发布当天提供的预测更准确，但之后并不比别人更准确。雷曼（Lerman，2010）研究了股票论坛与会计信息相关的信息，发现个人投资者非常关注会计信息，小公司会计信息的讨论在重要信息公布时有显著上升，与会计信息相关的讨论在不确定性大的环境中大幅上升，他认为对会计信息的更高关注度可能与知情投资者有关，发现与盈余公告相关的会计信息讨论能减少信息不对称。施普伦格等（Sprenger et al.，2014）运用计算机语言学的方法分析了每天大约25万条与股票有关的微博信息，发现看涨的微博信息与异常股票收益相关，而且信息量可以预测下一天的成交量，而且提供较多投资建议的用户的信息被更频繁地转发，追随者也更多，这放大了他们在微博中的影响力。有学者通过对美国最流行的社交媒体平台上的文章和评论进行了文本分析，发现上面的文章和评论可以预测未来股价和超额收益率（Chen et at.，2014）。

沈玢（2017）认为，在新兴的社交互动平台上，媒体内容不仅可以与完全匿名的陌生人分享，还可以与关系一般的熟人或是生活中的亲密好友共享。研究以去个性化效应的社会认同模型（social identity model of deindividu-ation effects，SIDE）和自我构念（self - construal）为理论基础，以拼趣为研究平台，利用实验法检验了拼趣用户对于画面的选择是否会受到从众心理的影响。探讨了不同层次的个人信息披露（personal information disclosure）、成员认同感（group identification）、信息处理集中度（impersonal task - focus）和信息处理忧虑度（evaluation concern）这四个变量在从众效应中所产生的影响。研究通过对 220 个实验对象进行数据分析，肯定了信息处理集中度和信息处理忧虑度的统计显著性。

刘海飞等（2017）在新媒体时代情景下，以社交网络信息披露与传播平台为切入点，基于信息关注度、信赖度、更新频率三层维度，构建社交网络微博信息质量指标体系，研究了社交网络信息质量与股价同步性的内在关联关系。研究发现，微博信息质量与股价同步性有着显著的高度负向线性关联性，并且呈现出非线性"U"型关系。即随着社交网络信息质量水平的提升，股价同步性逐渐降低到达最小值，而后又逐渐提高。

吴璇等（2017）认为，投资者因认知资源的限制无法充分接收上市公司发布的信息，现实中往往依赖媒体等第三方市场信息中介获取信息。在网络技术大发展的今天，上市公司会采取主动策略来管理媒体渠道和公司舆情，以期保持良好的公司信息环境。他们利用深交所等四家监管机构对深市上市公司网络舆情管理现状的调查数据，通过聚类和主成分分析构建企业网络舆情管理强度指标，研究了公司主动管理网络舆情对其股票流动性的影响。研究发现，高强度的网络舆情管理有助于提升股票流动性，这一结果在信息环境较差、"可见度"低的公司样本中更明显。当公司出现坏消息或面临负面媒体舆论情绪时，积极的网络舆情管理更有助于改善股票流动性。同时，网络舆情管理提升了股价特质性波动、降低了股价同步性，为主动管理媒体缓解信息不对称、增加股价公司特质信息含量提供了额外证据。公司进行网络舆情管理能降低投资者信息收集成本和偏差、缓解信息不对称，从而产生与信息披露类似的资本市场效应。

王鹏程和李建标（2018）利用比较制度实验方法，构建盈利预测披露实验市场，考察媒体对盈利预测披露行为的治理效应，及其对市场效率和投资者行为的影响。研究发现，高媒体治理水平能在市场中迅速形成声誉机制，进而有效提高盈利预测披露准确性，提高市场效率。在竞争性媒体治理环境中，公司行为具有外部性，信息准确性能产生额外溢价。他们认为企业应主动提高信息质量，获取媒体治理红利。监管部门应充分重视媒体治理，完善相匹配的正式机制，发挥协同治理效果。自组织时代的投资者应作为媒体治理的一部分，强化媒体治理效能。

2. 公司层面

有学者研究了上市公司官方微博信息披露，发现微博披露能增加公司股票的超额回报和交易量，微博发布的已经公告信息会有更强的市场反应，主要影响个人投资者，且对关注较少的公司有较大影响（徐巍和陈冬华，2016）。上市公司通过微博披露了很多及时、新增、非财务的特质性信息，有微博的公司股价同步性更低，微博披露能显著提高分析师预测水平，微博披露的信息要通过分析师解读以后才会作用于股价（胡军和王甄，2015）。微博披露的信息对机构投资者持股比例较低的公司影响较大，信息透明度高的公司微博信息披露作用大（周冬华和赵玉洁，2016）。深圳证券交易所"互动易"平台能够为投资者获取公司经营情况信息提供新渠道，提升了股价非同步性和分析师预测精度，提高了市场信息效率（谭松涛等，2016）。还有学者研究了新媒体环境下投资者信息获取和解读能力，发现社交媒体能显著提升投资者信息获取和解读能力，提高市场盈余预期的准确性，产生盈余预期修正作用（丁慧等，2018）。有学者发现公司在社交媒体披露信息时，战略性地选择披露信息，当公司业绩不好时，他们在社交媒体上会少披露盈余信息，并且对于投资者成熟度较低的公司和社交媒体受众较多的公司，战略性披露的激励更高（Jung et al.，2018）。

王卫星和左哲（2018）认为，网络新媒体的出现弥补了传统信息披露媒介时效性差、披露成本高等缺陷，为民营企业信息披露提供了新平台。研究发现，中国中小板民营上市公司微博注册数不断增加，微博信息发布数不断趋于平稳，官微发布信息更为理性。他们认为企业开设官微有利于提升经营业绩，且微博信息披露数越多，其经营绩效越高。而图片类信息、音乐类信息与其经营绩效显著正相关。

易志高等（2017）以 2006～2014 年国内 A 股公司高管减持交易为对象，基于纸质媒体和互联网媒体样本，系统研究了公司媒体披露管理行为及其市场效应。研究发现，高管减持期间公司媒体关注度和报道倾向异常上升，即存在主动管理媒体披露的现象。而且，在减持不同时期，其主动管理策略不一样。减持规模和参与减持高管人数对管理媒体披露的动机有显著影响，但参与减持高管职位的高低对其没有明显影响。策略性媒体披露在短期内可助推股价上升，有利于高管通过高位减持来实现财富转移，长期看则会导致股价反转。进一步研究发现，同行高管会利用媒体披露管理行为的外部性，进行"搭便车"减持。

何贤杰等（2018）通过手工搜集并逐条阅读上市公司在新浪微博上发布的信息，从股价同步性的视角对上市公司披露的微博信息内容的经济后果进行了考察。研究发现，微博信息中经营活动及策略类信息占比越高的公司股价同步性越低，并且这个结果在考虑内生性影响后依旧存在。他们还发现，聘请十大会计师事务所、信息透明度越高以及分析师跟踪人数越多的公司，其微博有用信息降低股价同步性的作用更强。投资者并非接收所有微博信息并做出反应，只有当公司透明度较高、发布信息质量较高，并且微博信息内容具有价值时，公司层面信息才能通过微博有效地传递给投资者，从而影响资本市场。

胡军等（2016）研究了上市公司开通微博对分析师盈余预测的影响，研究发现，开通微博后，分析师盈余预测的修正频率增加，说明分析师会使用微博信息及时更新盈余预测。开通微博后，分析师的平均盈余预测偏差和盈余预测分歧度都显著下降，说明微博信息是分析师进行预测的重要信息源，有助于其更好地了解和分析公司的经营活动。开通微博后，公司股价对分析师盈余预测修正的反应更大。一个合理的解释是，投资者对微博发布的信息反应不足，而分析师能够帮助理解这些信息。

有学者研究了博客在上市公司社会责任信息披露中的作用，发现新媒体能帮助企业和股东进行社会责任信息交流，新媒体为企业打开了将社会责任信息传递给潜在目标投资者的新渠道（Fieseler et al.，2010）。还有学者研究了社交媒体在公司产品召回过程中对资本市场的影响，发现在公司产品召回的危机中，公司运用社交媒体能减缓价格下跌，而且这种减缓的程度与公司对社交媒体上内容的控制程度相关，公司在社交媒体上多发消息对价格下跌有减缓作用，而其他人多发消息则会加重价格下跌（Lee，2015）。布兰克贫等（Blankespoor et at.，2014）认为公司信息披露由于各种原因并不能让所有投资者在同一时间获得，从而导致投资者间的信息不对称和低的市场流动性。这种情况在不知名的公司中尤其突出，因为传统媒体对他们的关注较少。他们还研究了信息技术公司通过推特散布信息的情况，发现在推特中发布新闻稿链接与异常低的买卖差价、较大的异常市场深度和基于成交量的市场流动性有关，且在不知名公司中更显著，说明通过推特发布信息能减少信息不对称。

黑尔斯等（Hales et al.，2018）认为随着社会媒体的出现，对公司的公众意见可以更容易地被访问和汇总，许多研究表明，各种社交媒体平台披露为预测公司未来提供了相关信息。他们研究了员工自愿分享的对公司许多问题的看法，包括公司的短期商业前景等。使用大约 150000 名员工评论的样本，从因子分析中提取员工对前景的明确评估和潜在前景度量。然后检查员工在社交媒体上的意见是否与未来公司的披露有关。研究发现，员工意见对预测关键损益表信息、临时报告项目（如重组费用）、盈利意外和管理者预测是有用的。虽然有关公司业绩的自愿披露传统上来自高管，但有证据表明，普通员工正在削弱高层管理层对该渠道的独家控制权。

可见，已经有部分国外的学者们开始研究新媒体环境下的信息披露问题，但其研究主要集中在用户和投资者所产生的信息以及 Internet 治理方面（曾建光等，2013）。认为留言板、博客和微博等社交媒体能对市场产生正面和负面的影响，但对上市公司在新媒体上披露信息的研究较少。少数成果认为在新媒体上披露信息可以减少信息不对称，影响市场反应，增强市场的有效性。

3.2.3 新媒体在其他方面的应用研究

有学者对推特上的内容研究后指出，人们使用微博是为了进行互动、发公告或做广告、提供信息、表达观点、分享经验等（Honey and Herring，2009）。还有学者则对城市警察局通过推特发布信息的情况进行考察，探讨了警察局发布信息的类型和公众分享传播信息的情况（Thomas and Lisl，2011）。技术上，微博研究主要集中在 Web2.0 下的社交媒体研究、信息伦理研究、微博政治研究、电子口碑研究、微博与灾难预警及处理研究、微博在高等教育中的应用研究、信息扩散与信息可视化研究、移动 Web 服务研究、用户生成内容研究等方面（陈艳红，2013）。还有学者（Zhang et al.，2013）采用文献分析法研究了中国各级政府在新媒体上公开政府财务信息的情况，认为新媒体使网民更容易获得信息并形成压力，促使政府在财政信息上更透明和公开。新媒体也被看成推动社会变革的重要力量，奥巴马两次当选美国总统的竞选过程和特朗普的当选，社交媒体都发挥了很大作用。可见，新媒体已经影响到人们生活的方方面面。有学者回顾了目前已知的社交媒体、社交网络和互联网使用的积极与消极影响，以及应该考虑的安全措施（Hogan and Strasburger，2018）。

洛布等（Loeb et al.，2018）还有学者研究了社交媒体在前列腺癌社区中的使用。研究认为，社交媒体除了用于研究、宣传和宣传活动之外，还为前列腺癌患者和健康护理专业人员提供了大量的教育与网络交流机会，并且许多教育资源和网络支持可用于前列腺癌患者与他们的照顾者。尽管社交媒体在前列腺癌领域有相当大的潜力，但仍令人担忧，特别是关于维持患者机密性、信息质量不稳定和可能的经济利益冲突。因此，许多专业团体发布了关于医学中社会媒体使用的指南。

沃纳萨德霍姆（Warner - Søderholm et al.，2018）认为信任是所有交流的基础，但今天商业中的一个深刻问题是我们如何在新的数字背景中理解信任。早期关于互联网和人类行为的研究已表明社交媒体使用和用户个性之间存在着显著联系。研究使用来自五个不同验证量表的项目来测量信任，以调查用户对信任的感知在多大程度上取决于他们的性别、年龄或使用社交媒体的时间。研究发现，不同性别、年龄、社会媒体新闻偏好以及社会媒体使用程度对社交媒体的信任程度有显著差异。女性和年轻者对正直、信任他人期望高，并且期待他人表现出同情心和善意。

布哈里和加洛韦（Bukhari and Galloway，2018）认为使用社交媒体发表的科学研究可能会误导许多读者，因为社交媒体传播的信息真实性很难判断。他们研究了医学领域内信息共享的社交媒体，认为新媒体由于信息太短引起的断章取义，传播链条过长导致的失真，信息发布者匿名和过度追求流量的"标题党"使得信息不真实。

阿罗约和科拉特（Araujo and Kollat，2018）有学者认为企业社会责任（CSR）的沟通对品牌和企业的重要性日益凸显。社交媒体如推特可能是特别适合这种沟通的平台，因为它们能够促进对话和内容传播。他们探讨了影响推特上企业社会责任沟通成效的因素，推特上企业社会责任沟通的策略与要素。采用内容分析（包括监督机器学习）来调查 CSR 交流、情绪和抱负性谈话对推特用户转发和喜欢公司推文的可能性的影响，强调了在 CSR 推文中有远见的交谈和让用户参与进来的重要性。研究还发现，在推特上发布更多关于企业社会责任的推文的公司和品牌与更高的内容传播和认可水平有关。

弗吉尔（M. Vergeer, 2017）认为推特是最流行的用于政治沟通的在线社交网络平台之一。他们研究解释了五个国家的政治候选人如何通过在推特上的行为来提高他们在网上的声望和知名度。通过比较东西方五个国家（韩国、日本、英国、加拿大和荷兰）的政治候选人，着重探讨了网络社会关系中的文化差异。研究显示，尽早注册推特可以提高一个人的在线受欢迎度，积极加公民和发送未定向推文的候选人也增加了追随者群体。然而，这并不适用于会话式推特。拥有集体主义文化的韩国在推特上表现出更高的互动水平，但这并没有增加追随者群体。在其他国家，包括集体主义的日本，候选人与公民的互动较少，他们将推特更多地用作有效的广播大众媒体。

维乌尔等（Vioulè et al. , 2018）研究社交网络中自杀意念的检测，认为在社交媒体平台上传播的公共可用信息为有效检测自杀意图提供了有价值的指标。预防自杀的关键挑战是了解和检测可能导致自杀事件的复杂危险因素与警告信号。他们提出了一个新的方法，使用社交媒体平台推特来量化个人的自杀警告标志，并检测包含自杀相关内容的帖子。这种方法的主要独创性是自动识别用户的在线行为中的突然变化。为了检测这些变化，研究结合自然语言处理技术来聚集行为和文本特征，提出的文本评分方法能够有效地捕捉文本中的警告信号。此外，他们设计的研究框架在应用中能发现在线行为的变化。

兰晓霞（2017）基于隐私计算和信任的视角，构建了移动社交网络信息披露意愿的影响因素模型。通过问卷搜集了 185 份有效样本，利用结构方程模型进行验证。发现感知收益（社交收益和功利收益）以及信任（对成员的信任以及对服务提供商的信任）对相关信息的披露意愿产生显著的影响。

李贺等（2018）从解释水平理论的视角，整合隐私计算、信任和计划行为理论构建了理论模型，通过实证验证，对隐私悖论现象及其成因进行深入分析。研究发现，隐私关注仅对 SNS 用户的远期隐私披露意图产生显著影响，而远期意图又与行为不一致，因此产生了隐私关注和行为矛盾。感知收益通过影响近期意图，成为人们隐私披露行为的关键。信任的调节作用进一步使得隐私关注对披露行为的影响不显著。

王晰巍等（2017）总结了新媒体信息隐私披露问题，认为国外研究主要围绕新媒体环境下用户的信息隐私披露行为、新媒体环境下信任对社交网络用户信息隐私行为的影响和不同社交网络用户的信息隐私行为等内容。国内研究主要围绕新媒体环境下用户信息隐私行为、不同社交媒体用户信息隐私关注和新媒体环境下用户信息隐私保护等内容。研究趋势主要围绕移动新媒体用户信息隐私披露态度和信息隐私披露行为、新媒体环境下隐私信息披露的大数据分析工具、新媒体环境下隐私信息泄露风险及隐私保护机制三个方面。

3.2.4   文献述评

综上所述，国内外对信息披露的研究中，学者们认为由于信息不对称，管理者愿意披露信息以减少这种不对称，增强市场流动性，降低资本成本，提升公司价值。新媒体的出现使得自愿信息披露的渠道变得更广阔，那么，公司是否愿意选择新媒体披露和发布信息？其披露的情况如何？新媒体环境下信息披露能否提高市场流动性，减少信息不对称？是否通过新媒体发布信息的公司治理会更好？新媒体的治理功能该如何发挥的呢？如何促进新媒体对信息披露的正面作用，提高市场效率？这一系列的问题需要解答。目前，新媒体的研究中占较大比例的是传播学、政治学和营销学的研究，从会计学的角度研究新媒体的文献较少，探讨上市公司在新媒体环境下的信息披露在理论界尚属新的领域。由于新媒体环境下信息传播具有快捷、裂变式和低成本的特点，可以初步推论它会大大提高信息披露的受众群体和时间上的公平性，从而减少信息不对称，增强市场效率，但目前鲜见这一问题的理论成果和实证证据。

另外，学者们发现自愿信息披露的影响因素众多，外部环境和公司自身的因素都会影响公司自愿信息披露水平。在新媒体上进行信息披露和发布也是自愿信息披露的一种重要形式，是怎样的因素在影响公司在新媒体上披露信息？这些影响因素与传统影响自愿信息披露的因素有何不同？这些问题在现有的文献中鲜有研究。现有研究多集中在传统媒体渠道中上市公司自愿披露的数量和质量，他们发现自愿披露与经济环境、企业财务状况和公司治理等内外部因素有关。而对新媒体的研究主要集中在投资者所产生的信息，对上市公司披露信息的研究仅涉及了公司网站的信息披露。但公司对新媒体的接受程度和使用情况也反映了自愿披露意愿和水平，这方面的研究甚少。因此，本书的研究在信息披露理论和实践上都有重要的现实意义。

3.3　本章小结

　　本章回顾了自愿信息披露和新媒体信息披露的研究进展。认为学者们对传统渠道的自愿信息披露研究的较为充分，包括自愿信息披露的动机、影响因素和市场效果等，而且他们的研究主要集中在自愿信息披露的内容和数量上，对新媒体渠道这种自愿披露形式的研究甚少。学者们对新媒体信息披露的研究则主要是研究互联网披露的技术和新媒体用户创造的信息，对上市公司利用新媒体进行信息披露的研究很少。本章为后续展开对上市公司新媒体信息披露的研究框定了研究范围，奠定了文献基础，指出了现有研究的不足和本书将开展的研究。

第 4 章

新媒体披露的经济博弈分析

本章首先采用经济均衡分析了公司管理层采用新媒体信息披露的决策，讨论管理层做出是否在新媒体上披露信息的考虑因素。然后运用博弈论分析各利益相关方相互影响时的博弈均衡问题。

4.1 新媒体信息披露的经济学解释

本部分研究当只考虑上市公司管理层和投资者时，公司管理层进行新媒体信息披露决策的经济学分析。

假设：

（1）市场价值最大化是上市公司新媒体披露的目标；管理层和投资者都是理性的。

（2）新媒体披露的成本为 c，c 为正常数，与信息量 y 无关。

（3）公司管理层决定是否在新媒体上披露信息，是否披露的临界值是 x（$x \in R^+$），如果管理层收到的信息量 $y \leqslant x$，则不披露，如果管理层收到的信息量 $y > x$，则披露。

（4）公司管理层是否披露的临界值 x 以公司市场价值最大化为目标；当管理层不披露信息时，投资者预测管理层获得的信息量 $y \leqslant x$。

（5）上市公司新媒体披露的信息都是真实的，无内幕交易的存在。

4.1.1　新媒体信息披露与上市公司市场价值

从以上假设可知，上市公司管理层决定是否在新媒体上披露信息，投资者对公司在新媒体上披露的信息有理性预期，他们会根据新媒体上披露的信息对公司的内在价值进行理性的预期与修正，这种预期与修正影响了投资者在市场上的买卖行为，并最终形成了上市公司的市场价值。

我们现在假设上市公司有一个会影响公司内在价值的不完全信息，这一信息对价值的影响是一个随机变量 v，这一信息最终反映在公司价值上时对公司价值的实际影响为 v^*。假设管理层和投资者对 v 具有一致的事前先验估计，他们认为 v 服从正态分布，这一正态分布的期望值为 y_0，精度为 f_0。则管理层获得的信息 y 与上市公司的内在价值间的关系如下：

$$y = v + \varepsilon \tag{4.1}$$

其中，ε 表示随机误差项，它是独立于 v 的正态分布变量，期望为 0，精度为 g。可见，管理层获得的信息是关于公司价值的一个带有噪声的信息，因为管理层也不清楚这一信息最终会对公司价值产生多大的影响。

假设投资者对上市公司内在价值的信息集合为 Ω，投资者根据他们所获得的信息集 Ω 对公司的内在价值进行分析和判断进而进行投资，影响并最终决定了公司的市场价值 P，其公式如下：

$$P(\Omega) = \frac{E(v \mid \Omega) - \beta[\, \mathrm{Var}(v \mid \Omega)\,]}{1 + r} \tag{4.2}$$

其中，$E(v \mid \Omega)$ 是公司内在价值 v 在投资者的信息集 Ω 条件中的期望，说明投资者依据披露的信息对公司内在价值的预期。$\mathrm{Var}(v \mid \Omega)$ 则表示公司内在价值 v 在投资者信息集 Ω 条件下的方差，说明了投资者在市场信息集下对上市公司内在价值预期的风险程度。β 是风险溢价，有 $\beta > 0$，表示投资者对风险的态度是风险规避型的。r 是市场无风险利率。

式（4.2）表示上市公司的市场价值是投资者根据其掌握的信息集对公司价值的一个预期，再减去投资者对公司价值的风险预期与投资者的风险态度的乘积，最后用无风险利率折现后的现值。

为了简单起见，设 $r = 0$，可以简化得到公司价值公式为：

$$P(\Omega) = E(v \mid \Omega) - \beta[\, \mathrm{Var}(v \mid \Omega)\,] \tag{4.3}$$

式（4.3）没有考虑新媒体披露的成本，如果把公司新媒体披露的成本加入，则有，当公司进行新媒体信息披露时，公司的内在价值会下降，下降的数值等于披露的成本 c。

当管理层收到的信息大于是否披露的临界点时（即 $y > x$），管理层会进行信息披露，披露信息 y，投资者也获得信息 y。于是，投资者关于公司的信息集 $\Omega = \{y > x\}$，比之前的信息集大。公司的市场价值公式则变为：

$$P(y > x) = E[(v - c) \mid (y > x)] - \beta[Var(v - c) \mid (y > x)] \tag{4.4}$$

根据正态分布随机变量的假设，对式（4.4）计算可得：

$$P(y > x) = y_0 - c + \frac{g}{f_0 + g}(y - y_0) - \beta\left(\frac{1}{f_0 + g}\right) \tag{4.5}$$

当管理层收到的信息小于是否披露的临界点（即 $y \leqslant x$）时，管理层不会在新媒体上进行信息披露。从投资者方面来看，如果他们发现管理层没有在新媒体上披露信息，他们的理性预期会认为管理层收到的信息小于是否披露的临界点（即 $y \leqslant x$），投资者关于公司的信息集 $\Omega = \{y \leqslant x\}$。这样，管理层不在新媒体上披露信息时公司的市场价值为：

$$P(y \leqslant x) = E(v) \mid (y \leqslant x) - \beta[Var(v) \mid (y \leqslant x)] \tag{4.6}$$

根据正态分布随机变量的假设，对式（4.6）计算可得：

$$P(y \leqslant x) = y_0 - \frac{h(x)}{f_0 + H(x)} - \beta[k(x)] \tag{4.7}$$

其中，$h(x) = \frac{1}{\sqrt{2\pi}}\sqrt{\frac{gf_0}{f_0 + g}}\exp\left[-\frac{1}{2}\frac{gf_0}{f_0 + s}(x - y_0)\right]$

$H(x) = \int_{-\infty}^{x} h(t)\,\mathrm{d}t$

$k(x) = \frac{1}{f_0} - \frac{g}{f_0 + g}(x - y_0)\frac{h(x)}{f_0 H(x)} - \left[\frac{h(x)}{f_0 H(x)}\right]^2$

且，$k(x)$ 具有如下的性质：

（1）$(f_0 + s)^{-1} \leqslant k(x) \leqslant f_0^{-1}$

（2）$k'(x) > 0$

（3）$\lim\limits_{x \to -\infty} k(x) \to (f + g)^{-1}$，$\lim\limits_{x \to \infty} k(x) \to f_0$

（4）$\left[\frac{h(x)}{f_0 H(x)}\right]' = f_0 k(x) - 1$

4.1.2 新媒体信息披露的决策均衡

根据模型来分析上市公司新媒体信息披露如何达到均衡。由于公司新媒体信息披露的目标是使公司的市场价值最大化。那么，公司不进行新媒体信息披露的条件是：

$$P(y > x) \leqslant P(y \leqslant x) \tag{4.8}$$

把式（4.5）和式（4.7）代入式（4.8），可得：

$$y_0 - c + \frac{g}{f_0 + g}(y - y_0) - \beta(\frac{1}{f_0 + g}) \leqslant y_0 - \frac{h(x)}{f_0 H(x)} - \beta[k(x)]$$

运算整理后，得：

$$y \leqslant y_0 + \frac{f_0 + g}{g}\left\{c - \frac{h(x)}{f_0 H(x)} + \beta(\frac{1}{f_0 + g}) - \beta[k(x)]\right\} \tag{4.9}$$

另外，由假设可知，管理层披露信息的前提是满足如下条件：

$$y \leqslant x \tag{4.10}$$

联立式（4.9）和式（4.10），计算可得新媒体信息披露的均衡值 x。

$$x = y_0 + \frac{f_0 + g}{g}\left\{c - \frac{h(x)}{f_0 H(x)} + \beta(\frac{1}{f_0 + g}) - \beta[k(x)]\right\} \tag{4.11}$$

可见，当上市公司管理层拥有的信息量 y 满足以下条件时，他们会选择在新媒体上披露信息：

$$y > y_0 + \frac{f_0 + g}{g}\left\{c - \frac{h(x)}{f_0 H(x)} + \beta(\frac{1}{f_0 + g}) - \beta[k(x)]\right\} \tag{4.12}$$

即当上市公司管理层拥有的信息达到一定程度时，会选择在新媒体上披露信息。

4.1.3 新媒体信息披露的成本与决策

考虑新媒体信息披露的成本因素，将式（4.11）两边对成本 c 求导，可得：

$$\frac{\partial x}{\partial c} = \frac{f_0 + g}{g} \left\{ 1 - \left[f_0 k(x) - 1 \right] \frac{\partial x}{\partial c} - \beta' \left[k(x) k'(x) \frac{\partial x}{\partial c} \right] \right\}$$

对上式进行计算整理得到：

$$\frac{\partial x}{\partial c} = \left\{ f_0 \left[k(x) - \frac{1}{f_0 + g} \right] + \beta' k(x) k'(x) \right\}^{-1} \tag{4.13}$$

由于 f_0 大于零，$k(x) \geqslant 1/(f_0 + g)$，$k'(x) > 0$，因此有：

$$\frac{\partial x}{\partial c} > 0 \tag{4.14}$$

从式（4.14）可见，上市公司新媒体信息披露的临界值是披露成本的严格单调递增函数。如果公司新媒体信息披露的成本降低，会降低信息披露的临界值，从而提升公司新媒体信息披露的程度。

因此，从以上分析可知，上市公司新媒体信息披露的决策取决于信息披露的成本与披露对公司市场价值影响的权衡。投资者对披露信息的反映和行为由于会影响公司的市场价值，因此也会反过来影响公司的新媒体信息披露决策。所以，如果上市公司能自由选择是否在新媒体上披露信息，并且他们以公司的市场价值最大化为目标，则新媒体信息披露的均衡是：新媒体信息披露临界值越低，公司披露的信息越多，并且，这一临界值与新媒体信息披露的成本密切相关，是新媒体披露成本的单调递增函数，成本越低，临界值越小，公司在新媒体上披露的信息就越多。

从前面章节对新媒体传播特征和模式的分析来看，其裂变式和全民化的传播机制能有效降低信息披露的直接成本。因此，新媒体能提升公司信息披露水平。

4.2　新媒体信息披露博弈分析

随着我国实施网络强国和国家大数据战略，互联网已成为影响我国经济发展的关键行业。社交媒体也使上市公司信息披露发生了巨大变化，他们开始广泛运用社交媒体发布信息、传播企业文化和产品。美国上市公司对推特等新媒体的接受程度高达 70% 左右。他们利用社交媒体提高信息发布频率、及时性和覆盖范围，节约信息成本，减少信息不对称。我国多数上市公司开通了微信和微博。深交所在推出"互动易"的投资者手机客户端后，于2015年9月又推出了公司端 App，上市公司信息披露的"互联网＋"行动计划稳步推进。然而，上市公司是否会通过社交媒体披露信息？会怎样披露信息？各相关方对上市公司社交媒体信息披露有怎样的影响？本书通过博弈论分析这些问题。

4.2.1 一阶段博弈模型

社交媒体已经普遍存在并广泛运用，但从博弈论角度来分析的仍然较少。我们假设上市公司的管理者 A 面临一个选择，即是否通过社交媒体进行信息披露：如果不通过社交媒体进行信息披露 α，只采用传统的信息披露方式，则信息披露的及时性较差，覆盖面较窄，上市公司将获得较小的收益 R_1；如果管理层选择通过社交媒体进行信息披露 β，其他竞争性公司没有通过社交媒体进行披露，公司获得的收益较大 R_2，但由于采用了社交媒体作为信息披露的渠道，需要维护成本 C_S，假设这一成本相对收益来说较小。

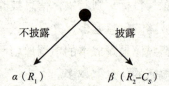

图 4-1　新媒体信息披露一阶段博弈模型

一阶段博弈模型如图 4-1 所示，圆圈表示管理层所面临的选择，如果其选择不通过社交媒体信息披露，则获得收益 R_1；如果通过社交媒体进行披露，则获得收益 $R_2 - C_S$。由于新媒体扩大了信息披露的覆盖面和及时性，所以，$R_2 > R_1$，且新媒体的管理维护成本 C_S 很小，有时可以忽略不计，得到 $(R_2 - C_S) > R_1$。因此，可以判断，在没有其他因素作用下，管理层的最优选择是 β，即采用社交媒体进行信息披露，以获得最大利益。

如果我们考虑竞争对手的行动，则公司做出是否在社交媒体上披露信息还取决于竞争对手的选择。假设公司披露的信息都是真实的，投资者是理性投资者，能准确辨别公司披露的信息并做出正确反应。在社交媒体上披露信息能获得更多投资者关注，将比在社交媒体上没有披露信息的公司获得更多收益。我们假设具有相互竞争关系的公司 1 和公司 2（这种竞争关系既表现为对投资者的竞争，也表现在产品市场的竞争），公司如果在社交媒体上披露信息，对手不披露，则其由于信息披露的范围更广、及时性更高，获得了更多投资者的关注和信任，可得到较大的收益 4，对手只能得到 1。如果双方都不在社交媒体上披露则都只能得到 2。如果都在新媒体上披露则都得到 3（虽然新媒体披露要增加维护成本，但实际社交媒体披露成本很低，新增加的投资者关注的收益会远远大于披露成本）。双方静态博弈的支付矩阵如表 4 - 1 所示，则纳什均衡为双方都在社交媒体上披露信息，都获得 3 的收益。

表 4 - 1　　　　　　　　上市公司新媒体信息披露支付矩阵

公司 1	公司 2	
	披露	不披露
披露	3，3	4，1
不披露	1，4	2，2

可见，不论从自身博弈的角度分析还是考虑竞争对手以后的博弈分析，上市公司都会选择在新媒体上披露信息，以期获得更多的投资者关注和信任，进而获得更高的收益。

但是，由于新媒体不是官方指定的信息披露渠道，公司在新媒体上披露的信息大多是诸如公司战略、公司文化和品牌等的"非财务信息"和"非重大信息"。如果投资者不成熟，对披露的信息反应不足。或者公司新媒体的覆盖面较少，关注和转发的投资者不多，竞争的收益也不大，则有可能导致 $(R_2 - C_s) < R_1$。即公司新媒体信息披露的收益少，扣除维护成本后小于不通过社交媒体进行信息披露的收益，公司将没有动力继续进行新媒体信息披露。

4.2.2　二阶段博弈模型

1. 二阶段静态博弈

以上的分析只考虑了上市公司一方的行动选择，现在引入投资者一方加入博弈，且管理层可以选择在新媒体上诚实披露信息（γ）或者是夸大信息披露（δ）。如果管理层诚实信息披露则只获得收益 $R_2 - C_S$，如果其夸大信息披露则可以外加一个收益 R_3，来源于对投资者的欺骗。

二阶段博弈模型如图 4-2 所示，公司管理层不通过社交媒体进行信息披露，则其获得收益 R_1，投资者获得收益 r_0。假设管理层通过新媒体披露信息且被投资者所接受，如果诚实披露，则其获得收益为 $R_2 - C_S$，投资者获得 $r_0 + r_1$，由于社交媒体的及时性和广覆盖性，获得的收益都比不通过社交媒体信息披露时大。但是，如果管理层通过社交媒体披露进行盈余管理，甚至披露的信息具有夸大的特性，其可多增加一个收益 R_3，则获得的总收益是 $R_2 - C_S + R_3$，比诚实披露时的收益要多，多出来的 R_3 来源于对投资者的欺骗，因此投资者的收益少了 R_3，变为 $r_0 + r_1 - R_3$。如果 $R_3 > r_1$，则社交媒体信息披露对投资者而言反而是有害的。

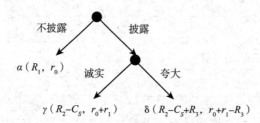

图 4-2 新媒体信息披露二阶段博弈模型

2. 二阶段完全信息博弈

如果投资者可以选择投资或者不投资，则二阶段公司与投资者的博弈如下：假设公司通过新媒体披露信息面临两种选择，真实披露和夸大或虚假披露（陈述）；投资者也面临两种选择，通过新媒体收集信息并投资和不通过新媒体收集信息且不投资。上市公司和投资者的选择和支付如表 4-2 所示。假设当公司选择在新媒体上真实披露信息，投资者也通过新媒体收集并投资时（这里我们假设投资者一旦在新媒体上收集了公司信息就会投资），上市公司和投资者都获得支付 5；但如果上市公司真实披露，投资者没有通过新媒体收集信息则不会投资，上市公司将没有收益，只有由于真实披露信息产生的较高的成本 -2，投资者则由于没有投资产生后悔成本 -2。如果上市公司夸大或欺诈披露信息，投资和通过新媒体收集信息并投资，则上市公司可以获得比真实披露更大的支付 8，多出来的 3 来自投资者的损失；投资者则

由于在新媒体收集了夸大的信息，受到了欺骗并投资，遭受损失，获得支付
-3。如果投资者不通过新媒体收集信息不投资，则夸大披露不能起到作用，
上市公司由于夸大披露，不需要真实披露那样付出努力，付出较低的成本
-1，投资者获得支付 0。

表 4-2　　　　　　　　上市公司与投资者的新媒体信息披露支付矩阵

上市公司	投资者	
	通过新媒体收集并投资	不通过新媒体收集不投资
真实披露	(5, 5)	(-2, -2)
夸大披露	(8, -3)	(-1, 0)

对于这个支付矩阵，很明显上市公司的占优战略是夸大披露，投资者则
没有占有战略，其会选择混合战略。如果上市公司选择夸大披露，投资者则
选择不通过新媒体收集信息且不投资；如果上市公司通过新媒体真实披露信
息，投资者的最佳选择是通过新媒体收集信息并投资。当博弈是完全信息静
态博弈时，即双方进行一次博弈，且双方都知道对方的选择和支付情况，这
时，博弈的结果是上市公司选择夸大披露，而投资者知道上市公司的占优选
择，则其会选择不通过新媒体收集信息且不投资。最终上市公司也不会选择
新媒体披露信息，这样，新媒体信息披露将不能对信息披露产生有利的
作用。

3. 二阶段不完全信息重复博弈

如果上市公司与投资者的信息是不完全的，投资者不知道上市公司是真
实还是夸大披露，只知道可能的概率，上市公司也不知道投资者是否会通过
新媒体收集信息并投资，也只知道可能的概率，而且假设这个博弈是重复发
生的，那么，可以引入 KMRW 的声誉模型。这一模型是克雷普斯、米格罗
姆、罗伯茨和威尔逊（Kreps, Milgrom, Roberts and Wilson）在 1982 年建立
的不完全信息重复博弈模型。他们认为博弈的均衡结果受到博弈一方对另一
方的策略空间和支付函数的信息不完全的影响。但是，只要博弈双方重复次
数够多，合作仍然会在有限次数的博弈中出现。

假定公司理性就会选择在单次博弈中的最优策略，即夸大策略（F）。
如果公司非理性则会选择真实策略（T）。公司理性和非理性的概率为

$(1-p)$ 和 p。投资者是理性的，其选择针锋相对的策略，即如果公司真实披露，投资者就相信新媒体并且投资，如果公司夸大披露则不相信新媒体也不投资。

博弈顺序如下：

（1）自然选择公司的类型：公司知道自己的情况，投资者不知道，但他们知道公司为理性的概率是 $(1-p)$，为非理性的概率是 p。

（2）公司和投资者开始第一次博弈，但在得到博弈结果后才开始第二次博弈，得到第二次博弈结果后开始第三次博弈，之后重复。

（3）公司和投资者的博弈支付是各次博弈支付的贴现之和（假设贴现因子为1）。

当博弈只重复两次时（$T=2$），与完全信息博弈的结果一样，在最后的第二阶段（$t=2$），理性公司会选择夸大披露（F），投资者会选择不投资（N）；在第一阶段，假设非理性的公司选择 T，而投资者在第一阶段的选择 X_1 决定了公司在第二阶段的选择 X_2，投资者如果选择通过新媒体收集信息并投资（Y），则其仍会选择 T，否则选择 F（见表4-3）。

表4-3 博弈重复两次

参与者	$t=1$	$t=2$
非理性公司	T	X_2
理性公司	F	F
投资者	X_1	N

如果投资者第一阶段选择投资，即 $X_1=Y$，投资者的期望收益为：

$$[p \times 5 + (1-p)(-3)] + [p(-2) + (1-p) \times 0] = 6p - 3$$

其中，左边第一项是第一阶段的期望收益，左边第二项是第二阶段的期望收益。

如果第一阶段投资者选择不投资，即 $X_1=N$，投资者的期望收益为：

$$[p(-2) + (1-p) \times 0] + 0 = -2p$$

如果 $6p-3 > -2p$，即 $p > 3/8$ 时，投资者将选择 $X_1=Y$。也就是说，当公司属于非理性（选择真实披露）的概率不小于 3/8 时，投资者将选择投资。

如果博弈重复三次时（$T=3$），假定 $p > 3/8$，则投资者和公司在第一阶

段就会选择投资和真实的披露，第二阶段和第三阶段的均衡路径如表 4 - 3
所示，总的路径如表 4 - 4 所示。

表 4 - 4　博弈重复三次

参与者	$t = 1$	$t = 2$	$t = 3$
非理性公司	T	T	T
理性公司	T	F	F
投资者	Y	Y	N

在第一阶段时，当博弈双方知道要博弈三次时，F 不一定是公司的最优
策略，因为尽管选择 F 在第一阶段会有 8 的收益（如果投资者选择 Y），但
这暴露了公司的类型是理性的，投资者就会在第二阶段选择 N。理性公司在
第二阶段的最大收益就是 -1，但如果公司选择 Y，在第一阶段不暴露自己，
则理性公司可能在第一阶段得到 5，在第二阶段得到 8。

假设投资者在第一阶段选择 Y，如果公司选择 T，投资者的后验概率不
变，因而在第二和第三阶段其会分别选择 Y 和 N。理性公司的期望收益为：
$5 + 8 - 1 = 12$。

如果理性公司在第一阶段就选择 F，暴露自己，则投资者将在第二和第
三阶段都选择 N，理性公司的期望收益为：$8 - 1 - 1 = 6$。

由于 $12 > 6$，可见理性公司第一阶段的最优选择是 T。

现在讨论投资者的策略。投资者的策略有三种，分别是 (Y, Y, N)、
(N, N, N)、(N, Y, N)。假设理性公司在第一阶段选择 T（第二和第三
阶段选择 F），投资者选择 (Y, Y, N)，则其期望收益为：

$$5 + [p \times 5 + (1 - p)(-3)] + [p(-2) + (1 - p) \times 0] = 6p + 2$$

如果投资者选择 (N, N, N)，则其期望收益为：

$$-2 - 0 - 0 = -2$$

可见，如果 $6p + 2 > -2(p > -2/3)$，则 (Y, Y, N) 优于 (N, N, N)。

如果投资者选择 (N, Y, N)，则其期望收益为：

$$-2 - 3 + [p(-2) + (1 - p) \times 0] = -5 - 2p$$

如果 $6p + 2 > -5 - 2p$，即 $p > -7/8$，则 (Y, Y, N) 优于 (N, Y, N)。

可见，只要公司是非理性的概率大于 $3/8$，则表 4 - 4 的策略组合是精

炼贝叶斯均衡。理性的公司在第一阶段选择 T，然后在第二和第三阶段选择 F；而投资者在第一和第二阶段选择 Y，第三阶段则选择 N。从分析可见，只要 $T>3$，投资者选择 Y，公司选择 T 的合作情况就会出现，非合作阶段（即公司选择 F 的时候）的总数等于2，与 T 的次数就没有关系。当然，如果 $p<3/8$，合作均衡就可能不会出现。但是，虽然投资者是否会投资策略和公司的披露策略是私人信息，但只要非理性的概率 $p>0$，无论 p 有多小，只要其大于0，只要重复博弈的次数足够多，合作均衡就会出现。即只要公司与投资者的博弈次数够多，不管公司非理性的概率有多低，最终公司会选择通过新媒体披露真实信息，而投资者也会通过新媒体收集信息并投资，达到博弈均衡。

可见，如果是重复博弈，公司为了不过早的暴露其类型，以获得长期来看较高的收益，会选择在前面的博弈阶段进行真实披露。而投资者也会选择相信并投资，最终达到合作均衡，新媒体信息披露有效。但在中国，散户投资者较多，他们经常进行短线投资，追涨杀跌，不会固定买卖同一只股票。所以公司面对博弈的投资者每次都不同，那么，公司管理者可能假设每次与其博弈的投资是不同的，或者如果投资者会很快失去记忆，则公司仍然会通过社交媒体进行夸大信息披露，获取最大收益。而从总体上来看，投资者在被社交媒体信息披露欺骗以后，会选择不相信社交媒体的信息，最终导致社交媒体的信息披露无效。

4.2.3 三阶段博弈模型

1. 加入监管层的信息披露博弈

从以上分析可见，在没有其他方进行干预的前提下，上市公司会基于自身利益选择通过社交媒体进行信息披露，但是其追逐利益的本性会导致其选择夸大的方式欺骗投资者，获取投资者的收益。虽然如果公司考虑长远利益，从重复博弈的角度来分析的话，合作均衡可以达到（即公司披露真实信息，投资者投资）。但在现实中，投资者往往持有短期投资心态，博弈是一次性的，这最终会导致社交媒体信息披露不可行。为了使得社交媒体的信息披露对各方来说都有利，必须引入监管方。假设监管方对夸大的新媒体信息披露有两种选择，监管处罚（ε）和不监管（η），监管方只要监管就能够发现夸大的信息披露，并通过各种方式进行处罚，以保护投资者。三阶段博弈模型如图 4 - 3 所示。

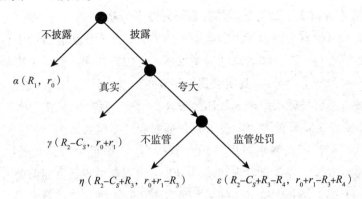

图 4 - 3　新媒体信息披露三阶段博弈模型

如图 4 - 3 所示，监管部门能够选择监管处罚或者不监管。如果监管层不监管或者监管较松，对上市公司在社交媒体的夸大行为睁一只眼闭一只眼，则公司管理层获得收益 $R_2 - C_S + R_3$，而投资者只获得收益 $r_0 + r_1 - R_3$，社交媒体信息披露不会使投资者获益。如果监管层管理较严，对社交媒体的夸大信息披露行为进行严厉监管和处罚，并将这一处罚的收益补偿给投资者，或者是监管层修订更加完善的法律制度，使投资者能以较低的成本通过法律渠道获取上市公司管理层的赔偿。假设上市公司管理层的赔偿额为 R_4，处罚额为 R_5，则上市公司管理层的收益为 $R_2 - C_S + R_3 - R_4 - R_5$，投资者的收益为 $r_0 + r_1 - R_3 + R_4$，当 R_4 和 R_5 之和大于 R_3 时，上市公司管理层不敢进行夸大和欺骗披露，因为如果诚实披露其收益为 $R_2 - C_S$，大于被处罚后的收益。当夸大后被处罚的概率很大时，管理层将不会进行夸大披露，从而导致社交媒体信息披露的博弈停留在诚实的信息披露状态 γ，这一状态成为最优选择，则社交媒体信息披露可以使管理层和投资者的利益都得以扩大，得到了帕累托改进，提高了市场的信息披露效率。

但是，如果 $R_4 + R_5$ 小于 R_3，监管者对上市公司信息披露的处罚力度较小，上市公司夸大披露信息的违法成本太低，监管层处罚金额太小，或者投资者通过法律途径对上市公司信息披露违规行为进行诉讼的取证成本太大，法律所支持的赔偿措施太少，则会导致管理层继续夸大披露，投资者获得损失。这最终导致投资者不相信社交媒体的信息披露，则社交媒体信息披露不能起到提高市场信息披露效率的目的。

2. 监督者与上市公司新媒体信息披露博弈分析

以上分析没有考虑监管者的收益和损失，如果考虑监管者的支付，我们将得到监管者与上市公司管理层的新媒体信息披露博弈。假设上市公司夸大披露的收益为 a（$a>0$），真实披露由于要付出较大的成本则收益为 $-a$。如果企业进行不实披露被发现，处罚为 D（$D>0$），且会面临投资者的诉讼赔款 R。监督者的监管成本为 c（$c>0$），监管要产生监管成本，如企业真实披露信息，监督者不监管则可以节约监管成本 c。如果上市公司进行夸大披露，监督者监管了并没有发现问题，则上市公司获得收益，而监督者发生监管成本。上市公司夸大披露，如果监督者不监管被举报，监督者将面临损失 L，其中监督者在公众中的形象损失为 X，上级对其可能的失职处罚为 Y，因此，监督者不监管的支付为 $-L$（X，Y），L 是 X 和 Y 的增函数（$L>0$）。若无人举报则监督者无成本和损失，也不会存在节约监管成本的感觉，即没有机会成本。

各方支付矩阵如表 4-5 所示。当上市公司不实披露，监管部门监管并发现了，则公司支付为 $-D-R$，被罚款和赔偿，监管部门获得罚款并付出成本，支付为 $D-c$；如果监管部门监管但没发现，公司获得收益 a，监管部门支付为 $-c$，付出了监管成本。当上市公司不实披露，监管部门不监管，则公司的收益都为 a，监管部门不监管被举报，支付为 $-L$（X，Y），如果没有人举报，则支付为 0。当上市公司真实披露，不论监管层是否监管，公司的支付都为 $-a$；如果监管层监管，则会花费监管成本，其支付为 $-c$；如果他们不监管，就能节约监管成本，支付为 c。

表 4-5　　　　监管部门与上市公司的新媒体信息披露支付矩阵

上市公司	监管部门			
	监管		不监管	
	发现	没发现	举报	无举报
夸大披露	$(-D-R,\ D-c)$	$(a,\ -c)$	$(a,\ -L(X,\ Y))$	$(a,\ 0)$
真实披露	$(-a,\ -c)$	$(-a,\ -c)$	$(-a,\ c)$	$(-a,\ c)$

假设博弈是不完全信息静态博弈，并假设公司在新媒体夸大披露的概率是 p，真实披露的概率就是 $1-p$。监管部门进行新媒体监管的概率是 q，那

么，不监管的概率则是 $1-q$。监管部门监管新媒体时可能发现夸大披露的概率是 r，没发现夸大披露的概率是 $1-r$。监管部门不监管被举报的概率是 w，没有被举报的概率是 $1-w$。

监管者的预期收益为：

$$\Pi_1 = q \cdot \{r \cdot [p \cdot (D-c) + (1-p) \cdot (-c)] + (1-r) \cdot [p \cdot (-c)$$
$$+ (1-p) \cdot (-c)]\} + (1-q) \cdot \{w \cdot [p \cdot (-L)] + (1-p) \cdot c]$$
$$+ (1-w) \cdot [p \cdot 0 + (1-p) \cdot c]\} \qquad (4.15)$$

对该式求 q 的偏导数并等于零，得监管者的期望收益的最大化一阶条件是：

$$\partial \Pi_1 / \partial q = 0$$

监管者的均衡条件为：

$$p^* = 2c/(rD + wL + c) \qquad (4.16)$$

因为 $0 \leq p \leq 1$，即：$0 \leq C \leq rD + wL$。

由此可知，当上市公司在新媒体上夸大披露的概率 $p < 2c/(rD + wL + c)$ 时，监管者的最优策略是"不监管"。相反，当公司在新媒体上夸大披露的概率 $p > 2c/(rD + wL + c)$ 时，监管者的最优策略是"监管"。如果公司在新媒体上夸大披露的概率 $p = C/(D, X, Y)$，则监管者的最优策略是随机进行"监管"和"不监管"。

上市公司的预期收益为：

$$\Pi_2 = p \cdot \{q \cdot [r \cdot (-D-R) + (1-r) \cdot a] + (1-q) \cdot [w \cdot a$$
$$+ (1-w) \cdot a]\} + (1-p) \cdot \{q \cdot [r \cdot (-a) + (1-r) \cdot (-a)]$$
$$+ (1-q) \cdot [w \cdot (-a) + (1-w) \cdot (-a)]\} \qquad (4.17)$$

对该式求 p 偏导数并等于零，得上市公司的期望收益的最大化一阶条件是：

$$\partial \Pi_2 / \partial p = 0$$

上市公司的均衡条件为：

$$q^* = 2a/[r(D+R+a)] \qquad (4.18)$$

因为有：$0 \leq q \leq 1$ 和 R，D，a，r 均大于零；

即：$0 \leq 2a/[r(D+R+a)] \leq 1$，$0 \leq a \leq (rD+rR)/(2-r)$。

可知，当监管者"监管"的概率 $q < 2a/[r(D+R+a)]$ 时，公司的最优策略是"夸大披露"；当监管者"监管"的概率 $q > 2a/[r(D+R+a)]$ 时，公司的最优策略是"真实披露"；当监管者"监管"的概率 $q = 2a/[r(D+R+a)]$ 时，公司的最优策略是随机进行"夸大披露"和"真实披露"。

联立方程（4.16）和方程（4.18），计算出博弈的混合纳什均衡是：

$$S^* = (S_1^*, S_2^*) = \{2c/(rD+wL+c), 2a/[r(D+R+a)]\} \quad (4.19)$$

说明当监管者以 $q^* = 2a/[r(D+R+a)]$ 的概率"监管"时，公司管理者以 $p^* = 2c/(rD+wL+c)$ 的概率"夸大披露"，博弈双方的期望效用最大。当然，这也说明上市公司中有 $2a/[r(D+R+a)]$ 比率的公司在新媒体上夸大披露；监管者进行随机"监管"，有 $2c/(rD+wL+c)$ 比率的公司在新媒体上真实披露信息。

同时，从式（4.16）可见，上市公司进行不实披露的均衡概率为 p^*，其与 D 成反比，反应如果增加不实披露的惩罚力度，则能够减小不实披露的概率；也与 r 成反比，说明如果监督者提高监督水平，也可以降低不实披露的概率，如果监督水平较低，则公司夸大披露的概率将上升；p^* 也与 w 成反比，说明公司夸大披露，监管者被举报的概率上升时，公司夸大露的概率将下降，新媒体的草根性和互动性将大大加强举报的概率，这也将降低企业夸大披露的概率；p^* 也与 L 成反比，说明当监管者的形象损失较大或者提高了对监督者的惩罚时，会降低公司夸大披露的概率；p^* 与 c 成正比，说明监督成本越高，公司夸大披露的概率越大。可见，降低监管者的监管成本 C，增加对上市公司夸大披露的处罚成本 D 和提升监管者的失职成本都有利于降低公司违规披露的概率。降低监管成本可以采用提高监管效率，也可以采取极端措施不准上市公司在新媒体上披露信息，但这是因噎废食的举措。增加处罚成本，需修改现有的法律法规，提升处罚的力度。增加失职成本则可以通过提高公众监管力度，增加上级追责制度来加强。

从式（4.18）可见，监督者监管的均衡概率为 q^*，其与 D、R 和 r 成反比，说明增加违规披露的惩罚力度 D 和赔款数额，监督者的监督概率会降低；提高监督水平，提升发现问题的概率 r，则可以降低监管者的监督概率。q^* 与 a 成正比，说明上市公司不实披露收益越大，监督者监督的概率越大。可见，减少公司管理层违规披露的收益和其经营公司的成本，增加公司新媒体夸大披露的处罚成本能够减少监管者的工作量。

4.3　本章小结

本章从博弈论的角度研究了新媒体信息披露各利益相关方的行为。首先从信息经济学的角度分析了新媒体信息披露。然后从三阶段博弈模型分析了新媒体信息披露的相关利益方，认为上市公司运用新媒体进行信息披露对公司和投资者都是有益的，新媒体的特点使得信息披露更及时和广泛，上市公司基于竞争和自身利益的考虑会利用新媒体信息披露。但是在没有监管的环境下，公司管理层会选择夸大披露以欺骗投资者来获取更高的收益，最终可能导致新媒体信息披露沦为"柠檬市场"，投资者不会相信新媒体披露的信息。虽然如果公司考虑长远利益，从重复博弈的角度来看，公司会选择新媒体披露真实信息，但是由于投资者和公司可能出现的短期行为，仍然会导致公司采取夸大披露的策略。因此，引入监管层进入模型成为必要，不论采用何种形式的监管方式，只要能让被管理层侵占的投资者的利益还回投资者，甚至让夸大披露的公司损失更多以补偿投资者，新媒体披露方式就可行，并且能达到帕累托最优，使管理层和投资者都获益。另外，降低监管的成本，提高不监管的处罚力度，也将促使公司披露真实信息。

本章的主要贡献在于，一是全面分析了上市公司社交媒体信息披露的各方博弈，丰富了信息披露博弈论方面的研究；二是认为在强的监管环境下上市公司采用新媒体信息披露可以获得帕累托最优，提高管理层和投资者收益。

综合而言，通过本章的分析对监管层提出以下建议：

第一，不能因噎废食。新媒体信息披露是新鲜事物，管理层在新媒体上披露的信息各式各样，这中间肯定有虚假和夸大的信息，并对证券市场造成重大影响。但是我们仍应该看到社交媒体能够给上市公司信息披露带来的积极方面，如提高了信息披露的及时性和覆盖面等。因此，不能限制社交媒体信息披露的发展，反而应该鼓励其健康发展。

第二，要加强监管。由于新媒体信息披露的内容太多，有自愿和强制的信息都可能出现在上面，监管层不可能有强大的能量去监管到方方面面，这就要求法律制度的完善，只有发挥投资者的能动性和法律的威严，才能真正扼杀管理层在信息披露上的违法违规，促进新媒体信息披露的健康稳健发展，为证券市场效率的提高贡献重要力量。

　　当然，上市公司运用新媒体进行信息披露的各方博弈较为复杂，尽管我们做了尽量详细的分析，仍不能把所有各方和各种情况都考虑进来。这需要在未来的工作中进一步完善和修订。

第 5 章

上市公司新媒体信息披露现状

随着移动互联网络的高速发展，我国已经进入数字信息化时代。根据中国互联网信息中心（China Internet Network Information Center，CNNIC）统计，截至 2016 年 12 月，中国网民规模达 7.31 亿，即时通信用户 6.66 亿，网民使用率 90.7%。网络新闻用户 6.14 亿，使用率 82%。微信、手机 App 等新媒体应用已全面普及，显著影响着人们的生活、工作和社交，深刻改变着人们获取和使用信息的途径。据腾讯公司 2016 年年报披露，微信月活跃账户达 8.89 亿个，公司微信公众号超过 1200 万个，公司微信公众账号超过 800 万个。微信、手机 App 等新媒体应用已全面普及，显著影响着人们的生活、工作和社交，深刻改变着人们获取和使用信息的途径。

新媒体也使上市公司信息披露发生了巨大变化，本章研究了上市公司通过新媒体自愿信息披露的情况，考察其对九种新媒体的接受程度。本章的主要贡献是全面分析了上市公司自愿披露的新媒体渠道，丰富了公司在新媒体自愿披露方面的研究。

5.1 文献回顾及研究假设

5.1.1 文献回顾

1. 自愿披露程度

信息披露会影响投资者关注和市场（于瑾等，2016），披露程度不同对市场的影响也不一样。有关公司自愿披露程度的研究主要从是否有披露、披露数量和质量等方面展开的。如基于在年报中是否有内部控制信息或环境信息披露和从公司自愿披露内部控制信息数量来反映上市公司自愿披露程度等（陶文杰和金占明，2013；Zhang，2015）。还有一些是自建自愿披露指数或者以交易所打分来反映自愿披露质量和程度（唐跃军和左晶晶，2012）。他们发现自愿披露程度会受到不同因素的影响。但已有的文献多是从已披露的定期或临时报告中去研究，从新媒体披露角度去研究的很少。

2. 新媒体信息披露

学界对新媒体披露的研究起于互联网，主要集中在公司网站和披露技术，如探讨互联网信息披露技术、模式、质量以及对信息透明度的影响等方面（Yoon et al.，2010；潘琰和林琳，2007）。社交媒体出现后，学者们主要研究了新媒体中投资者和评论者所产生的信息（董大勇和肖作平，2011）。少数学者研究了公司利用微博信息披露情况。如有学者认为公司是否开设微博及其信息量与公司财务特征和治理情况有关（何贤杰等，2016），微博披露与公司股价同步性相关，具有一定的信息作用等（徐巍和陈冬华，2016）。就我们的搜索而言，全面分析公司在各种新媒体上的信息披露的研究至今没有。

5.1.2 研究假设

1. 新媒体披露程度假设

新媒体是一种可以低成本传播信息的工具，新媒体在不断与传统媒体争夺话语权，并且极有可能在这场战争中取得胜利（丁方舟，2015）。传统媒体的"把关人"角色在新媒体中变得模糊，发布者全靠自己的爱好和意愿在新媒体上发布信息，事前把关变成了事后把关。这让公司可以利用新媒体绕过传统媒体的束缚直面投资者，低成本的披露信息，扩大信息传播的范围。有较强意愿和动机自愿披露信息或者与投资者沟通的企业，会更愿意使用这些新的沟通渠道。因此，我们认为开通了多种新媒体渠道的公司是那些有动机更愿意披露和更希望自己的信息被更多投资者知道的公司。基于以上的动机分析，提出假设 H5 - 1。

H5 - 1：愿意接受新媒体的公司也在上面披露了更多信息。

2. 受关注程度假设

在资本市场上，投资者经常面对大量重要或非重要信息，投资者关注有限，注意力是稀缺认知资源，竞争性信息会分散投资者注意力（Hirshleifer and Teoh，2009）。公司要想获得有限的投资者关注，必须在信息竞争中取得优势。在新媒体上发布较多信息可以获得更多投资者关注。学者对投资者关注的衡量通常采用资本市场的成交量、成交金额等间接交易指标。新媒体出现后，可以采用关注量、点击量、搜索量和浏览量等直接指标来衡量。由于投资者注意力有限，他们会在竞争的信息市场上关注披露更多信息的公司。因此，我们提出假设 H5－2。

H5－2：在新媒体上自愿披露信息多的公司更受关注。

5.2　样本选择与研究设计

5.2.1　样本选择与数据来源

我们选取公司微信订阅号、微博、博客、App、公司网站、网站新闻、RSS 订阅、邮件订阅和投资者互动问答作为观测平台，观测的时间为 2016 年初，统计公司是否有披露信息以及是否有披露财务信息。许多公司会在微博和微信等新媒体上披露"鸡汤"和"笑话"之类的引起公众关注的内容，这些内容与公司无关，我们给予剔除。财务信息则为财务数据，包括营业收入、利润等信息。公司网站、RSS 和邮件订阅数据来自公司的官方网站。微信、微博和博客分别来自腾讯微信公众平台、新浪微博和新浪博客。微信号选择以公司命名的对外官方微信订阅号。我们统计公司是否有网站和网站上是否有新闻。公司网站中有投资者关系栏目视为有披露财务信息（投资者关系栏目用以披露临时和定期报告）。投资者互动问答选用上证"e 互动"和深交所"互动易"，这是交易所设立的鼓励公司与投资者互动的社交平台，在信息披露考核评价时会酌情予以加分，带有一定的行政色彩，我们剔除了互动问答中重复回答和无实质内容的回答。

公司财务和公司治理等数据来自万德数据库、同花顺 iFinD 和对公司年报的手工整理。我们选取互联网应用走在前列的两个行业①，制造业中的计算机应用和制造业（C-39）以及信息传输、软件和信息服务业中的软件和信息服务业（I-65）。删除2015年和2014年新上市的公司和大智慧、同花顺等主要发布新闻类的公司，在两个行业中各随机选取100家，共200家公司作为样本。

5.2.2 研究设计

采用分类统计的方法对样本公司的九种新媒体披露渠道进行分析，统计了是否有披露和披露的数量及性质。采用K-Mean聚类法对样本公司进行分类，将九种新媒体自愿披露方式作为指标，每个公司九项指标，每个指标按自愿披露程度分为有序的三种尺度：1、0、-1（相关数据见本书附录1）。公司如果有披露财务信息记为1；有披露但无财务信息记为0；无披露或没开通记为-1。指定聚类的类别数量为2。通过聚类分析将样本公司分为新媒体接受程度高和接受程度低的两类公司，考察接受程度不同的公司在受众和影响因素上的区别。

5.3 实证分析及结果

5.3.1 新媒体信息披露接受程度

我们全面考察了样本公司这九种新媒体的开通和使用情况，结果如表5-1所示。200家样本公司中有68%开通微信，其中21%披露财务信息。说明两个行业对新的信息传播渠道接受较快。官方微博接受程度为40%，12%披露了财务信息。但许多公司微博披露出现停止，如2014年太极股份微博披露量较大，2015年则停止披露（最后一条是在2014年10月25日）。原因可能是微信蓬勃发展抢占了微博市场，许多公司开始转向利用微信公众平台披露信息，放弃了微博。公司网站接受程度高达96.5%，但有些国有上市公司只有控股股东网站，无上市公司网站，如振华科技、

---

① 根据中国证券监督管理委员会发布的《2015年1季度上市公司行业分类结果》中的分类。

浪潮信息等，可见国有上市公司只作为融资平台，没有很好地与母公司分离。89％的公司网站有投资者关系栏目，但有些只简单将其链接到交易所互动平台。87％的公司在网站上发布了新闻，主要是公司获奖、研发和各种活动的新闻。48％的公司在新闻中披露了财务信息，主要是中标、签署协议和定期报告等。可见，上市公司微信、微博和网站新闻的财务信息披露相对较少，主要用于宣传公司成就、企业文化和营销等，针对的主要是客户，以提升企业形象。I－65 行业的微信、微博和网站新闻的接受程度比 C－39 行业高。200 家公司投资者互动平台接受程度达 98.5％，说明官方鼓励的新媒体形式接受度高。由于是交易所组织，平台交流的问题都与财务相关。C－39 行业 100％有互动平台，比 I－65 行业高。样本公司对其他几个新媒体接受程度较低，只有 2％的公司开通官方博客，主要用于营销。这可能与博客定位在兴趣爱好者的交流相关，公司信息披露很少涉足此领域。3％的公司有 App，4％的公司有 RSS 订阅，1.5％有邮件订阅。后两种披露形式可以精准地将信息发送给特定投资者，在国外较为流行，我国上市公司接受程度很低。

表 5－1　　　　　　　　上市公司新媒体信息披露接受程度　　　　　　单位：%

行业		微信	微博	博客	App	网站	网站新闻	RSS 订阅	邮件订阅	互动问答
C－39	1	16	6	0	0	86	32	0	0	100
	0	37	23	2	2	8	45	4	1	0
	−1	47	71	98	98	6	23	96	99	0
I－65	1	26	18	0	0	92	64	0	0	97
	0	57	33	2	2	7	33	4	2	0
	−1	17	49	98	96	1	3	96	98	3
合计	1	21.0	12.0	0.0	0.0	89.0	48.0	0.0	0.0	98.5
	0	47.0	28.0	2.0	3.0	7.5	39.0	4.0	1.5	0.0
	−1	32.0	60.0	98.0	97.0	3.5	13.0	96.0	98.5	1.5

总体来说，样本公司中网站、互动问答这两种较为成熟的媒体的接受程度很高，社交媒体微信和微博的接受程度较高，博客、App、RSS 订阅和邮件订阅使用程度很低。互动问答由于有交易所背景，财务信息披露程度很高，大多数公司网站设立了投资者关系栏目，微博、微信等媒体财务信息披露接受水平不高，说明社交媒体主要用于宣传企业文化价值和营销。

5.3.2 新媒体信息披露强度与受众分析

1. 信息披露强度

我们选择微信、微博、网站新闻和互动问答平台四个接受程度高的新媒体进行强度与受众的分析（详细数据见本书附录2）。收集了在这四个新媒体平台上发布的几十万条信息，对这些披露的信息进行归类统计，统计结果如表5-2所示。微信的统计时间是2015年1~12月（剔除与公司和行业无关的信息），最多的发布306条，最少0条，均值47条。微信订阅号每天只能发一条信息，很多公司在这一条中包含多条信息。I-60行业平均发布量多于C-39行业。微博方面，由于到2015年许多公司停止了微博发布，因此我们统计了公司自微博开通以来的发布量（剔除了与公司无关的微博）以考察其披露强度，最多24229条，最少1条，均值1750条（虽然披露量大，但多数是2015年之前的），C-39行业微博平均条数多于I-60行业。公司网站新闻通常包括公司动态、媒体关注、行业动态等，主要披露公司和行业新闻，如并购、合作、得奖、中标、领导参观等，我们剔除了公司在行业动态中披露的与公司不相关的信息，统计了2015年1~12月发布的新闻，最多285条，最少0条，均值35条，可见上市公司发布新闻的积极性不高。我们还统计了互动平台上2015年1~12月的问答条数（剔除了无实质内容的回复），最多9393条，最少0条，均值1115条，C-39行业的平均互动问答数大于I-60行业的平均值。

表5-2　　　　　　　　　信息披露的强度与受众

项目	微信数量	微博		互动问答平台	网站新闻			
		粉丝数	微博量	条数	新闻数	全球排名	日均IP	日均PV
最大值	306	1376837	24229	9393	285	24157598	168000	1008000
最小值	0	19	1	0	0	21770	30	30
均值	47.1	32070	1750.7	1115	35	3071534	7423	30428
标准差	63.3	160905.2	3392.6	970	49	4147974	21980	101528
均值C-39	27.2	165633	1844	1208	30	3407108	9583	38730
均值I-60	35.6	21116	1507	1021	37	2486054	5817	24321

2. 信息披露受众

我们统计了投资者关注变量，由于微信和互动问答的关注量指标没有公布，我们统计了微博和网站的受众情况。200 家公司中，微博粉丝最多的1376837 个，最少的 19 个，均值 32069 个，C－39 行业平均粉丝数比 I－60多。网站上我们采用 Alexa 统计的网站访问量，取最近三个月全球网站排名、日均 IP 和日均 PV① 三个值。排名最靠前的为 21770 名，最靠后在 2000万名之后，均值 3071534 名，C－39 行业平均排名落后于 I－65 行业。有些公司网站访问量太少，在 Alexa 上无排名。日均 IP 最大值 168000，最小值30，均值 7423。日均 PV 最大值 1008000，最小值 30，平均值 30428。总体上公司网站访问量差异很大，访问数较少。

5.3.3　新媒体接受程度的聚类分析

从以上分析可见，两个行业新媒体自愿披露的接受程度差异不明显，C－39 行业对互动问答接受程度较好，I－65 行业则对微信、微博接受程度较高。两个行业中各有对新媒体接受程度高和接受程度低的公司。我们采用K－Mean 聚类法对样本公司进行分类，将九种新媒体自愿披露方式作为指标，每个公司九项指标，每个指标用前述方法，按自愿披露程度分为有序的三种尺度 1、0 和 –1，指定聚类的类别数量为 2。我们通过聚类分析将样本公司分为新媒体接受程度高和低的两类公司。

1. 聚类结果

200 家公司通过聚类分析被分为两类：第一类为新媒体自愿披露接受程度高的公司，共 110 家；第二类为接受程度低的公司，共有 90 家。除互动问答外，第一类公司的各新媒体信息披露接受程度的均值都大于第二类公司，如微信第一类是 0.36，第二类是 –0.67 等（见表 5 –3）。表明分类结果合理，能有效区分新媒体信息披露高低不同的两类。

---

① 查询时间为 2016 年 1 月 1～15 日。

表 5 – 3　　　　　　　　　　新媒体接受程度分类

聚类均值 类别	微信	微博	网站新闻	网站	互动问答	博客	RSS	App	邮件订阅
1	0.36	– 0.08	0.75	0.98	0.96	– 0.96	– 0.93	– 0.96	– 0.97
2	– 0.67	– 0.97	0.07	0.71	0.98	– 1	– 1	– 0.98	– 1
聚类标准差 类别	微信	微博	网站新闻	网站	互动问答	博客	RSS	App	邮件订阅
1	0.537	0.718	0.432	0.134	0.268	0.188	0.261	0.188	0.164
2	0.474	0.181	0.469	0.585	0.211	0	0	0.148	0

从聚类方差分析可见（见表 5 – 4），微信、微博和网站新闻的 F 值分别为 207、129 和 116，表明微信对分类结果贡献度最大，其次为微博和网站新闻，都通过了显著性检验。其他各类对结果影响较小。互动问答由于几乎都披露财务信息，对分类影响很小，且不显著。

表 5 – 4　　　　　　　　　　聚类方差分析 ANOVA

分类	聚类		误差		F	Sig.
	均方	df	均方	df		
微信	53.685	1	0.258	198	207.975	0.000
微博	38.756	1	0.299	198	129.704	0.000
网站新闻	23.422	1	0.202	198	116.019	0.000
网站	3.627	1	0.164	198	22.132	0.000
互动问答	0.010	1	0.060	198	0.166	0.684
Rss	0.262	1	0.037	198	6.988	0.009
App	0.010	1	0.029	198	0.337	0.562
邮件订阅	0.037	1	0.015	198	2.498	0.116
博客	0.065	1	0.019	198	3.362	0.068

行业上（见表 5 – 5），I – 65 行业在第一类中有 72 家，占比 65%；在第二类有 28 家，占比 31%。C – 39 行业在第一类有 38 家，占比 35%；在第二类有 62 家，占比 69%。总体上 I – 65 行业新媒体自愿披露接受程度较高。

表 5 – 5　　　　　　　　　　类别行业占比

行业	第一类		第二类		合计
	家数	占比（%）	家数	占比（%）	
I – 65	72	65	28	31	100
C – 39	38	35	62	69	100
合计	110	100	90	100	200

2. 聚类结果的均值比较

本章从接受程度高的四类媒体来观察自愿披露高低不同的两类公司受关注情况和信息披露情况。关注度和披露数量均值比较如表 5 - 6 所示。微博粉丝数均值第一类大于第二类，通过了 5% 的 Kruskal - Wallis 检验和 10% 的 F 检验，t 值双侧检验 P 值 25.4%，说明新媒体自愿披露接受程度高的公司微博粉丝数较多，且较为显著。网站全球排名上，第一类的均值小于第二类，通过了上述三个检验，说明新媒体信息披露接受程度高的公司网站排名靠前，且非常显著。自愿披露数量上，微信数、新闻数、微博量和互动问答数的均值第一类都高于第二类，且前三个都通过了显著性为 5% 的检验，说明新媒体接受程度高的公司在微信、网站新闻和微博上披露了更多信息。互动问答数的 t 检验 P 值和 Kruskal - Wallis 检验 P 值不显著。说明在带有一定官方引导性的互动问答中，第一和第二类的区别不明显。

表 5 - 6　　　　　　　　　　　类别均值比较分析

项目	受关注类别对比分析				自愿披露数量类别对比分析							
	微博粉丝数		全球排名		微信数		新闻数		微博量		互动问答	
类别	1	2	1	2	1	2	1	2	1	2	1	2
均值	43650	17916	2315411	4263001	52.9	5.5	46.9	14.3	1185	108	701	589
中值	489	0	1259600	2446189	30.0	0.0	30	6	160	0	568	483
标准差	171720	146312	3778145	4549898	39.5	11.1	52.8	20.2	2955	731	689	372
极小值	0	0	21770	58161	0	0	0	0	0	0	0	0
极大值	1123471	1376837	22768547	24157598	306	154	285	113	24229	6609	5479	1902
P 检验												
t 值	1.144		- 2.9		7.026		5.566		3.684		1.455	
sig（双侧）	0.254		0.004		<0.0001		<0.0001		<0.0001		0.147	
F 检验												
F	3.126		4.914		57.992		17.183		20.701		5.497	
sig	0.079		0.028		<0.0001		<0.0001		<0.0001		0.02	
K - W test												
Chi - square	69.723		20.441		77.972		52.665		72.432		0.205	
P	<0.0001		<0.0001		<0.0001		<0.0001		<0.0001		0.65	

综上所述，以公司在九种新媒体上是否披露信息和是否披露财务信息来划分其对新媒体的接受程度，发现新媒体接受程度高的公司在新媒体上披露了更多信息，同时也更受投资者关注，验证了假设 H5 - 1 和假设 H5 - 2。说明公司积极拥抱新媒体并采取行动披露信息，能为公司吸引更多关注度，

提升了公司信息传播的范围。

5.4 本章小结

本章研究了上市公司利用新媒体进行信息披露的情况，选取了制造业中的计算机应用和制造业以及信息传输、软件和信息服务业中的软件和信息服务业两个信息技术走在前面的行业，考察了这两个行业的上市公司在微信公众号、微博、博客、App、公司网站、网站新闻、RSS 订阅、邮件订阅和投资者关系互动平台九种新媒体渠道披露信息情况。

研究发现，九种新媒体披露渠道中上市公司对互动问答和公司网站这两种较为成熟的新媒体的接受程度最高，互动问答的接受程度接近 100%，公司网站也达到 90% 左右。微信和微博的接受程度较高，博客、App、RSS 订阅和邮件订阅使用程度很低。在接受程度高的几种新媒体中，互动问答由于有交易所背景，财务信息披露很高；公司网站上大多数设立了投资者关系栏目以披露财务信息；微博、微信等新媒体财务信息披露接受水平不高，它们主要披露的是软信息，用于宣传企业文化价值和营销等方面。研究还发现，不同上市公司在微信、微博和投资者互动问答平台上披露信息的数量差距较大，从披露数量上可以看出它们披露的意愿，而且微博有被微信取代的趋势。公司网站由于缺乏互动性，上市公司信息披露的积极性不高。从公众的接受情况来看，公司网站和微博的接受程度在各上市公司上的差异巨大，说明公众对不同公司的关注程度不一致。

从本章研究可知，我国上市公司对网站、互动问答、微信接受程度较高，微博接受程度较低；网站和互动问答财务信息披露程度高；网站新闻、微信和微博的财务信息披露较少，主要用于公司文化宣传和营销；博客、App、RSS 订阅和邮件订阅的披露方式接受程度很低。可见，我国上市公司利用新媒体自愿披露意愿较强，但披露的财务信息较少，渠道有限。

本章还采用聚类分析方法将上市公司按照新媒体接受程度的不同情况分为高、低两类，发现出新媒体接受程度高的公司披露了更多的信息，同时，新媒体接受程度高的公司更受关注，采用新媒体自愿披露为公司吸引投资者注意起到了作用。可见，公司将成本花费在新媒体自愿披露上是值得的，可以获得更多关注。

第6章

新媒体披露的影响因素研究

是什么因素在影响公司自愿披露？现有文献认为当管理者需要在资本市场交易、面临控制权争夺、增加股票报酬、减少诉讼成本和显示管理才能时倾向于提高自愿披露水平，而由于害怕披露专有成本则倾向于减少自愿披露（Healy and Palepu，2001）。后来，更多的学者从公司财务情况和公司治理等方面研究了自愿披露的影响因素（Skinner，1997）。他们多数从上市公司年报中披露的项目来研究自愿披露的意愿和水平，研究的结论有时相互冲突。如有文献认为业绩优秀的公司为了显示管理才能自愿披露较多信息，还发现由于我国证券法律不完善，绩差公司为了自身利益会披露更多信息以误导投资者（程新生等，2011）。因而，我们需要从更多渠道来研究公司自愿披露，新媒体的出现为我们提供了很好的研究平台。

过去的十多年时间，信息和互联网技术高速发展产生了丰富多彩的新媒体应用，尤其以微博和微信等为代表的社交媒体，颠覆了传统信息传播方式，也使资本市场信息披露发生了巨大变化。公司利用新媒体提高信息发布频率、节约信息成本、减少信息不对称（Blankespoor et al.，2014）。第5章的研究发现，我国公司几乎都有网站，并开通了微信、微博，甚至邮件和RSS订阅。深交所推出"互动易"的投资者客户端和公司客户端 App 相继上线。公司不断运用新媒体披露信息、与投资者互动、传播企业文化和价值观。但目前学者们对新媒体的研究仍然较少，而是将研究集中在信息披露内容和传统媒体披露作用等方面。由于新媒体目前还不是我国监管部门指定的信息披露渠道，公司在上面的披露情况可以反映其披露意愿，这为我们研究公司自愿披露意愿提供了一个极佳的平台，对其影响因素的考察丰富了自愿披露的研究。

为此，本章探讨了影响公司新媒体自愿披露的因素，并分析了其与传统自愿披露的不同。本章的主要贡献：一是，研究发现传统影响公司自愿披露的财务和公司治理因素同样影响公司新媒体披露，而且对越成熟的新媒体显著性越强；二是，公司业绩与企业文化宣传披露正相关，与投资信息披露水平负相关，说明优秀公司更有动力宣传品牌价值，绩差公司则倾向于多披露短期信息影响投资者，拓展了自愿披露动机和影响因素的研究；三是，本章的研究为监管部门进行新媒体披露监管和公司选择信息披露战略提供借鉴。

6.1　影响因素的实证检验

6.1.1　文献回顾

除了在前面文献综述中提到的外部因素外，影响公司自愿信息披露的更多研究在内部因素，本章从自愿披露的内部影响因素和披露的内容进行文献回顾。

1. 自愿披露内部影响因素

（1）公司财务水平。范小雯（2006）构建了信息披露指数，研究了深圳上市的公司，发现公司规模、财务杠杆、管理层持股、公司绩效、审计费等因素对公司信息披露水平有影响，且股权越分散公司信息披露水平越高。加里等（Gary et al.，1995）研究了国际和美国公司的信息披露差异，发现公司的自愿信息披露水平与公司规模负相关，但与财务杠杆和资产占用比例不相关。上市公司的融资压力会促使公司自愿披露更多信息，公司规模、行业、地区、财务风险、盈利能力等因素也可以解释信息披露差异。

侯赛因（Hossain，1994）研究了新西兰的上市公司，发现公司规模、财务杠杆、资产占用、审计机构声誉和异地上市显著影响公司自愿信息披露。米希尔等（Michael et al.，1995）则发现澳洲石油行业的上市公司的自愿性分部报告受公司规模、财务杠杆水平的显著影响。胡奕明和范皓晴（2016）研究了各国银行的薪酬信息披露情况，发现银行薪酬信息披露情况与净利润负相关，与资本充足率显著正相关，但与银行的经营业绩无显著正向关系，也与银行规模和所在地区无关。

任聪聪（2013）研究了网络信息披露情况，发现网络信息披露水平与公司规模正相关，与公司成长性负相关，公司的盈利能力、负债率和会计师事务所对网络信息披露没有影响。李慧云等（2013）设计了自愿信息披露指数来研究自愿信息披露，认为自愿信息披露水平高的公司规模大、财务杠杆偏高、股权国有且相对集中，董事薪酬较高，董事和 CEO 两职不合一。张宗新等（2007）以信息披露考评结果作为信息披露质量的代表，发现信息披露质量越好的公司业绩越好。还有学者研究了市政债券的自愿披露，发现当发布成本越低时，自愿披露越多（Cuny，2016）。

（2）公司治理水平。国有股持股比例越低，股东之间股权差异越小，上市公司信息披露质量越好，机构投资者持股越多，信息披露质量越好（熊伟等，2015）。较高的机构投资者持股能增强公司管理层的自愿信息披露，提升分析师关注和公司透明度（Audra and Joshua，2015）。较好的公司治理水平能促进上市公司环境信息披露（毕茜等，2012）。

在媒体关注作用下，财务绩效好的企业社会责任信息披露水平高（陶文杰和金占明）。基金集中持股和稳定持股可改善公司信息披露质量（李忠海和李道远，2015）。财务总监兼任董事会秘书的公司信息披露的质量更高，市场效率更好（毛新述等，2013）。有学者发现，在上市公司微博信息披露中，公司治理水平高的公司微博信息披露越多与公司相关的信息，并且公司是否开设微博及其信息量与董事会成员特征、公司规模和公司业绩等有关（何贤杰等，2016）。

上市公司中，证券投资基金持股比例越高的公司信息披露质量越高（梅洁和杜亚斌 2012），基金、保险公司和 QFII 等机构投资者持股对提高公司透明度具有促进作用（杨海燕等，2012）。李维安等（2006）研究了控股股东的性质与信息披露的关系，发现外资为第一大股东的公司信息披露水平更高，然后是国有企业和民营企业。崔学刚（2004）研究了我国上市公司治理特征，发现两职合一与自愿信息披露水平负相关，与独立董事、前十大股东持股比例、流通股比例、前十大股东是否具有机构投资者、B 股比例正相关。香港上市公司的审计委员会有助于提高自愿披露水平，同时董事会成员中家庭成员的比重大会降低自愿披露水平（Simon and Wong，2001）。

可见，自愿信息披露水平的影响因素较多，公司规模、绩效水平、公司治理等内部因素都会对其产生影响。这些影响因素是否也同样对公司在新媒体上信息披露产生影响呢？对这个问题的研究目前仍很少。

2. 自愿披露的内容和衡量方法

米克等（1995）认为欧洲和美国的跨国公司的自愿信息披露分为战略信息、财务扩展信息和非财务信息三类，其中，战略信息设五个子类，包括公司一般信息、研究信息、兼并和处置资产信息、公司战略、未来前景；财务扩展信息设四个子类，包括股价信息、外汇信息、分部信息和财务指标情况；非财务信息设三个子类，包括员工情况、董事信息、社会政策信息。希尔顿和葛洛博慢（Singleton and Globerman，2002）研究了日本东京证券交易所上市的公司，发现自 1990 年以来，上市公司自愿信息披露的内容包括背景材料、经营情况、关键非财务信息、管理层讨论等内容。

我国学者李心丹等（2006）研究了 2004 年以前的 A 股上市公司，并对公司高管进行了问卷调查，发现上市公司自愿信息披露水平较差，积极主动性不够，尤其在公司发展战略、核心竞争力、产业发展、社会责任和环保信息等方面的披露较少。陆正飞等（2002）则认为自愿信息披露应更多地披露企业未来收益能力、产品质量、员工素质、市场竞争力等信息。

衡量方法通常有数量和质量两种，数量上学者们通常计算各种渠道和载体所披露信息量的大小；质量上学者们通常采用权威机构的评级或自建评级，权威机构的评级在国外有美国金融分析师协会、美国投资管理与研究协会等会定期公布上市公司信息披露评级（David，2000）。国内深圳证券交易所也有信息披露的打分。采用自建评级的学者更关注披露信息的可靠性、相关性和及时性，一般采用内容研究法，选用不同的指标设计分值进行评价。王雪（2007）用公司定期财务报告和临时公告建立了信息披露衡量表，从50 个方面衡量公司自愿信息披露水平。

何贤杰等（2016）研究了上市公司微博信息披露的内容，发现披露比率最高的是公司经营类信息，如销售合同、企业得奖和研发等，并且 84% 的信息公司没有正式在交易所公告。对信息披露的研究一直注重内容分析法，也有学者采用语义分析法，发现上市公司对环境信息披露更多使用较空泛的"软披露"，较客观的"硬披露"较少，方便其进行印象管理，而且重污染的公司在披露中通过更强的语气来操控语义（张秀敏等，2016）。舒利敏（2014）发现自愿信息环境披露的内容以"软披露"为主，环境绩效指标类的"硬披露"较少。

可见，在对信息披露内容的研究上，学者们根据上市公司的情况总结了许多要点，主要认为公司自愿披露的内容较多，既有财务信息也有非财务信息，诸如经营背景和管理层等的软信息较多。在新媒体上披露的信息则主要是没有公告的"非重大信息"。学者们对信息披露质量的衡量上也从质量和数量两方面进行了讨论，这些方法都值得借鉴。

6.1.2　研究假设

有效配置资源是资本市场最重要的功能，信息在提高资本市场效率中起到核心作用。古典经济学认为当信息完备，并满足其他条件时，竞争性均衡最终都能达到。后来，人们发现现实中总是信息不对称的，提出了信息不对称理论。认为在市场经济中，交易各方信息不对称，信息充分的优势方会占信息贫乏方便宜。股份公司所有权与经营权分离，管理者会利用信息优势侵占股东的利益。这种状态持续下去，会形成"柠檬市场"，资本市场变得低效。进行信息披露减少信息不对称是解决这一问题，提升市场效率的关键。信息披露分为强制和自愿披露，强制披露是监管者强制要求披露的信息；自愿披露是公司基于某些因素而自愿披露的信息。现有的理论和实证分析认为自愿披露影响因素主要有以下几种：

1. 公司业绩

学者们认为公司业绩对自愿披露的影响具有两面性：业绩好，为了体现管理者才能，自愿披露更多；业绩差，面临接管和诉讼风险，为了对较差业绩进行辩解，自愿披露更多。

（1）公司业绩好，为体现管理者才能自愿披露更多。公司的市场价值能显示投资者对公司管理者能力的看法。有才能的管理者有动机自愿披露以向投资者展现他的能力。这种能力表现在过去的财务业绩，更表现在预测公司未来经济环境变化并做出正确反应的能力。投资者越早知道管理者所拥有的信息，就越容易评估管理者的能力，进而公司的市场价值越高。优秀公司为避免在"柠檬市场"上折价，有动力进行信息披露。有文献发现，公司业绩比同行业好时，管理者愿意向投资者披露更多信息，显示其管理才能（Inchausti, 1997）。如社会责任信息披露水平高（陶文杰和金占明, 2013），自愿披露初始投资创新项目等（Mohamed and Schwienbacher, 2016）。因此，我们提出假设 H6 - 1a。

H6 - 1a：当业绩好时，公司在新媒体上自愿披露了更多信息。

（2）公司业绩差，面临接管和诉讼风险时披露更多。股东一般认为管理者对公司股票的市场表现负责，想争夺董事会的股东也常把差的业绩作为更换管理者的理由，股票价格低迷会引来敌意收购，很可能导致 CEO 被替代（Morck et al.，1990）。管理层为了自身利益，在业绩差时披露更多信息以防止公司价值被低估而引发收购风险。公司业绩差还可能面临股东诉讼。股东可能对管理者信息披露不足和不及时进行诉讼，这也会激励公司增强自愿披露。当然，害怕诉讼还可能会刺激管理者减少预测性信息披露。我国的法律和监管比较薄弱，各种违规披露不易被发现和受到严惩。业绩差的公司会披露更多信息，以对较差的情况进行辩解甚至误导投资者（程新生等，2015）。新媒体是低成本的自愿披露平台。因此，我们提出假设 H6 - 1a 的备择假设 H6 - 1b。

H6 - 1b：当业绩较差时，公司在新媒体上披露更多信息。

2. 其他财务因素

规模大的公司有更多社会责任，面临更多监管，运作更复杂，面对更多投资者。同时，在行业中地位占优势，不怕披露私有信息。公司规模显著影响公司自愿信息披露（Hossain，1994）。我国学者大部分则认为公司规模正向影响自愿披露（何贤杰等，2016）。当公司的债务不断增加时，委托代理问题更突出，利益相关方的冲突更严重，公司为了缓解这种矛盾，获得股东和债权人信任，会披露更多信息，以减少信息不对称，降低委托代理成本。许多学者证实了公司财务杠杆与自愿披露存在正相关关系。但也有学者发现财务杠杆与信息披露显著负相关，他们认为资产负债率低的公司财务状况好，破产可能性低，为了显示这种良好财务状况，公司自愿披露更多信息，而财务杠杆高的公司，为了掩饰自身的财务困境，会披露较少信息（唐跃军和左晶晶，2012）。另外，管理者比外部投资者更了解公司的信息，这种信息不对称如果不解决，投资者会怯于购买公司的股票或债券，公司对外发行证券的成本较高。因此，当公司的管理者想要在资本市场发行股票、债券或收购其他公司时，管理层会想方设法披露公司信息，以减少信息不对称，赢得外部投资者信任，降低融资成本（Diamond，1991）。基于以上分析，我们提出假设 H6 - 2、假设 H6 - 3 和假设 H6 - 4。

H6 - 2：公司规模越大，在新媒体上披露的信息越多。

H6 - 3：公司财务杠杆越低，在新媒体上披露的信息越多。

H6 - 4：公司在再融资或并购时，在新媒体上披露的信息更多。

3. 公司治理因素

（1）董事会规模。较好的公司治理水平能促进上市公司自愿信息披露。董事会规模小将影响董事会行使监督和管理公司的效率。规模较大的董事会成员较多，这样才有足够的各项专业知识来管理公司。当然，如果董事会规模过大则有可能产生"搭便车"行为，管理的效率反而会下降。所以，在一般的范围内，董事会规模越大，管理效率越高，公司治理情况越好，公司越愿意披露更多信息。因此，我们提出假设 H6 - 5。

H6 - 5：公司董事会规模越大，在新媒体上披露的信息越多。

（2）独立董事占比。独立董事的作用是促进董事会科学的决策，监督公司的董事和其他高级管理人员认真履行代理人职责，他们是社会公众股东在董事会的代表，为中小股东的利益服务。国外许多研究认为公司董事会中独立董事占比的提升可以有效约束和监督管理层，促使他们自愿披露更多的信息（Fama and Jensen，1983）。基于此，我们提出假设 H6 - 6。

H6 - 6：公司董事会中独立董事占比越大，在新媒体上披露的信息越多。

（3）股权集中度。在股权集中度对自愿披露的影响研究上，学者的研究结论较为一致。他们认为公司所有权与经营权相分离，股权越分散，股东与管理者的冲突越大，管理层为了减少代理成本，自愿披露更多信息（Morck，1990）。股权集中度高时，股东和管理者的冲突可能转变为大股东与中小股东的利益冲突，控股股东在形成内部控制后，自愿披露水平降低（Arya and Mittendorf，2005）。因此，我们提出假设 H6 - 7。

H6 - 7：公司股权越分散，在新媒体上披露的信息越多。

（4）公司产权属性。国外的研究发现，国有企业与私人企业不同，除了要追求利润最大化以外，还要考虑社会和国家的目标，他们为了降低这种双重代理关系，自愿披露更多信息（Ruland et al.，1990）。但是，在中国，由于国有企业一股独大的特点，管理层是行政任命，主要对上级主管负责，其位置相对稳定，受到外部控制权争夺的威胁很小，为了维护内部人控制，公司自愿披露水平较低（徐晓东和陈小悦，2003）。由此，我们提出假设 H6 - 8。

H6 – 8：国有企业在新媒体上披露的信息更少。

6.1.3 样本选择与模型设计

1. 样本选择

根据第5章的研究，九种新媒体中，博客、App、RSS订阅、邮件订阅公司接受程度低，微博披露的信息多在2015年以前。所以，选取微信公众号中订阅号的披露信息数量、网站新闻披露数量和投资者互动问答数量作为观测平台，观测的时间为2016年初。统计公司是否有披露与公司有关的信息以及是否有披露财务信息。许多公司会在微信上披露"鸡汤"和"笑话"之类的引起公众关注的内容，这些内容与公司无关，给予剔除。财务信息则为财务数据，包括营业收入、利润等信息。网站新闻披露数据来自公司的官方网站。微信来自腾讯微信公众平台，微信号选择以公司命名的对外官方微信订阅号。投资者互动问答选用上证"e互动"和深交所"互动易"，这是交易所设立的鼓励公司与投资者互动的社交平台，在信息披露考核评价时会酌情予以加分，带有一定的行政色彩，剔除了互动问答中重复回答和无实质内容的回答。

公司财务和公司治理等数据来自万德数据库、同花顺iFinD和对公司年报的手工整理。选取互联网应用走在前列的两个行业①，制造业中的计算机应用和制造业（C – 39）以及信息传输、软件和信息服务业中的软件和信息服务业（I – 65）。删除2015年和2014年新上市的公司和大智慧、同花顺等主要发布新闻类的公司，在两个行业中各随机选取100家，共200家公司作为样本。

2. 模型设计

采用 K – Mean 聚类法对样本公司分类，以三种新媒体披露方式为指标，每个公司三项指标，每个指标按披露程度分为有序的三种尺度1、0和 – 1。公司有披露财务信息记为1，有披露但无财务信息记为0，无披露或没开通记为 – 1。另外，指定聚类的类别数量为2。通过聚类分析将样本公司分为新媒体接受程度高和接受程度低的两类公司，考察接受程度不同的公司在影

---

① 根据中国证券监督管理委员会发布的《2015年1季度上市公司行业分类结果》中的分类。

响因素上的区别。

根据理论分析所提出的假设，建立以下模型：

$$INFO_i = \beta_0 + \beta_1 \times Ass\_ln + \beta_2 \times ROE + \beta_3 \times DRatio + \beta_4 \times Bsize$$
$$+ \beta_5 \times IDRatio + \beta_6 \times Hstake\_10 + \beta_7 \times Cproerty + \beta_8 \times Ref + \varepsilon$$

$$(6.1)$$

因变量新媒体自愿披露数量（$INFO_i$）选用微信订阅号披露信息数量、网站新闻披露数量和投资者互动问答数量。借鉴已有研究，设置的影响因素为公司规模、业绩、财务杠杆、公司治理情况和所有权性质等。分别用 2015 年年报的总资产、净资产收益率、资产负债率、董事会规模、独立董事占比、前十大股东持股比例、公司属性变量和再融资变量作为代理变量，为减异方差，总资产采用对数形式。变量描述如表 6 - 1 所示。

表 6 - 1　　　　　　　　　　　变量描述

变量名称	变量符号	变量定义
微信数量	WeChat	微信自愿披露数量
新闻数量	News	网站新闻披露数量
互动问答量	Interactive	互动问答披露数量
总资产	Ass_ln	总资产的对数
净资产收益率	ROE	扣非后的净资产收益率
资产负债率	DRatio	公司资产负债率
董事会规模	Bsize	董事会总人数
独董占比	IDRatio	独立董事在董事会中占比
十大股东持股比例	Hstake_10	前十大股东持股占比
公司属性变量	Cproerty	公司是国有性质则为 1，否则为 0
公司再融资变量	Ref	公司当年有再融资取 1，否则为 0

6.1.4　实证分析结果

1. 描述性统计

描述性统计如表 6 - 2 所示，200 家公司在 2015 年全年微信披露量最大值为 178 条，最小值为 0 条，平均值为 18.42 条。网站新闻披露信息最大值为166条,最小值为0条,平均值为18.53条。他们的披露量都不太大。互动问答披露的信息较多,平均有650.46条,最多的公司披露了5479条,带有交易所鼓励措施的新媒体披露渠道,公司披露信息较多。样本公司总资产平均值为50.01亿元,最大值为1362.4亿元,最小值只有3.35亿元,差距较大。ROE平均值为6.66%,最大的55.24%,最小的 – 40.19%,公司净资产收益率不高。资产负债率平均值为33.96%,最大的96.36%,最小的3.34%,差异较大。独立董事规模平均值为8.27,最大的公司有13个独立董事,最小的只有5个。独立董事占比最小的30%,最大的60%,平均38.47%。前十大股东股权占比平均值为54.91%,最大的87.26%,最小的18.15%,总体股权集中度较高。国有性质企业占比24%。当年有再融资需求占比15%(具体数据见本书附录3)。

表6 – 2 描述性统计

变量	平均值	中位数	标准差	范围	最小值	最大值
WeChat	18.42	2.00	33.19	178	0	178
News	18.53	9.00	26.80	166	0	166
Interactive	650.46	526.00	570.49	5479	0	5479
Ass(亿元)	50.01	22.67	140.42	1359.05	3.35	1362.4
ROE(%)	6.66	6.41	9.48	95.43	– 40.19	55.24
DRatio(%)	33.96	32.81	17.91	93.03	3.34	96.36
Bsize	8.27	9.00	1.640	8	5	13
IDRatio(%)	38.47	36.36	6.25	30.00	30.00	60.00
Hstake_10(%)	54.91	56.06	13.31	69.11	18.15	87.26
Cproerty	0.24	0.00	0.425	1	0	1
Ref	0.15	0.00	0.301	1	0	1

2. 相关分析

为避免多重共线性,对变量做了Person相关性检验,检验结果如表6 – 3所示。微信披露与网站新闻披露显著正相关,说明更愿意在网站披露的也会选择微信披露;与总资产显著正相关,说明规模大的公司更多地在微信披露;与净资产收益率显著正相关,说明绩优公司在微信披露更多信息;与董事会规模显著正相关,说明大的董事会有助于增强公司的微信披露。网站新闻披露的相关性与微信披露基本相同。互动平台披露与总资产和董事会规模显著正相关，说明公司和董事会规模大的企业在互动平台披露更多信息。总资产与资产负债率和董事会规模显著正相关，说明规模大的企业负债多，董事会规模大。公司净资产收益率与资产负债率显著负相关，说明业绩好的公司负债低；与前十大股东持股占比显著正相关，说明业绩好的公司股权比较集中。资产负债率与前十大股东持股占比显著负相关，说明负债高的企业股权比较分散。董事会规模与独立董事占比显著负相关，说明规模大的董事会独立董事占比较少。另外，各相关系数的值基本都小于0.5，说明各变量的多重共线性较低。

表6-3　　　　　　　　　　　　　变量相关性

变量	News	Interactive	Ass_ln	ROE	DRatio	Bsize	IDRatio	Hstake_10
WeChat	0.372** (0.00)	0.13 (0.06)	0.238** (0.00)	0.200** (0.00)	0.06 (0.41)	0.144* (0.04)	0.07 (0.36)	-0.02 (0.76)
News		0.08 (0.25)	0.317** (0.00)	0.248** (0.00)	0.07 (0.35)	0.190** (0.01)	0.07 (0.31)	-0.04 (0.55)
Interactive			0.245** (0.00)	0.00 (0.95)	-0.14 (0.05)	0.165* (0.02)	-0.146* (0.04)	-0.09 (0.19)
Ass				0.10 (0.15)	0.533** (0.00)	0.280** (0.00)	0.00 (0.99)	-0.11 (0.11)
ROE					-0.172* (0.02)	-0.04 (0.55)	0.05 (0.46)	0.329** (0.00)
DRatio						0.06 (0.36)	0.01 (0.85)	-0.201** (0.00)
Bsize							-0.491** (0.00)	-0.14 (0.05)
IDRatio								0.06 (0.39)

注：** 和 * 分别表示在0.01和0.05级别（双尾）相关性显著，括号内为 P 值。

3. 回归分析

分别对全部数据和接受程度高低不同的两类别数据进行回归分析，回归的因变量分别采用微信数量、网站新闻数量和互动问答数量，回归结果如表6-4所示。

表6－4　　　　　　　　　　信息披露影响因素回归分析

回归值	全部回归			第一类（高接受程度）			第二类（低接受程度）		
	WeChat	News	Interactive	WeChat	News	Interactive	WeChat	News	Interactive
R^2	0.134	0.195	0.207	0.179	0.269	0.243	0.028	0.172	0.247
调整R^2	0.102	0.166	0.178	0.123	0.219	0.191	−0.055	0.102	0.182
F值	4.236	6.642	7.139	3.177	5.375	4.667	0.342	2.437	3.838
截距	−183.15** (0.003)	−186.44** (<0.0001)	−4196.98** (<0.0001)	−264.08** (0.006)	−294.43** (<0.0001)	−5140.85** (0.002)	−23.3 (0.509)	−40.59 (0.294)	−2077.31* (0.048)
ROE	0.647* (0.014)	0.666** (0.001)	−5.711 (0.183)	0.633 (0.091)	0.668* (0.019)	−13.247* (0.035)	0.078 (0.653)	0.227 (0.232)	9.395 (0.068)
Ass_ln	7.063* (0.018)	7.417** (0.002)	285.049** (<0.0001)	10.014* (0.028)	10.256** (0.003)	332.467** (<0.0001)	1.842 (0.297)	2.985 (0.124)	173.199** (0.001)
DRatio	−0.021 (0.894)	−0.084 (0.487)	−13.058** (<0.0001)	0.078 (0.746)	−0.14 (0.446)	−16.323** (<0.0001)	−0.094 (0.312)	0.002 (0.982)	−7.685** (0.006)
Ref	8.265 (0.06)	6.856 (0.158)	263.874 (0.137)	10.549 (0.051)	15.264 (0.12)	355.44 (0.747)	5.247 (0.547)	2.41 (0.723)	266.842 (0.158)
Bsize	3.678* (0.03)	3.389** (0.01)	−5.79 (0.834)	4.871 (0.082)	4.782* (0.025)	7.734 (0.868)	−0.53 (0.573)	0.965 (0.35)	−11.868 (0.669)
IDRatio	0.65 (0.121)	0.669* (0.041)	−14.006* (0.043)	0.803 (0.258)	1.439** (0.009)	−17.172 (0.15)	−0.043 (0.843)	−0.329 (0.17)	−9.428 (0.145)
Hstake_10	−0.13 (0.474)	−0.173 (0.222)	−3.769 (0.208)	0.06 (0.834)	0.091 (0.673)	−1.604 (0.736)	−0.073 (0.493)	−0.225 (0.054)	−6.404* (0.042)
Cproperty	−11.626* (0.04)	−3.954 (0.368)	−122.044 (0.189)	−19.734* (0.045)	−8.031 (0.28)	−68.12 (0.677)	−1.123 (0.693)	1.02 (0.743)	−130.194 (0.122)

注：** 和 * 分别表示在 0.01 和 0.05 级别（双尾）相关性显著，括号内为 P 值。

（1）公司业绩对新媒体披露的影响。全部样本上，微信和新闻数量为因变量时，ROE 系数为正且通过了 5% 显著性检验，在互动问答为因变量时 ROE 的系数为负。说明绩优公司在微信和网站新闻上披露了更多的信息，宣传公司文化和价值。绩差公司在受投资者关注的互动问答上披露了更多信息。可见，在微信和网站新闻上验证了假设 H6－1a，业绩好的公司在影响消费者的新媒体披露了更多信息，而在互动问答上则验证了备择假设 H6－1b，业绩差的公司在影响投资者的新媒体上披露了更多信息。出现这一结果的原因可能是绩优公司基于显示管理者才能的考虑，愿意通过新媒体宣传公司的产品、业绩和相关情况，吸引公众对自己的关注。绩差公司则为了跟投资者说明和辩解较差业绩的原因与消除被收购及接管的可能，甚至可能是提高披露频率以产生信号作用误导投资者。所以在聚集着大量投资者的互动问答上披露了更多信息，而在非投资者聚集的微信和网站新闻上却不愿意披露更多信息，以免将公司业绩较差的情况传播给消费者、供应商等其他相关利益方。

（2）其他财务指标对新媒体披露的影响。总资产的回归系数在三个因变量模型中均为正，而且都通过了 5% 的显著性检验，验证了假设 H6 - 2，公司规模越大，在新媒体上披露的信息越多。这与传统自愿披露的研究一致，规模越大的公司面临着更多的投资者和更复杂的公司经营管理环境，需要披露更多信息来解决更为复杂的委托代理问题。同时，规模大的公司在人力、财力和其他资源方面拥有优势，处理信息的效率更高、速度更快，因此，他们在新媒体上披露了更多信息。

三个因变量回归时，资产负债率的系数都为负值，说明财务杠杆对新媒体自愿披露影响为负，验证了假设 H6 - 3。公司负债比率越高，新媒体自愿披露越少。但是，三个因变量回归中，只有互动问答为因变量时通过了显著性为 1% 的显著性检验，说明微信和网站新闻的显著性不高。可见，公司资产负债率越高，在互动问答上披露的信息越少。

三个因变量回归时，再融资指示变量的系数都为正，说明当年有再融资需求的公司在新媒体上披露了更多的信息，验证了假设 H6 - 4。但是，只有微信作为因变量时，再融资变量的系数才通过了 10% 的显著性检验；网站新闻和互动问答为因变量时，再融资变量的系数没有通过显著性检验。可见，再融资对新媒体自愿披露的影响并不强。

（3）公司治理对新媒体披露的影响。在公司治理方面的影响因素上，微信和网站新闻为因变量时，董事会规模系数均为正，且通过了 5% 的显著性检验，说明董事会规模越大，公司通过微信和网站新闻自愿披露了更多的信息。验证了假设 H6 - 5，董事会人数越多，管理效率越高，越有利于公司治理，进而管理层也更愿意在新媒体对外披露信息。但董事会规模在互动问答为因变量时的系数不显著，说明在投资者聚集的新媒体平台上，董事会规模这一影响因素不显著。

独立董事占比对新媒体披露的影响上，在微信和网站新闻为因变量时，独立董事占比的系数为正，网站新闻为因变量时通过了 5% 的显著性检验，微信为因变量时的显著性为 12.1%，基本验证了假设 H6 - 6。但是在互动问答为因变量时，独立董事占比的系数反而为负，且通过了 5% 的显著性检验，说明独立董事在投资者聚集的互动问答上没有发挥作用。

前十大股东持股比例在三个因变量时的系数都为负，说明股权越分散，公司新媒体自愿披露越多。但是三个回归系数的显著性都不高，假设 H6－7 没有得到完全验证，说明股权集中度对公司新媒体自愿披露影响不大。

公司属性变量的三个系数都为负，微信为因变量时通过了 5% 的显著性检验，其他两个为因变量时没有通过显著性检验。说明三种新媒体渠道上国有公司自愿披露水平较低，验证了假设 H6－8。在中国，国有企业受体制限制，管理层大多由上级任命，他们对其他股东的诉求并不太在意，没有动力寻求新的渠道去自愿披露信息。

（4）影响因素对不同新媒体的解释力。分类回归上，总体结论与全部数据回归结论一致。对新媒体接受程度高的第一类公司回归的调整 R^2 比全部数据回归的调整 R^2 更高。在微信作为因变量的回归中，调整 R^2 由全部回归的 0.102 上升到第一类回归的 0.123。网站新闻作为因变量的回归中，调整 R^2 则由 0.166 上升到 0.219。互动问答作为因变量的回归中，调整 R^2 则由 0.178 上升到 0.191。微信和新闻作为因变量的回归中，相对于全部回归，接受程度低的第二类公司的调整 R^2 在下降，互动问答有微弱上升。说明无论是微信、新闻还是互动平台，影响因素对接受程度高的第一类公司的新媒体披露的解释力都加强了；对接受程度低的第二类公司的解释力则有所下降。可见，影响因素对接受程度高的公司的解释力更好。从三个新媒体信息披露渠道来看，无论是否分类回归，控制新媒体接受程度后，微信的调整 R^2 都比网站新闻和互动问答低，说明模型对微信的解释力较低。可能的原因是网站新闻和互动问答较为成熟，上市公司运用时间较久，用传统影响自愿披露的因素进行回归模型解释力较好，对于微信这种更新的媒体形式，上市公司接受程度较低，回归模型的解释力较差。

（5）稳健性检验。采用三个新媒体披露渠道，微信披露、网站新闻披露和互动平台披露来考察新媒体信息披露的影响因素，这本身体现了稳健性。另外，还采用总资产收益率（ROA）代替 ROE，公司市值代替总资产，流动比率代替资产负债率，重新进行回归分析，结论基本一致。

综上所述，考察了影响微信、网站新闻和互动平台三种新媒体的因素，研究发现资产规模对新媒体披露有正向影响；公司业绩对微信和网站新闻有正向影响，对投资者互动有负向影响，这说明绩优公司较为专注于产品和顾客，绩差公司则更急于在资本市场发布信息以达到自己的目的；财务杠杆水平对新媒体披露有一定的负向影响；再融资对新媒体披露有正向影响；董事会规模和独立董事占比对微信和网站新闻披露有正向影响，对互动平台有负向影响；前十大股东持股比例对新媒体披露有负向影响，但不显著；国有控股股东对新媒体披露有负向影响。进一步研究发现，影响因素对新媒体接受程度高的公司解释力更好，对微信这种不成熟的新媒体的解释力较低。

6.1.5　研究结论

本节选取两个最接近新媒体行业的200家上市公司，以其在九种新媒体中披露的十几万条信息为研究对象，利用全部回归和分类回归的分析方法，发现影响传统自愿披露的因素同样影响新媒体自愿披露。规模越大的公司在新媒体上披露了更多信息，财务杠杆越低的公司在新媒体上披露了更多信息。公司业绩则对网站新闻和微信有正影响，对互动问答有负影响，说明业绩好的公司在网站新闻和微信上披露了更多信息，但业绩差的公司却在互动问答上披露了更多信息。由于网站新闻和微信更多的面对的是消费者和普通民众，而互动问答面对的则主要是投资者，因此，这反映了我国业绩优秀的公司更注重向大众宣传企业，绩差公司则更愿意影响投资者的短期行为。我们还发现国有公司新媒体接受程度低于非国有公司。传统影响自愿披露的因素对接受程度高的成熟媒体（如网站新闻和互动问答）的影响越显著。

研究结论具有以下启示：第一，影响传统自愿披露的因素也同样影响新媒体信息披露，说明信息披露的意愿新媒体披露和传统披露是相同的，监管层应防止那些在传统自愿披露上发生的问题出现在新媒体披露上；第二，绩优公司更乐于在影响消费者的信息渠道披露信息，绩差公司则更倾向于在影响投资者的渠道披露信息，监管层应加强对新媒体自愿披露的约束和规范，避免上市公司管理层利用其作为自己谋利的渠道。

6.2　公司绩效与新媒体信息披露

根据以往的研究和本章6.1节的分析可知，由于公司绩效与信息披露之间存在的关系并不确定，本节专门针对财务信息披露高的投资者互动平台进行研究。选取了深交所的"互动易"作为研究对象。早在2013年深交所借鉴微博的形式推出了"互动易"平台，2014年进一步推出了"互动易"手机App客户端，2015年9月又发布了"互动易"的公司端App。截至2015年9月，投资者提问数达到 146.1 万条，公司平均回复时间从 3 天缩短至几个小时之内。可见，"互动易"已经渐渐被上市公司和投资者所接受，成为上市公司与投资者零距离沟通和补充性自愿信息披露的重要平台与渠道。

国外许多研究都认为公司为了减少在"柠檬市场"中折价，自愿披露信息，尤其是绩优公司愿意多披露信息以区别绩差公司（Schrand and Walther，2000）。但是，我国的学者却发现，在中国监管环境较弱，信息造假成本低，投资者不够成熟的情况下，绩差公司却披露了更多信息（唐跃军等，2008）。对于公司业绩与自愿披露的关系，至今仍有争议。新的社交媒体出现以后，其可以使上市公司以更低的成本披露信息，那么是否绩优的公司更愿意在社交媒体披露更多的信息？影响公司在社交媒体上自愿披露的因素有哪些？这些问题至今研究甚少。

本节研究了深圳证券交易所推出的社交媒体——"互动易"，以创业板公司为样本，考察了他们在"互动易"上回答投资者提问情况。以回答数量多少代表其在社交媒体上自愿披露的意愿和程度，研究了公司业绩与自愿披露程度的关系，并进一步研究了投资者关注与公司业绩的关系。贡献主要有：第一，以前针对自愿披露的研究多集中在公司报告中的自愿披露内容上，笔者选择以"互动易"为对象，开创了新的视角；第二，对社交媒体的研究多集中在研究投资者之间的信息传播，本节从公司视角研究了公司主动回答投资者提问的情况，拓展了研究范围；第三，本节研究认为，在我国，绩差公司为了影响投资者行为，在社交媒体上披露了更多的信息，扩充了公司业绩与自愿信息披露关系在社交媒体渠道的研究；第四，信息披露越多的公司吸引了更多的关注量，说明通过社交媒体披露信息能够提升公司信息披露的范围，为公司进行社交媒体信息披露决策提供了依据。

6.2.1　研究假设

信息经济学理论认为，投资者和管理者之间的信息不对称导致委托—代理问题，信息披露可以减少信息不对称。但已有研究认为信息披露需要成本，公司会在成本和收益间进行权衡以决定是否发布信息（Verrecchia and Weber，2006）。社交媒体信息披露的成本低，公司会利用这种低成本方式披露信息。然而，学者们对其研究多集中在网络留言板、股吧和微博等传播的投资者交流信息，很少涉及公司披露的信息。

　　自愿披露的动机来源于管理层的利益（程新生等，2015），自愿披露与公司财务业绩之间的关系有两种不同的分析思路。一种是基于资本市场交易假说，认为绩优公司为了区别于其他公司、降低融资成本、提升市场流动性、获取更多资源，会披露更多信息以消除逆向选择，减少信息不对称（Healy and Palepu，2001）。尤其是在资本市场效率较高的情况下，绩优公司的管理者为达到自身利益最大化，会披露较多信息以提升公司股票价值（张宗新，2005）。如当公司需要发行证券融资时，为了证券卖个好价钱，会提高信息披露水平（Lang and Lundholm，1996）。股票薪酬假说则认为当公司管理者受益于股票薪酬计划时，倾向于在公司业绩好时，多披露信息，尤其是当其想要卖出公司股票时，愿意披露更多信息（Noe，1999）。基于以上分析提出假设 H6 - 9a。

　　H6 - 9a：其他条件不变时，公司业绩越好，自愿披露程度越高。

　　另一种分析思路基于控制权争夺假说理论，该理论认为绩差公司的管理层害怕被接管和替换，倾向于披露更多信息以自辩，降低被收购风险，维护企业声誉。尤其当自愿信息披露较难鉴证时（Dhaliwal and Yang，2011），业绩不佳的公司的管理层为了降低诉讼成本和被收购风险，会提前披露坏消息，并披露更多信息以防股价被低估（Skinner，1997）。专有成本假说理论则认为业绩好的公司害怕披露的专有信息被竞争者利用，因此会隐藏一些消息，自愿披露的信息较少（Berger and Hann，2007）。在我国，监管和法律较为薄弱，违规处罚成本较低，绩差公司管理者为了自身利益，提高信息披露频率，并选择性披露大量模糊甚至虚假的质量差的信息以误导投资者（程新生等，2011）。由于"互动易"是投资者聚集的平台，成本较低，业绩较差的公司会选择通过以回答问题的形式披露更多信息，引起投资者注意，达到管理层的目的。基于以上分析，提出备择假设 H6 - 9b。

　　H6 - 9b：其他条件不变时，公司业绩越差，自愿披露程度越高。

　　行为金融理论认为，由于投资者的时间和精力是有限的，他们只有有限的信息处理能力，所以倾向于关注那些能够引起其关注的股票，绩优公司在市场上有良好的业绩表现，因此会受到高度关注（Abody et al.，2010）。价值分析理论也认为业绩好的公司其股价表现较好，会吸引更多投资者，投资者也更关注具有好消息的公司（王磊和孔东民，2014）。因此，业绩好的公司越有更多投资者进行长期跟踪，并不仅是提出问题，长期投资者更关心业绩优秀的公司，而不是像短期投资者一样频繁更换公司。因此笔者提出假设 H6 - 10。

H6 - 10：其他条件不变时，公司业绩越好，投资者关注越多。

公司管理者会对投资者的反应做出反应，越多的投资者对其披露的信息关注时，他越会披露更多信息。这种激励作用在绩优公司上表现更强烈，因为绩差公司是为了吸引短期投资者注意而披露更多信息。绩优公司则有动力去选择培养稳定的投资者群体，因此，如果有更多关注时，他会披露更多信息，投资者的行为对其有激励作用。基于以上分析提出假设 H6 - 11。

H6 - 11：其他条件不变时，投资者关注多的绩优公司，自愿披露程度高。

6.2.2　样本选择与研究设计

1. 样本来源

鉴于业绩数据的完整性，笔者选取了 2014 年之前上市的创业板公司作为样本。相对于其他上市公司，创业板公司相对较小，主流媒体关注较少，更有动力在互动平台上通过问答的形式披露信息，影响投资者决策。扣除被"温氏股份"合并的"大华农"后，样本公司一共 354 家。互动问答回复数和关注量数据来自深交所"互动易"投资者平台和同花顺软件的"投资者互动"栏目。财务数据和公司治理数据来自同花顺 iFinD 和 Wind 数据库（具体数据见附录 4）。统计软件采用 SPSS21 和 Excel。

2. 变量定义

根据上述分析，参考同类研究，设置的变量如表 6-5 所示。

表 6-5　　　　　　　　变量描述

变量名称	符号	变量定义	变量名称	符号	变量定义
回复数	DIS	互动问答回复数	资产周转率	TAT	营业收入/总资产
被关注数	NOA	被关注数量	股权集中度	top10	前十大股东持股比例
公司业绩	ROA	(净利润 + 利息)/总资产	董事会规模	Bsize	董事会总人数
总资产	ASS	资产总额	股东数	Nub_S	最新股东数量
无形资产	Int_A	年报的无形资产净额	公司属性	SOE	国有为1，其余为0
流动比率	FR	流动资产/流动负债	平均涨跌幅	Up_D	观测日平均涨跌幅

　　回复数为深交所"互动易"平台上公司回复数量总和，观测期从 2014 年 4 月 1 日至 2015 年 10 月 31 日为止。被关注数为"互动易"上每个公司的关注量，取数时间为 2015 年 10 月 31 日。笔者选择总资产收益率作为公司业绩的代理变量。参考前人的研究成果（张正勇等，2014；张学勇和廖理，2010），笔者控制了其他影响自愿披露的因素。公司规模、财务杠杆和营运能力，分别选取资产总额、流动比率和总资产周转率作为代理变量。公司内部专有信息和信息不对称程度方面设置无形资产作为代理变量。还控制了公司治理因素，股权集中度和董事会规模分别用前十大股东持股比例和董事会成员人数作为代理变量。不同控制权的公司由于治理机制不同，也会产生不同的自愿披露水平，因此笔者还控制了公司所有权属性，如果是国有上市公司设为 1，否则为 0。考虑到"互动易"是回复数，股东人数多提问的可能也会相应增加，因此设置了股东人数作为控制变量。

　　另外，投资者在买入下跌的股票时，由于心理作用，更容易向公司提问，因此本章还控制了股票涨跌情况，采用观测期间还权后公司股价日平均算术涨跌幅作为代理变量。设置了行业虚拟变量，按照中国证监会发布的《上市公司行业分类指引（2012 年修订）》将 354 家公司分为四类，如表 6-6 所示，以四个虚拟变量进入回归方程。由于计算机制造业和信息服务业可能会对新的信息披露形式的接受程度更高，笔者将计算机、通信和其他电子设备制造业分为第一类，其他制造业为第二类，信息传输、软件和信息技术服务业分为第三类，其他行业归为第四类。财务指标采用 2014 年年报数据，前十大股东持股比例用 2015 年三季报数据，股东数量取数时间为 2015 年 10 月 31 日，董事会规模和公司属性来自同花顺 iFinD 数据。

表 6-6　　　　　　　　　　　　　　　行业分类

分类	代码	行业名称	数量
1	C	计算机电子设备制造业	54
2		其他制造业	150
3	I	软件和信息技术服务业	59
4	N	其他行业	91
合计			354

3. 模型设计

　　为了研究自愿信息披露和关注量与业绩的关系，根据前人研究成果和上述分析，我们建立以下三个模型：

$$
\begin{aligned}
DIS = {} & \beta_0 + \beta_1 \times ROA + \beta_2 \times NOA + \beta_3 \times ASS + \beta_4 \times FR + \beta_5 \times TAT \\
& + \beta_6 \times top10 + \beta_7 \times Bsize + \beta_8 \times SOE + \beta_9 \times Nub\_S + \beta_{10} \times Int\_A \\
& + \beta_{11} \times Up\_D + \sum Ind + \varepsilon
\end{aligned}
\tag{6.2}
$$

$$
\begin{aligned}
DIS = {} & \beta_0 + \beta_1 \times ROA + \beta_2 \times ROA \times NOA + \beta_3 \times ASS + \beta_4 \times FR \\
& + \beta_5 \times TAT + \beta_6 \times top10 + \beta_7 \times Bsize + \beta_8 \times SOE + \beta_9 \times Nub\_S \\
& + \beta_{10} \times Int\_A + \beta_{11} \times Up\_D + \sum Ind + \varepsilon
\end{aligned}
\tag{6.3}
$$

$$
\begin{aligned}
NOA = {} & \beta_0 + \beta_1 \times ROA + \beta_2 \times DIS + \beta_3 \times ASS + \beta_4 \times FR + \beta_5 \times TAT \\
& + \beta_6 \times top10 + \beta_7 \times Bsize + \beta_8 \times SOE + \beta_9 \times Nub\_S + \beta_{10} \times Int\_A \\
& + \beta_{11} \times Up\_D + \sum Ind + \varepsilon
\end{aligned}
\tag{6.4}
$$

模型（6.2）在控制了关注量指标、其他重要的财务指标、公司治理特征和其他影响因素后，考察公司业绩对自愿信息披露的影响情况。模型（6.3）在模型（6.2）的基础上引入了投资者关注与公司业绩的交叉乘积项替代关注量指标，考察投资者关注和公司业绩的共同作用对自愿披露的影响情况。模型（6.4）在控制了自愿披露程度和其他影响因素后，考察公司业绩对投资者关注量的影响情况。

6.2.3 实证分析

1. 描述性统计和相关分析

描述性统计结果如表 6-7 所示，354 家公司在 2014 年 4 月 1 日至 2015 年 10 月 31 日之间通过回复问答的形式平均自愿披露了 700 条信息，最多的达 3119 条，最少的才 139 条。2014 年总资产收益率平均值为 6.43%，总体创业板公司的业绩并不是太好，最高为 28.76%，最低为 -30.41%。公司总资产平均值为 18.62 亿元，规模最大的公司有 113.7 亿元，最小的规模只有 3.15 亿元。流动比率均值 4.39，总体短期财务结构较好，最高的达 78.41，最低较差只有 0.38，差距悬殊。总资产周转率平均值为 52.12%，最大为 629.13%，最小为 5.46%，差距较大。前十大股东持股比例均值为 59.79%，最集中的达到 84.92%，最分散的为 22.88%。董事会规模平均有近 8 人，最多的 14 人，最少的 9 人。投资者关注量平均为 157 个，最大的关注量达 1412 个，最少的只有 33 个，各公司对投资者的吸引情况差距较大。股东人数平均值为2.21万人，最多的股东数达18.64万人，最少的只有0.36万人。无形资产平均为9310万元，最大的达33.385亿元，最少的没有无形资产。观测期全部公司股价平均跌了31.37%，最大的涨幅217.01%，最低的跌了93.69%。

表6-7　　　　　　　　　　描述统计量

变量	均值	中值	标准差	全距	极小值	极大值
DIS	700.81	554.50	468.13	2980.00	139.00	3119.00
ROA	6.43	6.00	5.44	59.16	-30.41	28.76
ASS	18.62	13.93	14.98	110.55	3.15	113.70
FR	4.39	2.65	6.85	78.03	0.38	78.41
TAT	52.12	48.27	39.06	623.67	5.46	629.13
top10	59.79	60.70	11.46	62.04	22.88	84.92
Bsize	7.98	8.00	1.49	9.00	5.00	14.00
NOA	157.62	122.00	133.97	1379.00	33.00	1412.00
Nub_S	2.21	1.73	1.97	18.28	0.36	18.64
Int_A	9.31	5.02	21.98	333.85	0.00	333.85
Up_D	-31.37	-42.20	47.26	310.70	-93.69	217.01

　　笔者对各变量进行了Pearson两两相关性分析，如表6-8所示，结果发现，回复数与ROA负相关，这与假设H6-9b的预测结果一致，但结论并不显著。回复数与公司总资产和流动比率显著正相关，说明规模越大、短期财务越稳健的公司自愿披露越多，与前人的研究结论一致，规模大的公司为解决更为复杂的环境和信息不对称程度，需要披露更多信息。与总资产周转率和前十大股东持股比例显著负相关，显示营运管理水平越高，股权越集中的公司自愿披露越少，可见，股权分散的公司为解决更为复杂的治理结构，披露了更多信息。与董事会规模正相关但不显著。与投资者关注量、股东人数和无形资产总额显著正相关，说明投资者关注越多、股东越多、无形资产越大，公司自愿披露越多。与平均涨跌幅负相关，通过了5%的显著性水平，说明对于跌幅越大的公司，投资者由于担心和害怕等心理作用可能提出了更多的问题，而公司管理层可能为了让投资者对公司有信心，维持公司的股票价格，回复了更多信息。

表6-8   相关系数矩阵

变量	ROA	ASS	FR	TAT	top10	Bsize	NOA	Nub_S	Int_A	Up_D
DIS	-0.022	0.264***	0.192***	-0.118**	-0.324***	0.075	0.565***	0.303***	0.161***	-0.120**
ROA		0.166***	-0.122**	0.159***	0.108**	0.132**	0.282***	0.089*	0.006	-0.276***
ASS			-0.162***	0.009	-0.111**	0.165**	0.477***	0.461***	0.569***	-0.285***
FR				-0.201***	0.018	-0.093*	0.057	-0.077	-0.083	-0.014
TAT					-0.005	0.040	0.013	-0.037	0.015	-0.039
top10						-0.059	-0.219***	-0.291***	-0.091*	0.045
Bsize							0.073	0.075	0.009	-0.075
NOA								0.518***	0.456***	-0.255***
Nub_S									0.340***	-0.292***
Int_A										-0.120**

注：***、**和*分别表示在0.01、0.05和0.1水平（双侧）上显著相关。

关注量指标与总资产显著正相关，显示公司规模越大，关注人数越多。与前十大股东持股比例显著负相关，说明股权越集中，关注量越少。与股东人数和无形资产总额显著正相关，显示股东人数越多，无形资产越大，关注者越多。与观测期平均涨跌幅显著负相关，说明跌幅越大的公司，关注量越多。与其他变量相关性的显著性不高。

2. 回归结果分析

在控制了其他变量的影响后，回归情况如表6-9所示。由模型（6.2）可知，采用 ROA 作为业绩评价的代表时，在控制了关注量、公司总资产、流动比率、总资产周转率、前十大股东持股比例、董事会规模、公司属性、股东人数、无形资产、观测期平均涨跌幅和行业后，ROA 与互动平台回复数负相关，且通过了1%的显著性检验，说明在低成本的信息披露渠道上，绩差公司披露了更多信息，验证了假说 H6-9b。

表6-9   回归系数

变量	模型1		模型2		模型3	
intercept	817.991***	(4.962)	1001.284***	(5.505)	-43.084	(-1.079)
ROA	-15.941***	(-3.986)	-24.579***	(-4.355)	6.729***	(7.592)
NOA	2.200***	(11.057)				
ROA*NOA			0.101***	(6.088)		
DIS					0.121***	(11.057)

续表

变量	模型 1		模型 2		模型 3	
ASS	4. 019 **	(2. 260)	4. 951 **	(2. 502)	0. 572	(1. 366)
FR	8. 755 ***	(2. 959)	14. 673 ***	(4. 577)	1. 320 *	(1. 890)
TAT	1. 735324		− 0. 888	(− 1. 583)	0. 171	(1. 435)
*top*10	− 7. 877 ***	(− 4. 459)	− 9. 532 ***	(− 4. 898)	− 0. 013	(− 0. 030)
Bsize	14. 027	(1. 053)	13. 467	(0. 912)	− 3. 108	(− 0. 995)
SOE	− 266. 071 **	(− 2. 237)	− 148. 209	(− 1. 128)	124. 952 ***	(4. 589)
Nub_S	− 14. 329	(− 1. 125)	13. 807	(1. 011)	16. 858 ***	(5. 925)
Int_A	− 3. 988 ***	(− 3. 575)	− 0. 239	(− 0. 203)	1. 686 ***	(6. 746)
Up_D	0. 025	(0. 058)	0. 017	(0. 035)	0. 003	(0. 027)
R^2	0. 451		0. 326		0. 632	
F	18. 485 ***		10. 892 ***		38. 672 ***	
行业	控制					
观测值	354					

注：括号内为 *t* 值，*** 、** 和 * 分别表示在 0.01、0.05 和 0.1 水平（双侧）上显著。

另外从其他变量来看，回复数与关注量正相关，通过了 1% 的显著性检验，说明越多投资者关注的公司披露了越多的信息。总资产与回复数正相关，通过了 5% 的显著性检验，说明资产越多的公司披露了越多信息。流动比率的系数为正，且通过了 1% 的显著性水平，说明流动比率越高的公司披露了越多的信息。总资产周转率的系数为负，通过了 10% 的显著性水平，说明周转率越低的公司披露了越多的信息。前十大股东持股比例系数为负，且通过了 1% 的显著性水平，说明股权越集中，信息披露越少，这与前人研究的结论并不一致，可见，在我国分散的持股结构更有利于自愿信息披露。公司属性系数为负，且通过了 5% 的显著性水平，说明国有公司披露的信息较少。无形资产的系数为负，且通过了 1% 的显著性水平，基于专有成本假说，无形资产一般为公司不可了解资产，其可代表专有成本和信息不对称程度，说明公司的专有成本和信息不对称程度越高，公司自愿披露信息越少。另外，董事会规模、股东人数和平均涨跌幅都没有通过显著性检验。

在模型（6.3）中，*ROA* 的系数依然显著为负，与上面的结论一致，说明总体上业绩差的公司披露了更多信息。我们设置的公司业绩与关注量的交叉乘积项系数为 0.101，与被解释变量自愿披露数量显著正相关，说明在控制了其他变量的影响因素后，投资者关注程度会正向影响公司业绩对信息披露的影响。即业绩越好的公司在关注度越高的情况下自愿披露了更多的信息。

根据模型（6.4）的回归结果，我们发现在控制了上述因素和回复数后，公司互动平台的关注量与公司业绩正相关，且通过了 1% 的显著性水平，说明公司业绩好会吸引投资者关注。回复数的系数为正，通过了 1% 的显著性水平，说明公司回复越多越被投资者关注的就越多，公司在互动平台上的付出得到了投资者关注作为回报。流动比率系数为正且通过了 10% 的显著性检验，说明短期流动性好的企业受投资者关注。公司属性变量系数为正且通过了 1% 的显著性检验，说明国有企业受投资者关注较多。股东人数的系数显著为正，说明股东人数越多关注量越多。无形资产系数为正，且通过了 1% 的显著性检验，无形资产越多的公司越受到投资者关注。

3. 稳健性检验

为了检验结论的稳健性，笔者采用 *ROE* 和最近三年净利润平均复合增长率代替 *ROA* 进行回归检验，实证结果一致支持了本章的结果。限于篇幅，该检验未付文中。另外，所有变量的 *VIF* 值都低于 2.5，说明其不存在明显多重共线性。

6.2.4 研究结论

本节以创业板上市公司为样本，利用深交所"互动易"平台这一社交媒体为公司自愿披露的代理变量，研究了社交媒体的自愿披露与公司业绩和投资者关注的关系。主要结论如下：第一，在控制了关注量等其他影响因素后，公司业绩与社交媒体自愿披露存在显著负相关关系，即业绩越差的公司在社交媒体上披露了越多信息；第二，在控制社交媒体自愿披露等其他因素后，投资者关注与公司业绩正相关，即业绩越好的公司受到的关注越多；第三，在控制了公司业绩等其他因素后，投资者关注量大、业绩好的公司，披露了越多的信息。本章的结论说明在社交媒体这一低成本的披露方式上，绩差公司披露了更多的信息，但绩优公司受到了更多关注，说明投资者在社交媒体上对信息的获取是较为理性的。绩优公司在关注度的驱使下，也愿意披露更多信息，并且在相同信息披露水平上，其引起的投资者关注更多，即其披露的效率更高。

6.3　内部控制与新媒体信息披露

内部控制的目标之一是确保信息披露质量。良好的内部控制能提高会计信息可靠性、公允性和及时性，减少财务舞弊和财务重述，增强公司信息透明度（孙光国和杨金凤，2013）。过去十多年，信息和移动互联技术高速发展，产生了丰富的新媒体应用，颠覆了传统信息传播方式，使资本市场信息披露发生了巨大变化。公司运用新媒体披露信息、与投资者沟通，节约了信息成本，减少了信息不对称。"互动易"是深交所推出的新媒体，使公司可以通过手机与投资者便利沟通，披露信息和对信息进行解读。它提升了信息披露及时性和覆盖面，但不是我国信息披露指定媒体，本质上是一种自愿披露。内部控制能增加管理层自愿披露盈余预测等信息（叶颖玫，2016），但能否提升新媒体披露水平和与投资者沟通的意愿，促进公司信息透明度？这是一个基础理论问题，更是一个实践问题。本节从投资者保护角度出发，检验了内部控制质量对新媒体自愿披露的影响，丰富了内部控制与自愿披露关系的理论研究，为监管部门制定新媒体环境下的内部控制制度提供经验证据。

6.3.1　理论分析与研究假设

1. 内部控制质量对新媒体披露的影响

建立高质量的内部控制需耗费大量资源，是企业各方面有效运行，稳定持续发展的可靠保证和核心竞争力之一。根据"信号传递理论"，资本市场资源有限，高质量内部控制企业为了与其他企业相区别，争夺稀缺资源，有动力向市场传递自己是优质企业的信号，减少投资者误判。同时，内部控制五要素中的信息与沟通也要求企业增强对外沟通，加强外部监督。新媒体是低成本、便利和快捷的公司与外界交流的渠道。高质量内部控制能提高盈余质量，抑制盈余管理行为，提升财务和非财务信息的真实性与完整性（董望和陈汉文，2011）。因此，高质量内部控制企业不惧怕在"互动易"与投资者沟通，回答细节问题，并在沟通过程中不断披露非重大信息和对信息进行解释，增强企业信息透明度。内部控制质量低的企业，由于内部控制体系不健全，害怕回答越多越容易出纰漏。同时，缺乏有效与外界沟通的内部控制机制，不能也不愿意披露更多信息。由此，我们提出假设1。

H1：内部控制质量好的公司通过新媒体披露了更多信息。

2. 内部控制信息披露对新媒体信息披露的影响

内部控制信息披露质量反映了公司在年报、内部控制评价报告、内部控制审计报告中披露内控信息的规范程度。质量越好说明公司的内控信息披露水平越高，披露制度越健全。内部控制信息披露需要花费成本和精力，质量高的公司花费更多，效率更高，效果更好。公司治理和财务业绩情况等也会显著影响内部控制信息披露，公司治理和财务状况好的企业内部控制信息披露水平越高（张建儒和侯雪晨，2015）。这些因素同样会影响公司新媒体披露，高内部控制信息披露企业由于已经建立的制度、花费的成本和精力等因素更愿意在"互动易"回答投资者提问，披露信息，提升企业信息透明度。低内部控制信息披露企业则由于没有花费成本建立信息披露机制，公司的各项因素也没能保证信息披露的完善性，公司没有动力通过新媒体披露信息与投资者交流。由此，我们提出假设2。

H2：内部控制信息披露质量好的公司新媒体披露了更多信息。

6.3.2 样本选择与研究设计

1. 样本选取和数据来源

新媒体披露数据来自深圳证券交易所"互动易"平台，在这一平台上，公司可以选择性地回答投资者提问。我们选取 2015 年 1 月 1 日至 12 月 31 日之间，公司回答投资者的提问数。由于有些回答只是简单的"谢谢您的建议"等，没有实质性内容，我们给予扣除。以 2012 年之前在深圳证券交易所上市的所有公司为样本，去除金融企业和财务数据缺失个股，总共得到1439 家样本公司。公司内部控制数据来自迪博（DIB）内部控制与风险管理数据库，公司财务和公司治理等数据来自万德数据库、同花顺 iFinD 和对公司年报的手工整理。

2. 研究设计

根据理论分析和研究假设，我们建立以下模型：

$$Int\_C = \beta_0 + \beta_1 \times IC\_x + \beta_2 \times Ass\_ln + \beta_3 \times ROE + \beta_4 \times TDR$$
$$+ \beta_5 \times IDR + \beta_6 \times Hstake\_10 + \beta_7 \times Inst + \beta_8 \times Cproerty + \varepsilon$$

$$(6.5)$$

$$Int\_C = \beta_0 + \beta_1 \times ICID\_x + \beta_2 \times Ass\_ln + \beta_3 \times ROE + \beta_4 \times TDR$$
$$+ \beta_5 \times IDR + \beta_6 \times Hstake\_10 + \beta_7 \times Inst + \beta_8 \times Cproerty + \varepsilon$$

$$(6.6)$$

模型（6.5）和模型（6.6）分别用于检验假设1和假设2，变量描述如表 6 - 10 所示。新媒体披露为被解释变量，选用公司"互动易"回答数量。解释变量为内部控制指数和内部控制信息披露指数，分别代表公司内部控制质量和内部控制信息披露质量。借鉴已有研究（万鹏和曲晓辉，2012），设置控制变量公司规模、业绩、财务杠杆、公司治理情况、股权结构和所有权性质等。面板数据用 2015 年年报的财务和公司治理数据。为减少异方差，总资产采用对数形式。

表 6 - 10　　　　　　　　　　变量描述

变量名称	变量符号	变量定义
新媒体披露	Int_C	"互动易"回答问题数量
内部控制情况	IC_x	内部控制指数
内控披露情况	$ICID\_x$	内控披露指数
总资产	Ass_ln	总资产的对数
公司业绩	ROE	扣非后的净资产收益率
财务杠杆	TDR	总负责/总资产
独董占比	IDR	独立董事在董事会中占比
十大股东持股比例	HST_10	前十大股东持股占比
机构持股比例	$Inst$	机构持股占公司总股数的比例
公司属性变量	CPR	公司是国有性质则为1，否则为0

6.3.3　实证结果与分析

1. 描述性统计与相关性检验

我们总共统计了 1439 家公司，256640 条互动内容，描述性统计如表 6 - 11 所示。2015 年全年，公司与投资者互动的平均值为 215.5 条，最大值为 3555 条，最小值为 0，说明公司新媒体披露意愿差距较大。公司内部控制指数最大为 859.8 分，最小为 202.4 分。内部控制信息披露指数最大为 44.04 分，最小为 11.28 分。样本公司的总资产最大值为 6112 亿元，最小值只有 870 万元，差异巨大。ROE 的最大值为 99.27%，最小值为 -122.27%。资产负债率最大值为 95.97%，最小值为 1.97%。独立董事占比最大为 75%，最小为

25%。前十大股东持股占比最大为97.1%，最小为15.95%。机构投资者持股占比最大为91.97%，最小仅0.03%。国有企业占比25%。从描述性统计结果可见，样本公司在互动数量、资产规模和*ROE*等都差距较大。

表6-11　　　　　　　　　　　　描述性统计

变量符号	平均值	中位数	标准差	范围	最小值	最大值
Int_C	215.52	162	229.48	3555	0.00	3555
IC_x	642.48	650.91	69.76	657.37	202.43	859.80
ICID_x	31.93	32.54	5.02	32.76	11.28	44.04
Ass(百万元)	7611.54	3082.22	22212.57	611286.86	8.70	611295.56
ROE	6.44	6.48	12.76	221.54	-122.27	99.27
TDR	39.90	38.08	19.93	94.00	1.97	95.97
IDR	0.38	0.33	0.06	0.50	0.25	0.75
HST_10	56.50	57.17	14.40	81.15	15.95	97.10
Inst	37.94	38.14	22.42	91.94	0.03	91.97
CPR	0.25	0.00	0.43	1.00	0.00	1.00

　　为了避免各变量之间的多重共线性并为研究假设提供更为可靠的支持，我们做了变量的 Person 相关性检验。各变量的相关系数如表6-12所示。*Int_C* 与 *IC_x*、*ICID_x* 在1%显著性水平上正相关，初步验证了本章的假设 H1 和 H2。*Int_C* 与其他控制变量 *Ass_ln* 和 *ROE* 显著正相关，与 *HST_10*、*Inst* 和 *CPR* 显著负相关。*IC_x* 与 *ICID_x*、*Ass_ln* 和 *ROE* 显著正相关，与 *TDR* 和 *CPR* 显著负相关。*ICID_x* 与 *Ass_ln*、*ROE* 和 *Inst* 显著正相关。另外，各变量的相关系数基本都小于0.5，说明不存在严重的多重共线性。

表6-12　　　　　　　　　　　　变量相关性

变量符号	*IC_x*	*ICID_x*	*Ass_ln*	*ROE*	*TDR*	*IDR*	*HST_10*	*Inst*	*CPR*
Int_C	0.260**	0.069**	0.121**	0.103**	-0.046	0.037	-0.157**	-0.087**	-0.067*
IC_x		0.216**	0.084**	0.232**	-0.072**	0.036	0.007	0.008	-0.066*
ICID_x			0.109**	0.076**	-0.022	0.024	0.039	0.084**	0.02
Ass_ln				0.124**	0.498**	0.011	0.141**	0.286**	0.293**
ROE					-0.149**	-0.004	0.186**	0.066*	-0.105**
TDR						0.033	-0.054*	0.175**	0.257**
IDR							0.023	-0.024	-0.01
HST_10								0.392**	-0.059*
Inst									0.306**

注：**、*分别表示在1%、5%的水平上显著。

2. 回归分析

回归的结果如表 6–13 所示，内部控制指数的回归系数为 0.486，通过了 1% 的显著性检验，说明内部控制水平对新媒体披露起到积极作用，内部控制质量高的公司更愿意在"互动易"上披露信息、回答投资者的提问，假设 1 得到验证。内部控制信息披露指数的回归系数为正，且通过了 10% 的显著性检验，说明内部控制信息披露质量高的公司在"互动易"上回答了更多的问题，假设 2 得到验证。为了进一步考察内部控制信息披露指数中五要素披露对新媒体披露的影响，我们还分别对内部环境、风险评估、控制活动、信息与沟通和内部监督这内部控制五要素的信息披露指数进行回归，发现只有内部环境（IC_e）的分数对新媒体披露有显著正向影响，其他四要素的回归系数均不显著。以上回归结果说明内部控制和内部控制信息披露质量高的公司更愿意参与投资者互联网沟通，在上面披露了更多信息。内部控制五要素中内部环境信息披露质量高的公司更多地参与了投资者互联网沟通。

表 6–13　　　　　　　　　　　　　　回归系数

自变量	因变量		
	Int_C		
intercept	−264.35 ***	−215.79 ***	−215.12 ***
IC_x	0.486 ***		
$ICID\_x$		1.748 *	
IC_e			9.917 ***
Ass_ln	38.355 ***	42.272 ***	43.041 ***
ROE	0.566 *	1.215 ***	1.243 ***
TDR	−1.127 ***	−1.291 ***	−1.281 ***
IDR	110.057	134.765 *	136.660
$Hstake\_10$	−2.619 ***	−2.805 ***	−2.797 ***
Inst	−0.240	−0.225	−0.271
CPR	−37.545 ***	−43.873 ***	−47.010 ***
调整 R^2	0.128	0.085	0.088
n	1439		

注：*** 、** 、* 分别表示在 1% 、5% 、10% 的水平上显著。

从其他控制变量看，公司规模对互动问答的影响显著为正，说明大公司在"互动易"上回答了更多的问题。净资产收益率的回归系数显著为正，说明业绩好的公司在"互动易"上回答了更多问题。资产负债率的回归系数显著为负，说明财务杠杆低的公司在"互动易"上回答了更多问题。独立董事占比的回归系数并不显著，说明独立董事"互动易"上的回答问题影响不显著。前十大股东持股比例显著为负，说明股权集中度高的企业不愿意参与互联网投资者沟通。机构投资者占比的回归系数不显著，说明机构投资者对互联网投资者沟通影响不明显。指示变量是否国有的系数显著为负，说明国有企业更不愿意参与互联网投资者沟通。

6.3.4 结论与启示

本节以深交所"互动易"上回答问题的情况来代表公司新媒体披露水平，研究了内部控制和披露质量对公司新媒体自愿披露行为的影响。研究发现，内部控制和披露质量高的公司更愿意通过新媒体披露信息、与投资者沟通，说明内部控制和内控信息披露管理能有效促进公司新媒体自愿披露，加强与投资者交流，增强企业信息透明度，对提升投资者保护和资本市场效率有积极作用。另外，企业内部控制环境建设也对新媒体自愿披露有正向影响。

从以上结论得到以下启示：（1）加强公司内部控制制度建设，提升运营效率，有利于促进自愿披露行为，增强公司透明度，保护投资者，提高资本市场效率；（2）提升内部控制信息披露水平，建立有效的内控环境，有助于帮助企业形成良好的信息披露氛围，促进新媒体自愿披露；（3）将内部控制建设延伸至新媒体披露和投资者交流，发挥新媒体内部控制监督和提升企业信息透明度的作用。

6.4 本章小结

本章研究了新媒体信息披露的影响因素，通过对公司网站新闻、微信和互动问答三种新媒体的影响因素的研究发现，影响传统自愿披露的因素同样影响新媒体自愿披露。公司规模对新媒体信息披露有正影响；财务杠杆水平对其有不显著的负影响；公司业绩则对网站新闻和微信有正影响，对互动问答有负影响。我们还发现，国有公司新媒体接受程度低于非国有公司。影响自愿披露的传统因素（财务和公司治理因素）对接受程度高的成熟媒体（如网站新闻和互动问答）的影响更显著。

本章还将深交所"互动易"平台（上市公司主要用来披露财务信息）作为公司新媒体自愿披露的代理变量，专门研究了新媒体的自愿披露与公司业绩和投资者关注的关系。研究发现，在控制了关注量等其他影响因素后，公司业绩与新媒体自愿披露存在显著负相关关系，即业绩越差的公司在社交媒体上披露了越多信息；在控制新媒体自愿披露等其他因素后，投资者关注与公司业绩正相关，即业绩越好的公司受到的关注越多；在控制了公司业绩等其他因素后，投资者关注量大、业绩好的公司披露了越多的信息。结论说明在新媒体这一低成本的披露方式上，绩差公司披露了更多的信息，但绩优公司受到了更多关注，说明投资者在新媒体上对信息的获取是较为理性的。绩优公司在关注度的驱使下，也愿意披露更多信息，并且在相同信息披露水平上，其引起的投资者关注更多，即其披露的效率更高。

本章还以深交所"互动易"为对象，考察了内部控制对公司新媒体披露的影响。研究发现，内部控制和内控信息披露对新媒体自愿披露有显著正影响，说明较好的内部控制能促进公司新媒体自愿披露和互联网沟通。

本章的结论拓展了自愿信息披露在新媒体上的研究，发现业绩越差的公司在低成本的新媒体上披露了更多信息，可能会为了自身利益，通过多披露信息达到自己的目的，提示监管部门对社交媒体要加强监管，不能让其沦为绩差公司操纵股价的帮凶。我们的研究还发现，业绩好的公司被关注的更多，并且其披露信息的效率更高，由于短期投资者一般只提问，关注公司的多为长期跟踪公司的投资者，说明长期投资者对绩优公司的关注较多。这一结论显示，绩优上市公司应该更多地使用新媒体披露信息，以使自己的信息被更广泛的投资者更快地获得；监管部门也应进一步鼓励上市公司在新媒体上披露信息，提高信息披露水平，减少投资者间的信息不对称。

第 7 章

新媒体信息披露的市场反应研究

上市公司经营权和所有权分离产生信息不对称，进而导致委托代理问题，解决这一问题的关键是提高信息披露效率和完善信息披露制度。信息披露能减少管理者和投资者之间的信息不对称，影响证券市场交易（Beyer et al.，2010）。但如果公司披露的信息不能被广泛传播，投资者之间还是会存在信息不对称，这有碍于解决委托代理问题。公司披露的信息被越多的投资者获得，信息不对称会越少。在我国，公司按监管规定在指定媒体披露信息，然后被其他媒体转载，进而被投资者知悉。媒体更关注读者较多的知名大公司（Miller，2006），小公司的信息很难被投资者知晓，他们一直在寻求更广泛披露信息的渠道。

随着数字技术的不断发展，互联网降低了社会信息成本，减少了交易双方的信息不对称（曹廷贵等，2015）。大量涌现的微信和微博等新媒体使人们能摆脱传统媒体束缚，快捷、高效地传播信息。2016 年美国总统特朗普的当选就是新媒体对传统媒体的胜利。新媒体颠覆了传统的信息传播方式，也丰富了公司信息披露渠道。美国上市公司对推特等新媒体的接受程度高达70%（Zhang，2015）。但投资者关注度是有限的，只能关注几个有限的资源渠道（Hirshleifer and Teoh，2003）。公司利用新媒体主动"推送"信息，提高信息发布频率、及时性和覆盖范围，吸引投资者关注，节约了投资者的搜寻时间、精力和金钱等成本，减少了信息不对称（Blankespoor，2014）。少数学者以微博为对象进行了研究，认为新媒体披露有信息作用，可降低股价同步性（胡军等，2016），但对新媒体披露已公告信息能否减少信息不对称，提升市场流动性的研究很少。

本章研究了公司运用微信披露信息对市场流动性的影响。我们选择科技行业的公司作为样本，因为他们的行业性质决定他们会更早、更容易接受新的披露方式。我们设置了指示变量代表公司是否在微信披露了相关信息，以已披露公告的微信点击量代表微信披露强度，运用换手率、成交金额和波动量等指标作为流动性的代理变量。在控制了其他因素后，回归分析发现，微信披露正向影响代表市场流动性的变量。我们还对样本公司按大小分组，进行回归和差异分析，发现小公司微信披露已公告信息对市场流动性的影响更大。研究说明公司通过微信披露已公告信息能减少投资者间的信息不对称，提高证券市场流动性。而且，小公司的效果更明显。

本章的主要贡献，一是前人的研究主要在信息披露的内容和质量等对市场流动性的影响，少有内容涉及拓宽信息披露渠道对流动性的影响，我们的研究认为拓宽信息披露渠道可以减少信息不对称，增强市场流动性，拓展了上市公司信息披露对市场流动性影响的研究；二是我们运用点击率作为投资者关注的指标来反映信息披露的接受程度，这种点击率直接影响到市场流动性，证明了投资者感知对减少信息不对称和提升市场流动性具有作用，丰富了投资者关注的市场影响的研究；三是证监会一直鼓励公司运用新媒体披露和传播信息，增强透明度，本章提供的经验证据证明了公司运行新媒体披露信息确实能增强市场流动性，减少信息不对称，为监管部门制定新媒体披露制度和公司制定信息披露战略提供参考。

7.1　文献回顾与研究假设

7.1.1　文献回顾

1. 信息披露的市场影响

减少交易成本、降低信息不对称能对市场产生影响，增强市场流动性（Pagano and Roell，1996）。学者们通常从信息披露内容来研究市场影响，认为盈余信息变动、披露贷款信息和定期报告披露差异等等会影响公司股票价格（Ball and Brown，1968；陈超和甘露润，2013；程新生等，2015）。另一些研究则认为信息披露质量好的公司市场流动性强，股价泡沫低（徐寿福和徐龙炳，2015）。还有学者研究了内控披露质量的市场反应，认为公司自愿披露高质量的内部控制报告，能显著降低盈余管理程度，减少信息不对称，提高股票累计超额收益（余海宗等，2013）。这些研究多数都认为投资者获得公司信息的数量和质量与市场流动性相关，公司高质量披露有价值的信息能减少管理者和投资者间的信息不对称，增强公司透明度，对公司的股票价格、成交量和收益率等流动性指标产生影响，增强股票的市场流动性。这些结论对我们的研究提供了实证支持，但从扩大信息披露范围对信息不对称和市场流动性影响的研究较少。

2. 新媒体信息传播

网络新闻报道能对公司股票价格产生影响，降低股价同步性（黄俊和郭照蕊，2014）。上市公司通过媒体管理行为可以提高资本市场的定价效率（汪昌云等，2015）。社交媒体被广泛应用后，学者们研究了微博等社交媒体评论对股价的预测等（Chen et al.，2014）。这些文献主要研究了在新媒体中投资和评论者所产生的信息，对公司自身利用新媒体披露信息的研究甚少。少部分学者研究了公司新媒体信息披露，他们发现公司开通微博对市场有一定作用（徐巍和陈冬华，2016）。学者们对新媒体的研究主要集中在投资者所产生的信息，对公司披露信息的研究仅涉及了公司网站和微博，以微信公众平台这一使用量最大的社交媒体为对象的文献至今没有看到。

综上所述，现有文献认为信息披露质量与数量的提高和交易成本的降低能减少资本市场信息不对称，增强公司股票流动性。新媒体降低了公司和投资者的信息成本，具有信息含量，能提升分析师预测水平，降低股价同步性。随着越来越多的公司使用微信"推送"已公告信息来扩大披露范围，这种行为对信息不对称和股票流动性的影响值得进一步研究。对我国而言，新媒体披露还不是官方指定披露渠道，公司新媒体披露才刚起步，研究新媒体披露的市场影响对我国新媒体环境下披露政策的制定和提高资本市场效率具有重要意义。

7.1.2 研究假设

1. 微信披露对流动性的影响

委托代理理论认为公司管理者与股东拥有的信息不对称，管理者会利用信息优势"占投资者的便宜"，这种状态持续下去，导致投资者对管理者不信任，证券市场效率降低，形成"柠檬市场"。信息披露是解决委托代理问题的重要方式。公司管理者主动披露信息，减少投资者中不知情交易者的数量和投资者信息成本，降低信息不对称程度和逆向选择风险，能吸引更多投资者关注并参与交易，提升公司股票的市场流动性。而且，信息披露质量和水平越高，分析师和投资者对公司未来预测的准确性就越好，信息不对称程度越低，股票流动性越好（谢志华和崔学刚，2005；Porta et al.，1999）。这些研究假设投资者能同时获得信息，并采取行动（Merton，1987）。但每个公司信息披露渠道、受媒体的关注度和信息覆盖面不同。投资时间和精力等成本有限，获取信息的时间和数量存在差异，信息披露不对称和不均衡（陈晓和陈淑燕，2001）。信息披露的市场效率不相同，披露范围广的公司，信息不对称现象更低，股票市场流动性更好，较广泛的媒体覆盖能提高证券市场效率（Blankespoor，2014）。公司及时披露与价值相关的信息并被外部投资者获得，能减少信息不对称，限制内部人通过私人信息获取收益（Frankel and Li，2002）。因此，公司运用微信"推送式"披露信息，让更多投资者及时获得信息，提高信息披露覆盖面和及时性，有助于修正投资者预期，减少信息不对称、逆向选择和代理成本，提升公司股票市场流动性。因此，提出假设 H7 - 1。

H7 - 1：公司通过微信披露已公告信息能减少信息不对称，提高股票的市场流动性。

2. 不同规模公司微信披露的市场影响

信息收集成本制约投资者所能获得的信息，成本越高，获得的信息越少（Hirshleifer and Teoh，2003）。公司通常通过媒体传播信息和媒体管理行为减少投资者的信息成本，提高资本市场定价效率（汪昌云等，2015）。媒体通常较为关注知名的大公司，因为大公司用户、投资者和员工多，信息需求和读者就多（Miller，2006）。投资者由于关注度有限，总是选择信息容易获得的公司（Ettredge et al.，2003）。有研究发现，当媒体报道少时，公司透明度对流动性的影响更大（Lang et al.，2012）。所以，大公司被媒体关注较多，公司微信披露能带来的信息覆盖增量较小，引起的市场流动性变化也较小。小公司由于各方面体量也较小，不被主流媒体关注，公司微信披露带来的信息覆盖增量较大，引起的市场流动性变化也较大。据此，我们提出假设 H7 - 2。

H7 - 2：小公司微信披露已公告信息对流动性的影响大于大公司的微信披露。

7.2 研究设计

7.2.1 样本选择与数据来源

微信是腾讯公司推出的智能终端即时通信软件，微信公众平台是主要面向媒体、企业等机构的自媒体服务方式，可以每天向接受者主动"推送"信息。根据第 43 次《中国互联网络发展状况统计报告》数据，截至 2018 年底，中国 98.6% 的网民使用手机上网，95.5% 的网民最常使用的 App 是手机即时通信，与其他媒体形式相比，新媒体是企业最受欢迎的营销推广渠道，其中微信使用率最高，占比 83.4%，微博的使用率只有 42.3%。腾讯公司 2016 年半年报显示，微信已经覆盖中国 90% 以上的智能手机，微信和 WeChat 的合并月活跃账户数达到 10.58 亿，微信公众账号总数已超过 1000 万个，公司新媒体披露已经由微博转入微信公众平台，目前对上市公司微信披露的研究还没有看到。因此，我们选择微信作为研究新媒体披露的平台。

我们选择了可能对信息技术接受水平较高的两个行业，即制造业中的计算机应用和制造业（C-39），以及信息传输、软件和信息服务业中的软件和信息服务业（I-65）。扣除 2015 年之后上市的公司，共 360 家公司，其中 C-39 行业 224 家，I-65 行业 136 家。通过在官方网站搜集公司微信公众号，微信公众号有三种类型：订阅号、服务号和企业号。订阅号允许公司每天发送一条可以包含多条新闻的信息；服务号每月只能发送四条信息，主要用于服务客户；企业号则是公司内部员工管理使用。因此，我们选择适用于传播信息的微信订阅号。

我们发现，有活跃微信订阅号的公司有 102 家，其中 C-39 行业 73 家，I-65 行业 29 家。对这 102 家公司微信发布的信息人工浏览，比对其在交易所网站披露的全部公告，发现披露了交易所已公告信息的公司有 20 家，其中 C-39 行业 6 家，I-65 行业 14 家。选择这 20 家公司 2014 年和 2015 年公告的全部信息作为研究样本，这些公司在这两年共发出公告 836 条。这些公告中有通过微信发布的 260 条。微信披露的时间大多晚于公告，少数公司早于公告一天，但也在当天股市收市之后。如用友网络微信发布季报和签订战略合作的公告都早于交易所公告，但都在当天下午 3 点股市收市之后。可见，有些公司急于利用新媒体披露信息。样本选择过程如表7 – 1 所示。

表 7 – 1　　　　　　　　　　　　　样本选择

项目	C – 39	I – 65	合计
公司总数（家）	224	136	360
有活跃微信（家）	73	29	102
微信有披露公告（家）	6	14	20
披露信息条数（家）	211	625	836
微信披露条数（家）	79	181	260

总体来看，我们选择了 2 个行业的 360 家公司进行考察，发现有活跃微信的 102 家，其中微信有发布公司已披露信息的 20 家，其他公司微信账号主要用于营销。披露信息的 20 家公司 2014 年和 2015 年全年在证监会指定媒体上共披露 836 条信息，其中有 260 条信息同时在微信公众号上发布。我们选择这 836 条信息作为研究对象。

本章财务数据和股票交易数据来自万德数据库、同花顺 iFinD 和年报的手工整理，上市公司公告信息来自交易所网站，微信披露的信息通过人工收集和统计。为了控制其他媒体发布对流动性的影响，我们选择了媒体指数作为控制变量，媒体指数取自百度指数的媒体指数。研究事件期是两天，如果信息披露的时间在当天收市之前，则从当天交易数据开始计算事件期，如在收市之后则从下一个交易日开始计算事件期。另外，由于涨跌停板成交量没有真实反映情况，所以，我们剔除了涨跌停板事件期样本。

7.2.2　变量定义与解释

为了考察新媒体披露对股票流动性的影响，我们选择微信订阅号作为新媒体披露的代理变量，为了区分公司在交易所披露公告的同时是否也在微信平台披露了信息，我们设置了指示变量 $YorN$，如果公司在交易所披露公告的同一天也在微信公众号上披露了该信息或信息的链接，则其值为 1，否则为 0。另外我们还统计了在微信平台上披露该信息或链接在事件期的点击数，设置投资者关注的代理变量 $Clicks$。

股票流动性主要包括三个方面、四个度量方式：交易时间、交易成本和交易数量；深度、宽度、即时性和弹性（梁东擎，2008）。交易时间是股票交易的速度，如果股票可以很快成交则速度快。交易成本是指买卖价差，也称市场宽度，如果买卖价差小，则认为市场宽度大，流动性好。虽然买卖价差是在做市商制度下衡量流动性较好的指标，但我国股票交易是订单驱动交易机制，在订单驱动机制下，买卖价差能否成为流动性的度量存在争议。交易数量是指在市场上可以按合理价格买卖股票的数量，通常采用市场深度来衡量，即在目前价格上可交易股票的数量。买卖订单越多则说明市场越有深度，这一指标可以用来衡量股票价格的稳定程度，深度大的市场可以容纳较大的成交量，而对价格冲击较小。弹性是指价格在经过一定数量的交易偏离均衡水平后恢复到均衡价格的速度，当市场在短期订单的交易下偏离均衡水平后，如果很快有大量订单涌入使市场回到均衡水平，则说明市场具有弹性。

以上分析可知，股票流动性主要考虑时间和价格因素，我们用换手率和成交金额代表时间属性，用市场价差（最高价和最低价之差）代表价格属性。市场能容纳越多交易，市场宽度越大，我们设置了两个市场宽度指标：换手率（*Turnover*）和成交额（*Volume*）。换手率是股票成交量占公司流通股票数量的比重，它的增加代表交易时间的缩短、交易成本的下降和交易数量的上升，能较为综合反映市场深度、宽度、即时性和弹性。成交额指股票事件期的成交金额，成交额的变化能够较好反映市场宽度变化，成交额越大，股票越容易成交，订单驱动市场的买卖价差越小。股票流动性还表现在市场深度，当有较大成交量时，市场波动幅度不大，说明市场深度好（Kavajecz，2010），为此，我们定义了波动率（*Wave*）指标[①]，设置了波动率与换手率的乘积指标波动量（*Wave_Q*），能综合反映股票价格波动幅度与交易量的变化。

为了剔除其他因素对市场流动性的影响，我们设置了控制变量。媒体报道会对上市公司产生影响（权小锋等，2015），我们运用百度指数中的媒体指数作为披露事件期媒体报道量的代理变量（*Press*），用来控制其他媒体披露对流动性的影响。百度指数的搜索关键词用上市公司证券简称。公司股票短期收益率越高，会吸引更多交易型投资者买卖，影响流动性，我们采用股票事件期涨跌幅（*Chg*）为代理变量控制股票短期收益率。公司规模会影响股票流动性，规模越大的公司投资者越多，股票的交投活跃，流动性好，交

---

① 波动率 =（事件期最高价 – 事件期最低价）/事件期最低价

易成本低（Amihud and Mdndelson，1986）。我们用流通总市值（*M_vaule*）为代理变量控制公司总规模。根据现有文献，我们还控制了公司市盈率和市场整体环境（Blankespoor，2014）。用公司年报的每股收益为除数计算市盈率（*PE*）。采用沪深 300 指数事件期的成交金额（*M_volume*）代理市场整体环境。变量定义如表 7 - 2 所示，因变量流动性我们选用了换手率、公司股票成交金额和波动量为代理变量；微信发布情况采用微信是否发布和微信事件期点击量作为代理变量。控制变量为媒体发布量、公司股票事件期涨跌幅、公司股票流通总市值、市盈率、市场涨跌幅和市场成交金额。

表 7 - 2　　　　　　　　　　变量定义

变量	变量名称	变量符号	变量定义
流动性指标	换手率	*Turnover*	事件期股票成交量/流通在外的股票数量
	股票成交金额	*Volume*	事件期股票成交金额
	波动量	*Wave_Q*	事件期换手率×（最高价 - 最低价）/最低价
微信发布情况	微信发布	*YorN*	微信有发布设为 1，否则为 0
	微信点击量	*Clicks*	事件期每条微信的点击量
控制变量	媒体发布量	*Press*	事件期媒体发布公司信息的量
	股票涨跌幅	*Chg*	事件期公司股票涨跌幅
	流通总市值	*M_vaule*	事件期平均收盘价×流通股数量
	市盈率	*PE*	事件期平均收盘价/年报每股收益
	市场涨跌幅	*M_Chg*	事件期沪深 300 涨跌幅
	市场成交金额	*M_volume*	事件期沪深 300 成交金额

7.2.3　模型建立

根据前述的理论分析、研究假设和变量定义，我们设置回归模型如下：

$$Liquidity = \beta_0 + \beta_1 Diss + \sum Controls + \sum year + \varepsilon$$

其中，流动性（*Liquidity*）代理变量是换手率（*Turnover*）、股票成交金额（ln_*volume*）和波动量（*Wave_Q*）。微信披露代理变量分别是微信是否披露了信息（*YorN*）和披露事件期的点击量（ln_*Clicks*）。还设置了上述 6 个控制变量和年度变量。为了减少模型的异方差性，对公司股票成交金额、点击量、媒体披露量、流通总市值和市场成交金额分别取自然对数。

为了研究不同规模的公司对流动性的不同影响，验证假设 H7-2，我们对公司按照流通市值大小排序，取中位数进行分组，然后分别对大市值公司和小市值公司重新用模型进行回归分析，考察不同规模的公司微信披露对流动性的影响。

7.3 实证分析

7.3.1 描述性统计

描述性统计如表 7-3 所示。在 836 次公告披露事件期中，换手率最高达到 24.3%，最低为 0.01%，差异较大。成交金额中最大值为 149.22 亿元，最小值为 30 万元，股票事件期成交额差距较大。股票价格最大波动幅度为 22.25%，最小值为 0，平均波动率 7.21%。在微信披露了公告的 260 次事件期中，微信点击量最大的超过 10 万次（微信只提供最高 10 万次的数据），最小 129 次，平均点击 3989 次。媒体披露采用百度指数，最大值为 16094 次，最小值为 103，平均为 2025 次。事件期公司股票平均涨幅为 1.10%，涨幅最大的为 19.1%，跌幅最大的为 -19.03%。股票市值平均为 204 亿元，最大值 1212 亿元，最小值 27 亿元，样本公司规模差异较大。市盈率平均 587 倍，

表 7-3				描述性统计			
变量	n	平均值	中位数	标准差	范围	最小值	最大值
Turnover（%）	836	5.3	4.86	3.72	24.2	0.01	24.3
Volume（亿元）	8.36	10.86	6.52	14.23	149.22	0.03	149.22
Wave（%）	836	7.21	7.04	4.22	22.25	0	22.25
Clicks（次）	260	3989	1402	11241	99871	129	100000[①]
Press（次）	836	2025	1245	2804	15991	103	16094
Chg（%）	836	1.10	1.65	9.58	38.13	-19.03	19.10
M_vaule（亿元）	836	204	103	224.35	1185	27	1212
PE（倍）	836	587	68	2442	17969	-971	16997
M_Chg（%）	836	-0.28	0.03	2.75	15.54	-8.83	6.71
M_volume（亿元）	836	3796	3452	1896	7951	781	8732

注：①微信只提供最多 10 万次的点击统计。

最大 16997 倍，最小 -971 倍，样本公司总体市盈率较高。市场平均涨跌幅为 -0.28%，涨跌幅最大为 6.71%，最小为 -8.83%，836 次事件期中，市场总体是下跌的。市场成交金额最大值为 8732 亿元，最小值为 781 亿元，市场成交金额变化较大。

7.3.2　相关性分析

为了避免各变量间的多重共线性并为研究假设提供更为可靠的支持，我们对变量做 Person 相关性检验。从相关系数矩阵可见（见表 7-4），股票换手率与成交金额和波动率在 1% 的水平上显著正相关，说明事件期成交金额越大，换手率越高，波动率越高，换手率也越大；与市场价值显著负相关，说明规模越大的公司换手率越低；与市盈率显著正相关，说明市盈率越高的公司事件期换手率越高；与市场涨跌幅显著负相关，说明市场涨跌幅越大，换手率越低；与市场成交金额显著正相关，说明当市场成交额越大时，公司股票换手率越高。

表 7-4　　　　　　　　　　　　　变量相关性

变量	Volume	Wave	Clicks	Press	Chg	M_vaule	PE	M_Chg	M_volume
Turnover	0.238 ** (0.000)	0.511 ** (0.000)	-0.147 (0.158)	0.087 (0.624)	0.074 (0.156)	-0.274 ** (0.000)	0.114 * (0.021)	-0.187 ** (0.001)	0.156 ** (0.000)
Volume		0.102 (0.085)	0.241 * (0.011)	0.802 ** (0.000)	0.048 (0.312)	0.654 ** (0.000)	-0.075 (0.062)	0.012 (0.862)	0.285 ** (0.000)
Wave			-0.058 (0.452)	-0.142 * (0.013)	-0.224 ** (0.000)	-0.158 ** (0.000)	0.133 ** (0.001)	-0.121 ** (0.007)	0.243 ** (0.000)
Clicks				0.314 ** (0.000)	-0.026 (0.756)	0.356 ** (0.000)	-0.142 (0.185)	0.054 (0.456)	-0.016 (0.885)
Press					0.001 (0.952)	0.721 ** (0.000)	-0.134 * (0.013)	0.027 (0.513)	0.212 ** (0.000)
Chg						0.023 (0.441)	-0.057 (0.147)	0.425 ** (0.000)	-0.031 (0.305)
M_vaule							-0.125 ** (0.007)	0.113 * (0.024)	0.117 ** (0.006)
PE								-0.045 (0.216)	0.072 (0.078)
M_Chg									0.013 (0.812)

注：**、* 分别表示在 0.01、0.05 级别（双尾）相关性显著，括号内为 P 值。

成交金额与微信点击数量显著正相关，说明微信披露的点击量越大则成交金额越大，微信影响了投资者决策；与媒体披露水平显著正相关，说明媒体披露的次数越多，成交金额越大，媒体披露影响了投资者的决策；与市场价值显著正相关，说明规模越大，股票事件期成交金额越大；与市盈率负相关，说明市盈率越高，成交金额越少，这与小盘股的市盈率通常较高有关；与市场成交金额显著正相关，说明市场成交越大，单个公司股票的成交越大。

股票波动率与媒体披露在 5% 的水平上显著负相关，说明媒体披露越多，股票波动率越低，媒体披露能降低信息不对称；与股票涨跌幅显著负相关，涨跌幅越大，事件期的波动越小；与市场价值显著负相关，公司规模越大，波动率越低；与市盈率显著正相关，说明市盈率越高的公司，波动率越大；与市场涨跌幅显著负相关，说明市场涨跌幅越大，单个公司事件期波动率越小；与市场成交金额显著正相关，说明市场成交金额越大，股票波动越剧烈。

另外，微信披露的点击量与媒体报道显著正相关，说明媒体报道的次数越多，微信披露点击量也越大；与公司市场价值正相关，说明公司规模越大，微信披露点击量越大。媒体披报道次数与公司市场价值正相关，说明公司规模越大，媒体报道的次数越多，媒体更关注大公司；与市盈率负相关，说明市盈率越高，媒体报道越少；与市场成交金额正相关，说明市场成交量越大时，媒体报道的次数越多。从相关系数的大小来看，各相关系数的绝对值基本都小于 0.5，说明变量的多重共线性较低。

7.3.3 回归分析

1. 微信披露对流动性的影响

从回归结果来看（见表 7 - 5），以公司股票事件期换手率作为因变量，在控制了媒体报道次数、公司市场价值、涨跌幅、市盈率、市场涨跌幅和市场成交金额之后，微信是否披露的指示变量 *YorN* 的回归系数为 1.348，与换手率在 1% 的显著水平上正相关，说明通过微信披露过的公告换手率更大，流动性宽度得到提升，微信披露已公告信息能增加公司股票事件期换手率，假设 H7 - 1 得到验证。

表7-5 回归系数

解释变量	被解释变量					
	Turnover		ln_volume		Wave_Q	
intercept	15.245** (2.565)	8.456 (0.503)	0.328 (0.223)	-3.254 (-0.794)	-3.369 (-0.043)	-189.412 (-0.911)
YorN	1.348*** (3.845)		0.237** (2.365)		18.152*** (4.016)	
ln_Clicks		0.249 (0.866)		0.069 (0.938)		3.493 (0.844)
ln_Press	0.458*** (2.811)	0.344 (0.654)	0.184*** (3.908)	0.115 (0.983)	2.687 (1.193)	-11.248* (-1.812)
ln_M_vaule	-1.574*** (-7.684)	-1.742*** (-2.733)	0.671*** (11.961)	0.784*** (5.174)	-16.841*** (-6.160)	-9.541 (-1.218)
Chg	0.123*** (3.656)	0.0847 (1.379)	-0.0124* (-1.724)	-0.0058 (-0.413)	-0.179 (-0.440)	-1.201 (-1.361)
PE	0.0001* (1.729)	0.0008 (0.616)	0.00002* (1.660)	0.0004 (1.542)	0.0017** (2.086)	0.0035 (0.200)
M_Chg	-0.234*** (-3.591)	-0.444*** (-3.170)	-0.003 (-0.185)	-0.0697** (-2.222)	-2.307*** (-2.627)	-5.318*** (-2.922)
ln_M_volume	1.347*** (4.649)	1.746*** (2.756)	0.164** (2.344)	0.241 (1.387)	25.125*** (6.471)	33.024*** (3.634)
年份	控制	控制	控制	控制	控制	控制
调整 R^2	0.225	0.215	0.458	0.433	0.208	0.284
n	836	260	836	260	836	260

注：***、**和*分别表示在0.01、0.05和0.1水平上显著，括号内为 t 值。

当用微信点击量的自然对数 ln_Clicks 替代 YorN 来代表微信披露水平时，ln_Clicks 的回归系数为0.249，说明当微信披露事件期投资者点击量较大时，公司股票交易换手率较高，公司通过微信披露获得的投资者关注多，覆盖面越广，投资者之间的信息不对称减少，市场流动性变大，但显著性水平不高，假设 H7-1 在微信点击量上基本得到验证。

从控制变量的回归系数可知，媒体报道次数与换手率正相关。媒体报道次数越多，公司股票换手率越大，说明其他媒体报道次数对股票流动性的影响显著为正，与前人的研究结论一致。公司市场价值的回归系数显著为负，说明市场价值大的公司换手率低，流动性较差。公司股票涨跌幅与换手率显著正相关，说明涨跌幅大的公司市场流动性较大。公司市盈率的回归系数显著为正，说明市盈率高的公司市场流动性较大。市场涨跌幅的回归系数显著为负，说明事件期公司换手率与市场涨跌负相关，市场的涨跌对流动性存在负向影响。市场成交量的系数显著为正，说明市场交易量的增加增强了股票流动性。

以公司股票成交金额为流动性的代理变量时，回归分析发现 YorN 和成交金额显著正相关，说明微信披露的事件期比没有披露的事件期公司股票的成交金额更大。这也验证了在微信上披露信息会对流动性产生正向影响，微信披露减少了信息不对称。当用微信点击量作为微信披露的代理变量时，其系数为正，假设 H7 – 1 也得到验证。同时发现媒体报道次数、公司市场价值和市场成交金额等控制变量的回归系数与前面研究一致。

以波动量（Wave_Q）为流动性的代理变量时，YorN 的回归系数显著为正，说明公司利用微信披露的事件期比没有利用微信披露的事件期公司股票的波动量更大。微信披露增加了股票价格的波动程度，使流动性深度变小。由于国内投资者不成熟，散户较多，微信披露信息吸引了更多投资者参与交易，越多投资者参与，他们对公司信息的解读分歧更大，股票价格的波动也更剧烈。在中国的投资环境下，短期流动性的增强导致股票波动变大。其他控制变量的系数方向与前面的回归结果基本一致。

从以上结果可知，无论以换手率、成交金额还是波动量作为流动性的代理变量时，代表新媒体信息披露的变量 YorN 和 ln_Clicks 的回归系数都为正，说明公司新媒体披露能提高公司股票市场流动性，减少了资本市场信息不对称，假设 H7 – 1 得到验证。

2. 规模不同公司的微信披露的流动性影响差异分析

我们将公司按市值大小分为两组，分别对市值大小不同的两组公司进行回归，并比较微信披露回归系数的差异，如表 7 – 6 所示。以换手率为因变量进行回归时，大市值公司 YorN 的回归系数为 0.903，小市值公司 YorN 的回归系数为 2.081，说明大市值公司在微信上披露对换手率的影响为 0.903，而小市值公司的影响是 2.081，小市值公司的影响比大市值公司的高 1.178，并且这一差异在 1% 水平上显著。说明小市值公司在微信上披露信息对换手率的影响显著大于大市值公司微信披露对换手率的影响。

表 7 - 6　　　　　　　　　　不同市值回归系数差异

因变量	不同市值	YorN		ln_Clicks	
		回归系数	Sig.	回归系数	Sig.
Turnover	大市值	0.903 ***	0.013	0.198	0.541
	小市值	2.081 ***	0.001	0.283	0.347
	差异	1.178 ***	0.001	0.085	0.472
ln_Volume	大市值	0.214 ***	0.007	0.077 *	0.08
	小市值	0.293 *	0.075	0.023	0.842
	差异	0.079 **	0.021	− 0.054	0.647
Wave_Q	大市值	0.287 ***	0.01	0.185 ***	0.01
	小市值	0.488 ***	0.001	− 0.005	0.941
	差异	0.201 ***	0.001	− 0.19	0.762

注：***、** 和 * 分别表示在 0.01、0.05 和 0.1 水平上显著。

用成交量为因变量时，小市值公司 YorN 的回归系数比大市值公司的显著大 0.079。说明小市值公司微信披露对股票成交金额的影响显著大于大市值公司。采用波动量为因变量时，小市值公司 YorN 的回归系数比大市值公司的显著大 0.201。说明小市值公司微信披露对公司股票波动量的影响要显著大于大市值公司。可见，小市值公司微信披露对公司股票流动性的影响大于大市值公司微信披露的影响，且差异显著，验证了假设 H7 - 2。

用点击量为微信披露代理变量时，换手率为因变量时，小市值公司 Clicks 的系数大于大市值公司，与 YorN 的结果一致。但当以成交金额和波动量为因变量时，小市值公司 Clicks 的回归系数却小于大市值公司，但结果不显著。说明在采用点击量作为微信披露的代理变量时，大市值公司和小市值公司的差异不明显。可能的原因是小公司投资者少，点击量较少，即使控制了规模因素，对流动性的影响与大公司相比仍不显著。其他控制变量回归系数的方向与前面研究基本一致。

7.3.4　稳健性检验

我们研究新媒体披露对市场流动性的影响，在设计模型时，用是否披露微信和微信点击量来代表新媒体披露，又分别用公司股票的换手率、成交金额和波动量来代表流动性，研究结果基本一致，这体现了稳健性。

另外，我们还做了三种稳健性检验：（1）调整样本的规模，将样本从最容易接受的两个行业扩大到制造业中的电气机械及器材制造业（C-38）和互联网和相关服务（I-64），加入两个行业有微信披露的公司后，回归结论与原结论一致；（2）对控制变量进行替换，用百度指数搜索量代替媒体搜索量，用公司总资产代替市场价值重新对模型进行回归分析，研究结论与原结论基本一致；（3）用不同规模变量进行分组，用投资者户数代替公司市值来对样本公司分组，再对投资者多和少的公司分组重新回归分析，回归结果与本章的结论基本一致。本章的研究假设得到了验证。

7.4　本章小结

　　本章研究了中国上市公司通过微信披露已公告信息对股票流动性的影响。我们用指示变量区分了有微信披露和没有微信披露的公告，发现在有微信披露时，公司股票换手率、成交金额和波动量都显著上升，说明上市公司通过微信披露已公告信息可以增加信息披露覆盖面，节约投资者信息成本，减少投资者间的信息不对称，提升股票流动性。波动量的上升还表明，由于我国投资者不成熟，扩大信息披露范围增加了股票的波动性。我们还用微信披露的点击率作为披露水平的代理变量，发现微信披露的点击量越大的事件，公司股票换手率、成交金额和波动量都上升，微信披露增加了投资者的关注度，提升了股票的市场流动性。本章还将公司分为规模大小不同的两组，研究发现小公司通过微信披露引起的市场流动性增量要强于大公司，说明小公司微信披露效应更明显。

　　本章的结论对于我国资本市场新媒体披露具有重要启示。第一，监管者应鼓励公司在保证信息真实并承担相应责任的前提下，增强信息披露的及时性和覆盖面，这有助于减少投资者的信息成本，提高投资者关注度，降低信息不对称，提升市场流动性，增强资本市场效率；第二，新媒体披露对市场流动性发生影响，政府部门应加强新媒体信息披露法律制度建设，建立民事责任制度和信息披露的事后处罚机制，规范公司新媒体披露；第三，上市公司尤其是小公司应积极运用新媒体披露信息，减少信息披露的成本和投资者间的信息不对称，增强股票的市场流动性，提升公司市场价值。

　　需要指出的是，虽然观察了两个行业的 360 家公司，但由于大多数公司没有在微信上发布公告，最终选取的只有 20 家，我们观察了其在 2015 年全年的 489 条公告，有微信发布的 133 条，结论有一定代表性。如果未来随着上市公司越来越多地使用微信等新媒体发布信息，样本空间更大些，整体的代表性会更强。

第 8 章

结论展望与政策建议

8.1　研究总结

信息技术驱动下的新媒体飞速发展使得上市公司信息披露发生了巨大的变化。本书收集了上市公司新媒体披露的数据，结合公司财务和交易数据，运用博弈分析、统计和实证分析等方法，较为系统和全面地研究了中国上市公司新媒体信息披露情况，以及新媒体披露的影响因素和对市场的作用。研究认为影响公司信息披露的传统因素同样影响新媒体披露，上市公司使用新媒体信息披露能提升市场的流动性，对中国证券市场建立适度规范的新媒体信息披露环境和上市公司运用新媒体信息披露决策具有一定的参考价值。

本书第 2 章至第 7 章是主体。

第 2 章引入新媒体概念。归纳了新媒体的主要特点及其对上市公司信息披露的启示。提出了新媒体传播模型及其新媒体信息披露的全媒体传播模型，分析了这种模型对上市公司信息披露的作用和影响。介绍了信息披露的相关概念，指出了新媒体信息披露在我国属于自愿信息披露的范畴，之后介绍了自愿披露的特点，并分析了西方和我国信息披露的发展进程，提出新媒体的出现可能会给信息披露带来的变化。梳理了自愿信息披露和新媒体披露的研究文献，从自愿披露的动机、影响因素和效果进行了文献回顾，因为这些都可能在新媒体的作用下发生改变。

第 3 章进行了理论分析。从信息不对称理论的角度分析了上市公司信息披露对资本市场的意义，并提出新媒体信息披露对解决信息不对称和减少委托代理成本可能存在的作用。同时从有效市场理论角度分析了市场有效性的条件，提出新媒体信息披露增强市场有效性的可能。公司管理层如果愿意在新媒体上披露，哪怕是微不足道的信息，也可以为投资者提供增量信息，提升其决策的准确性。之后，介绍了新媒体对大众传播理论的改变，并提出这种改变对上市公司新媒体信息披露而言有怎样的影响。认为新媒体传播主体的多元化和传播权利的全民化使得代理人的行为更易暴露在委托人面前，有利于对代理人的监管。代理人则有了便捷和低成本的信息披露渠道，他们所做的努力和成绩更易被传播出去。

第4章进行了博弈分析。首先运用经济分析方法证明了公司在选择新媒体信息披露时，披露成本与披露收益是其最为重要的权衡因素。然后从博弈论的角度分析了新媒体信息披露各方在信息披露中的决策，提出了包含不同利益主体的三个阶段的动态博弈模型，运用完全信息静态博弈和不完全信息重复博弈等方法分析了各参与方可能达到的博弈均衡。认为监管层进入博弈模型是必要的，如果能将被管理层侵占的投资者的利益归还并补偿投资者，新媒体信息披露方式能使博弈各方达到帕累托最优。

第5章分析了我国上市公司的新媒体披露现状。考察了公司新媒体披露的九种主要渠道，并对公司通过这些渠道披露的信息一一进行了观察、记录、统计、归纳和总结分析。研究发现，网站、互动问答这两种较为成熟的新媒体公司运用最多，微信和微博的应用程度较高，博客、App、RSS订阅和邮件订阅的使用程度很低。互动问答的财务信息披露量大，微博、微信等媒体财务信息披露较少。新媒体接受程度高的公司披露了更多的信息，同时，新媒体接受程度高的公司更受关注，采用新媒体披露信息为公司吸引投资者注意发挥了作用。

第6章研究了上市公司新媒体信息披露的影响因素。通过实证分析方法，研究了公司三种主要的新媒体信息披露方式的影响因素，发现影响传统自愿披露的因素同样影响新媒体自愿披露，公司规模对其有正影响；财务杠杆水平对其有不显著的负影响；公司业绩则对网站新闻和微信有正影响，对互动问答有负影响。本章还专门研究了财务信息披露较多的互动问答，分析了新媒体披露与公司业绩和投资者关注的关系，发现业绩越差的公司在互动问答上披露了越多信息，但绩优公司获得了更多关注，说明对投资者起主要影响作用的互动问答平台上，公司可能借助新媒体披露了更多信息。

第7章研究了新媒体信息披露的市场作用。通过考察新媒体信息发布对股票市场流动性的影响，我们选择微信公众号作为新媒体信息发布的代理。通过对上市公司微信发布信息的情况进行分析，用指示变量区分有微信发布和没有微信发布信息的事件期，发现在有微信发布信息的事件期，公司股票的换手率、成交金额都在显著上升，说明公司通过微信发布已披露的公告能提升信息披露的覆盖面，缓解了公司与投资者间的信息不对称，提升了股票流动性。

8.2 政策建议

信息披露是证券市场发展的根本和基石。真实、准确、完整、及时和公平的信息披露是各国证券市场追求的目标。不断完善信息披露制度和环境，提高证券市场运行效率是市场从不成熟走向成熟的标志。从本书的研究结论来看，新媒体信息披露理论上应该可以提高市场效率；实践上来看，上市公司已经发现了新媒体传播成本低、速度快、能增强信息覆盖面等方面的特点，开始使用新媒体来披露企业相关信息，并对资本市场的流动性产生了影响。由于我国资本市场监管较弱，投资者不成熟，政策制度对新媒体信息披露仍未放开，还只是自愿披露的范畴，因此，本书提出以下监管建议和制度设计。

8.2.1 监管建议

1. 放开信息披露的渠道监管

现有的信息披露制度规定，只有指定的媒体才能作为上市公司信息披露的载体，而且这些媒体必须是官方媒体。这一规定的优势是公司发出的信息都经过了官方认证，避免了信息随意发出，无法追查。但这一规定也使得信息披露的时效性大打折扣。信息从发生到上市公司形成文稿，再传递给指定媒体，然后审查，最后发稿，这一周期之冗长，有时可能会花费几周的时间。从事件发生到披露之间的时间越长，信息泄露和内幕交易的可能性就越大。因此，在公司自身承担责任的前提下，应该允许上市公司第一时间通过新媒体发布信息。只要发生了某项能够影响公司价值的事件，公司就可以立刻披露，甚至可以通过新媒体进行直播披露，以增强信息披露的真实性和完整性，这将大大缩短信息发布周期，提高信息披露的效率，减少内幕交易。

2. 运用新媒体增强公平披露

在现有信息披露制度下，虽然公司管理层会披露定期报告和临时报告等法律法规规定应该披露的信息，但是，对于一些自愿披露的信息，公司可能会通过业绩说明会或者披露给相关的机构投资者，这有违公平披露原则。上市公司应当同时向所有投资者公开披露信息。因此，提倡公司建立新媒体披露平台，并将该平台公之于众，在所有投资者都知晓的前提下，在该平台披露公司相关信息并与投资者交流，解释公司已经披露的信息，让普通大众投资者也可以和大机构一样及时获得公司相关的信息，减少知情交易者。

3. 提倡多种新媒体披露载体

现有上市公司的信息披露多采用文字、图表等书面形式进行披露，虽然精练，但不够形象和生动，容易被投资者误读和曲解，也无法与投资者互动。在新媒体信息披露环境下，信息制作和传播的成本大大降低，一个手机就可以实现全方位的披露。因此，应该倡导信息披露形式的多样化，增加语音、视频和直播等的披露形式，让公司披露的信息更真实、全面和准确，虚假记载和误导性陈述将变得更加困难，投资者能更加直观地理解披露的内容，不容易被只有一种形式的披露资料所误导，这种多载体的披露形式也让互动更加便利。

4. 倡导全民监管模式

新媒体使每个人都成为一个"媒体"，传播进入了大众媒体时代。上市公司的各方面都有被报道的可能，舞弊行为将无处可藏，全民都成为监管上市公司的个体，公司将真正暴露在"阳光下"。对于上市公司在新媒体发布的信息，不再需要传统的指定媒体作为把关者的角色，信息的发布者自己对信息负责，如果发布的信息有误导的可能，则人们可以通过法律手段对发布信息者的行为追责，杜绝发布虚假信息。依靠全民的力量来监督上市公司，而不再只是证券监督管理部门的责任，这可以大大减轻监管部门的压力，又能较好地实施监管，保证公司发布信息的真实性。

5. 加大新媒体信息披露处罚力度

一方面，上市公司内部人也是利益个体，在没有足够外部监管压力和其他动力的前提下，他们可能会选择对自己有利的披露形式和内容，甚至进行夸大和虚假披露；另一方面，新媒体信息披露取证较为困难，在新媒体上披露的信息可以轻易被删除和篡改，光靠证券监管机构的力量进行监管和处罚显然是不够的。因此，需要完善法律体系设计，让全民参与到监管中来，使投资者可以运用法律武器约束上市公司的披露行为，通过较高的处罚力度，让上市公司内部人有较高的违法成本，进而抑制其虚假披露，保障信息披露的可靠性。

6. 加强公司治理

从本书的研究成果可知，上市公司的自身因素，如公司规模、公司治理结构等方面都会影响公司的新媒体信息披露，公司的绩效与互动问答披露成反比，却与微信、微博等披露成正比。因此，监管上应该加强上市公司的公司治理，规范运作的公司信息披露水平更高。鼓励更多的绩优公司在互动问答上披露信息，对绩差公司披露的信息进行更加严格的监管，以免绩差公司通过新媒体形式误导投资者，加剧我国投资者"炒差股"的投资趋势。

7. 鼓励运用新媒体

本书认为新媒体信息披露对市场流动性有较显著的影响。因此，监管部门应该鼓励上市公司和投资者积极运用新媒体披露与收集信息，引导投资者多关注新媒体上披露的信息。对上市公司使用新媒体披露信息的行为进行奖励，养成上市公司和投资者使用新媒体披露与查看信息的习惯，借以提升整个证券市场信息披露的效率和效果。

8. 加强新媒体信息披露的安全监管

由于新媒体是一种新的技术形式，其制作、传播、接受过程都可能产生风险，如新媒体平台被黑客盗取，发布不实信息导致市场混乱等；传播过程中信息则有可能被篡改发布，引起市场动荡。因此，一方面，公司应加强新媒体信息披露平台的安全管理，证券监管机构和法律机构加大对黑客盗取行为的处罚力度；另一方面，对上市公司在新媒体上披露的信息也可以采用鉴证行为，通过技术手段，如区块链等技术，实现上市公司发布的原信息不可更改性，使得原信息既可以被毫无更改地传播，传播者也可以加上自己的评论和感想，以便进一步传播。

8.2.2　制度设计

1. 建立新媒体披露的政府监管体系

现行的《上市公司信息管理办法》规定，凡是可能对上市公司证券及其衍生品交易价格产生较大影响的重大事件，上市公司都需要进行临时披露，并列明了 21 条被认为是重大事件的项目。虽然上市公司新媒体披露的内容也有如定期报告和临时报告的内容，且这些内容一般是在指定媒体披露之后发布，但是，上市公司通过新媒体披露的大多数信息是公司财务状况、经营成果和企业文化等不在这 21 条中的"非重大事件"，这些事件事实上也仍然会对公司的股价产生较大影响，甚至对判断公司未来长远价值有重要作用。如果统一规定凡是对公司股价有较大影响的信息都不允许在新媒体上披露，会导致上市公司并不清楚哪些信息应被归入"引起股价较大变动"，为了避免受到监管层的处罚，上市公司只有选择不在新媒体上披露信息了，这样新媒体的作用将无法发挥。

因此，从政府监管的角度来看，一方面要破除指定媒体披露制度，让新媒体真正成为信息披露的重要媒体，发挥其天然优势；另一方面要保证公司在新媒体上披露的信息与指定媒体披露的信息一样可靠，有证可循。新媒体信息披露如果不实，会严重损害公众和投资者的利益，给社会诚信造成较坏的影响。为杜绝这种情况，需要对上市公司新媒体进行归口管理，建立及时有效的快速处罚机制，增强稽查执法部门与日常监督部门的合作，加大上市公司新媒体信息披露的线索发现和移交给公安机关立案查处的力度。严格追究新媒体信息披露违规违法主体责任人的法律责任，提高违法失信的处罚力度，实时监测上市公司通过新媒体披露的信息，并通过在政府监管部门网站建立投诉中心等手段来达到监管效果。

2. 完善新媒体披露的法律监管体系

《上市公司信息披露管理办法》规定信息披露义务人应该真实、准确、完整、及时地披露上市公司相关信息，但没有在后面的细则中对真实、准确、完整、及时作出具体细致的描述。在新媒体信息披露中，上市公司可能只披露了一些对其自身有利的事件和事项，或者采用模糊披露，或者只是披露一小部分，而这些披露，现行的披露制度很难对其进行处罚。因此，修订相关法律法规及其细则，明确对不同程度信息披露的违规应采取不同的监管措施，各部门统一监管尺度，完善法律监管体系。

我国的法律法规体系在证券市场不够完善，缺乏辩方举证制度和集体诉讼制度，当投资者由于受到新媒体信息披露的误导甚至欺骗时，与上市公司对簿公堂的法律成本太高，可能导致上市公司在新媒体上披露信息存在随意性和操纵性。因此，应完善市场法律监管体系，对新媒体上披露的信息采用严刑峻法，以此来保护投资者利益。当然，法律的制定需要把握尺度，以防太过严格而使上市公司不敢披露信息，失去新媒体披露信息的作用。

3. 提倡新媒体披露的社会监督体系

新媒体传播的最大特点是较快的传播速度和裂变式的传播路径，短时间内就可能造成市场的巨大反应。如果上市公司信息披露不恰当，抑或是披露平台被黑客攻击，市场听信了披露的虚假信息，就会在短时间内出现大幅震荡。监管部门虽然在舆情监控上做了很多努力，但是毕竟人力物力有限，无法建立常态化的动态监督体系，不可能对新媒体披露的信息引起的市场反应快速做出反应。在此背景下，建议明确监管各方的具体职责，建立新媒体信息披露的动态监管机制，加强各部门间的持续性、动态性监督合作。

这种情况下，引入社会进行监督成为必要。新媒体具有大众传媒的特点，任何人只要有一部手机就能对外发布信息，也可以保留信息作为证据。上市公司通过新媒体披露的信息如果带有虚假陈述，投资者一方面可以通过新媒体曝光公司的行为，另一方面可以通过法律手段挽回自己的损失，惩罚信息欺诈行为。在这种全民监督体系下，上市公司必然会正确使用新媒体，发挥新媒体的作用。另外，新媒体的社会监督还体现在全民对上市公司管理层的全面监督，管理层是否履行了代理人的角色，是否勤勉尽责地为股东创造价值，其行为都更容易被投资者所发现并上传至新媒体。

4. 新媒体披露的内部监管体系

除了外部的信息监管，还要从内部对新媒体信息披露进行监管。新媒体环境下，上市公司管理层进行选择性的信息披露很难杜绝，信息披露的公平性将受到较大挑战。信息泄露的根源除了上市公司高管外，有时候中层甚至底层员工都有可能成为信息泄露的一部分，因此，上市公司内部监管体系的建立必不可少。

上市公司应当建立健全内部新媒体信息披露制度和流程，明确新媒体披露责任人的职责，制定详细全面的新媒体披露规则，以尽可能低的成本力求全面、完整并简明易懂地披露上市公司相关内容。建立健全上市公司新媒体舆情反应机制，在最短时间内对新媒体上出现的有重大影响的公司信息进行澄清和反馈。在通过新媒体与投资者交流的过程中，明确回答投资者问询的时间和方法，提高新媒体信息披露的针对性，多方面提升公司的投资者关系管理，保障投资者的公平知情权。

5. 新媒体披露的非正式制度构建

由于新媒体披露还是新鲜事物，仍在不断发展之中，对其正式制度的建立也在摸索过程中。监管部门应在新媒体披露中尝试建立有益的非正式制度，在新媒体上不断宣传诚信信息披露的文化，定期在上市公司高管中进行新媒体披露道德规范的培训，在行业协会中倡导新媒体信息披露的自律行为，形成良好的道德观、价值观和风俗习惯。让上市公司的新媒体披露平台热闹而有序，真正起到提高信息披露及时性、覆盖面和全面性的作用。

促进形成新媒体监督。新媒体的及时性能保证监督实时进行；多元化使监督个体无处不在，并在大数据辨伪中保证信息的真实可靠；广覆盖能保证监督信息被公众知晓。因此，要在投资者中倡导新媒体信息披露的诚信氛围，强大的投资者优秀文化将对公司新媒体信息披露形成巨大的外部公众压力，促使公司在新媒体披露平台及时、真实和完整地披露信息，提高信息披露的效率和效果，提升资本市场的有效性。

8.3 研究局限和展望

本书较为全面和系统地分析了公司新媒体披露情况，梳理了公司新媒体披露的理论渊源，探讨了利益相关方的博弈均衡，实证检验了影响公司新媒体披露的主要因素和新媒体披露对股票市场流动性的作用，取得了一些阶段性的成果，但仍有待改进之处和后续值得研究的课题。

8.3.1　研究局限

本书对博弈论的分析虽然从多个利益方进行了研究，但是，由于新媒体信息披露涉及的因素较多，不能面面俱到地进行分析。

在实证分析上，虽然对主要渠道和几百家公司机进行了分析，但限于时间和精力，没有对所有上市公司的所有新媒体渠道进行采样分析，但几百家公司也具有较强的代表性。

8.3.2　研究展望

1. 新媒体信息披露产生的噪声

本书研究了上市公司新媒体信息披露情况，研究中发现，虽然上市公司在新媒体上披露了许多信息，如财务信息和公司信息，但也有很多公司的新媒体上夹杂着许多诸如"鸡汤"、广告和幽默笑话等以吸引公众注意力的信息。这些信息也对吸引注意力有一定作用，可以增加新媒体被关注的可能。但是，它们也会对公司主要想披露的信息形成一种噪声，将重要的信息淹没在噪声里，而目前对这种噪声如何影响信息披露及投资者行为的研究甚少。

2. 新媒体信息披露的安全问题

从本书结论来看，新媒体披露虽然有许多好处，但风险性问题不容忽视。新媒体是互联网新技术，新技术就有被黑客攻击的可能，正如美国在2016年总统选举中指责俄罗斯政府派出的黑客袭击了美国大选的网站，导致希拉里的败选和特朗普的当选一样，上市公司的新媒体信息披露平台也有可能被黑客攻击，最终成为黑客发布信息获取股市利益的武器。所以，从技术、规则和制度方面来分析新媒体信息披露的安全问题也是值得后续研究的问题。

3. 新媒体信息披露及时性的研究

本书实证分析了新媒体信息披露的影响因素和市场反应，但从理论分析的角度来看，新媒体的最大特点之一是及时性，美国等发达国家很早就开始提倡上市公司利用新媒体实时披露，那么新媒体信息披露是否和如何提高信息的及时性是一个非常值得研究的课题。一方面，针对及时性的衡量较为困难，采用事件发生和发布事件的时间差来衡量及时性，并对比传统渠道和新媒体渠道的时间差的大小或许是现阶段研究新媒体信息披露及时性的一种方法；另一方面，新媒体实时披露监管的制度设计和技术手段是否完善到足以支持实时披露能提升资本市场效率而不是相反。

4. 新媒体信息披露制度规范的研究

著名投资人巴菲特每年要阅读上千份上市公司的年报和相关资料，借以判断公司的价值，而这些年报的背后是强大而规范的信息披露制度，没有这些制度规范作保证，资本市场财务舞弊、欺诈和内幕交易就很难避免。信息技术和移动互联网络飞速发展，5G 即将落地，抖音等视频传播媒介方兴未艾，这些新技术正在冲击着信息披露和传播体系，必将改变上市公司信息披露行为，深刻影响信息披露的发展，为解决资本市场信息不对称带来变革。现有研究已经证明新媒体能提升信息披露的及时性、覆盖面和信息含量，减少公司与投资者之间的信息不对称，但要这些新技术广泛应用于实践，还需法律和制度的不断完善。目前，我国公司新媒体信息披露的法律法规落后于新技术的发展。因此，现阶段研究如何规范和引导公司新媒体信息披露，使这种新技术能为提高资本市场效率助力，成为重要而急迫的研究课题。

附录1

样本公司新媒体接受情况

证券代码	证券简称	行业	微信	微博	网站新闻	投资者关系	互动问答	博客	RSS	App	邮件订阅
600770.SH	综艺股份	I-65	-1	-1	1	0	1	-1	-1	-1	-1
000938.SZ	紫光股份	C-39	-1	0	1	1	1	-1	-1	-1	-1
002369.SZ	卓翼科技	C-39	-1	-1	1	1	1	-1	-1	-1	-1
000063.SZ	中兴通讯	C-39	1	1	1	1	1	-1	-1	-1	-1
300052.SZ	中青宝	I-65	0	0	1	1	1	-1	-1	-1	-1
000970.SZ	中科三环	C-39	0	-1	1	1	1	-1	-1	-1	-1
002657.SZ	中科金财	I-65	1	0	1	1	1	-1	-1	-1	-1
002579.SZ	中京电子	C-39	-1	-1	0	1	1	-1	-1	-1	-1
002179.SZ	中航光电	C-39	0	-1	1	1	1	-1	-1	-1	-1
002401.SZ	中海科技	I-65	0	-1	1	1	1	-1	-1	-1	-1
600536.SH	中国软件	I-65	0	-1	1	1	-1	-1	-1	-1	-1
600764.SH	中电广通	I-65	-1	-1	0	0	-1	-1	-1	-1	-1
000733.SZ	振华科技	C-39	-1	-1	-1	0	1	-1	-1	-1	-1
600797.SH	浙大网新	I-65	0	-1	1	1	1	-1	-1	-1	-1
300333.SZ	兆日科技	I-65	0	-1	0	1	1	-1	-1	-1	-1
002429.SZ	兆驰股份	C-39	-1	-1	0	1	1	-1	-1	-1	-1
300315.SZ	掌趣科技	I-65	0	0	1	1	1	-1	-1	-1	-1
300348.SZ	长亮科技	I-65	0	-1	0	1	1	-1	-1	-1	-1
000748.SZ	长城信息	C-39	0	-1	0	1	1	-1	-1	-1	-1
000066.SZ	长城电脑	C-39	0	0	1	1	1	-1	-1	-1	-1
002161.SZ	远望谷	C-39	1	1	1	1	1	-1	-1	-1	-1
002063.SZ	远光软件	I-65	1	0	1	1	1	-1	-1	-1	-1
002289.SZ	宇顺电子	C-39	-1	-1	1	1	1	-1	-1	-1	-1
600588.SH	用友网络	I-65	1	1	1	1	-1	-1	-1	0	-1
000670.SZ	盈方微	C-39	-1	-1	0	1	1	-1	-1	-1	-1
002528.SZ	英飞拓	C-39	0	0	0	1	1	-1	-1	-1	-1
300085.SZ	银之杰	I-65	0	-1	1	1	1	-1	-1	-1	-1

证券代码	证券简称	行业	微信	微博	网站新闻	投资者关系	互动问答	博客	RSS	App	邮件订阅
300231. SZ	银信科技	I－65	1	－1	1	1	1	－1	－1	－1	－1
300020. SZ	银江股份	I－65	0	0	1	1	1	－1	－1	－1	－1
002519. SZ	银河电子	C－39	－1	－1	0	1	1	－1	－1	－1	－1
300096. SZ	易联众	I－65	0	－1	1	1	1	－1	－1	－1	－1
300212. SZ	易华录	I－65	0	0	1	1	1	－1	－1	－1	－1
600289. SH	亿阳信通	I－65	0	0	1	1	1	－1	－1	－1	－1
300324. SZ	旋极信息	I－65	0	－1	1	1	1	－1	－1	－1	－1
002436. SZ	兴森科技	C－39	1	－1	1	1	1	－1	－1	－1	－1
002396. SZ	星网锐捷	C－39	1	1	1	1	1	－1	－1	－1	－1
600571. SH	信雅达	I－65	0	1	1	1	1	－1	－1	－1	－1
002388. SZ	新亚制程	C－39	0	－1	0	1	1	－1	－1	－1	－1
300248. SZ	新开普	I－65	0	0	0	1	1	－1	－1	－1	－1
002188. SZ	新嘉联	C－39	－1	－1	1	1	1	－1	－1	－1	－1
002089. SZ	新海宜	C－39	－1	－1	1	1	1	－1	－1	－1	－1
000997. SZ	新大陆	I－65	－1	－1	0	0	1	－1	－1	－1	－1
002376. SZ	新北洋	C－39	0	0	0	1	1	－1	－1	－1	－1
600476. SH	湘邮科技	I－65	0	－1	1	1	1	－1	－1	－1	－1
002194. SZ	武汉凡谷	C－39	－1	－1	0	1	1	－1	－1	－1	－1
002130. SZ	沃尔核材	C－39	0	0	0	1	1	－1	－1	－1	－1
002268. SZ	卫士通	I－65	0	－1	0	1	1	－1	－1	－1	－1
300253. SZ	卫宁软件	I－65	1	0	1	1	1	－1	0	－1	－1
002308. SZ	威创股份	C－39	0	0	0	1	1	－1	－1	－1	－1
300017. SZ	网宿科技	I－65	1	1	1	1	1	－1	－1	－1	－1
002654. SZ	万润科技	C－39	0	－1	0	1	1	－1	－1	－1	－1
300168. SZ	万达信息	I－65	0	0	1	1	1	－1	－1	－1	－1
002331. SZ	皖通科技	I－65	－1	－1	1	1	1	－1	－1	－1	－1
002052. SZ	同洲电子	C－39	1	0	0	1	1	－1	0	－1	－1
300302. SZ	同有科技	I－65	1	1	1	1	1	－1	－1	－1	－1
002049. SZ	同方国芯	C－39	－1	－1	0	0	1	－1	－1	－1	－1

续表

证券代码	证券简称	行业	微信	微博	网站新闻	投资者关系	互动问答	博客	RSS	App	邮件订阅
002156.SZ	通富微电	C-39	0	-1	0	1	1	-1	-1	-1	-1
300209.SZ	天泽信息	I-65	0	0	0	1	1	-1	-1	-1	-1
300047.SZ	天源迪科	I-65	0	-1	1	1	1	-1	-1	-1	-1
002134.SZ	天津普林	C-39	-1	-1	0	1	1	-1	-1	-1	-1
300245.SZ	天玑科技	I-65	0	0	1	1	1	-1	-1	0	-1
002368.SZ	太极股份	I-65	1	0	1	1	1	-1	-1	-1	-1
002261.SZ	拓维信息	I-65	0	0	0	0	1	-1	-1	-1	-1
300229.SZ	拓尔思	I-65	0	0	1	1	1	-1	-1	-1	-1
002079.SZ	苏州固锝	C-39	0	-1	0	1	1	-1	-1	-1	-1
002405.SZ	四维图新	I-65	1	0	1	1	1	-1	0	-1	-1
000801.SZ	四川九洲	C-39	-1	-1	-1	-1	1	-1	-1	-1	-1
002138.SZ	顺络电子	C-39	0	0	0	1	1	-1	-1	-1	-1
002273.SZ	水晶光电	C-39	1	-1	0	1	1	-1	-1	-1	-1
300075.SZ	数字政通	I-65	0	0	0	1	1	-1	-1	-1	-1
300150.SZ	世纪瑞尔	I-65	-1	0	1	1	1	-1	-1	-1	-1
300050.SZ	世纪鼎利	I-65	1	1	1	1	1	-1	-1	-1	-1
002137.SZ	实益达	C-39	-1	-1	-1	-1	1	-1	-1	-1	-1
002153.SZ	石基信息	I-65	-1	-1	0	1	1	-1	-1	-1	-1
002446.SZ	盛路通信	C-39	-1	0	0	1	1	-1	-1	-1	-1
002426.SZ	胜利精密	C-39	-1	-1	0	1	1	-1	-1	-1	-1
000555.SZ	神州信息	I-65	1	1	1	1	1	-1	0	-1	0
300002.SZ	神州泰岳	I-65	-1	-1	1	1	1	-1	-1	-1	-1
000050.SZ	深天马A	C-39	-1	-1	1	1	1	-1	-1	-1	-1
000021.SZ	深科技	C-39	-1	-1	0	1	1	-1	-1	-1	-1
000016.SZ	深康佳A	C-39	-1	-1	1	1	1	-1	-1	-1	-1
000020.SZ	深华发A	C-39	0	0	1	1	1	0	-1	0	-1
000045.SZ	深纺织A	C-39	-1	-1	0	1	1	-1	-1	-1	-1
300051.SZ	三五互联	I-65	0	0	1	1	1	-1	-1	0	-1
002115.SZ	三维通信	C-39	0	-1	0	1	1	-1	-1	-1	-1

续表

证券代码	证券简称	行业	微信	微博	网站新闻	投资者关系	互动问答	博客	RSS	App	邮件订阅
002312. SZ	三泰控股	C–39	0	–1	1	1	1	–1	–1	–1	–1
300044. SZ	赛为智能	I–65	0	0	1	1	1	–1	–1	–1	–1
300339. SZ	润和软件	I–65	–1	–1	0	1	1	–1	–1	–1	–1
002474. SZ	榕基软件	I–65	0	0	1	1	1	0	0	–1	–1
002642. SZ	荣之联	I–65	1	0	1	1	1	–1	–1	–1	–1
300290. SZ	荣科科技	I–65	0	–1	0	1	1	–1	–1	–1	–1
002313. SZ	日海通讯	C–39	0	–1	0	1	1	–1	–1	–1	–1
300311. SZ	任子行	I–65	0	0	0	1	1	–1	–1	–1	–1
300359. SZ	全通教育	I–65	0	–1	0	1	1	–1	–1	–1	–1
002373. SZ	千方科技	I–65	1	0	1	1	1	–1	–1	–1	–1
002232. SZ	启明信息	I–65	0	–1	0	1	1	–1	–1	–1	–1
002371. SZ	七星电子	C–39	0	–1	0	1	1	–1	–1	–1	–1
002027. SZ	七喜控股	C–39	–1	0	0	1	1	–1	–1	–1	–1
002456. SZ	欧菲光	C–39	–1	–1	1	1	1	–1	–1	–1	–1
002389. SZ	南洋科技	C–39	–1	–1	0	1	1	–1	–1	–1	–1
000948. SZ	南天信息	I–65	–1	–1	0	1	1	–1	–1	–1	–1
000547. SZ	闽福发A	C–39	–1	–1	–1	–1	1	–1	–1	–1	–1
300188. SZ	美亚柏科	I–65	1	1	1	1	1	–1	–1	–1	–1
300275. SZ	梅安森	I–65	0	–1	1	1	1	–1	–1	–1	–1
002351. SZ	漫步者	C–39	0	0	0	1	1	–1	–1	–1	–1
002280. SZ	联络互动	I–65	1	0	1	1	1	–1	–1	–1	–1
002189. SZ	利达光电	C–39	1	–1	0	1	1	–1	–1	–1	–1
002475. SZ	立讯精密	C–39	0	–1	0	1	1	–1	–1	–1	–1
300010. SZ	立思辰	I–65	–1	1	1	1	1	–1	–1	–1	–1
002577. SZ	雷柏科技	C–39	0	0	0	1	1	–1	–1	–1	–1
000977. SZ	浪潮信息	C–39	0	–1	–1	–1	1	–1	–1	–1	–1
600756. SH	浪潮软件	I–65	–1	–1	–1	–1	1	–1	–1	–1	–1
300297. SZ	蓝盾股份	I–65	0	0	0	1	1	–1	–1	–1	–1
002106. SZ	莱宝高科	C–39	–1	–1	0	1	1	–1	–1	–1	–1

续表

证券代码	证券简称	行业	微信	微博	网站新闻	投资者关系	互动问答	博客	RSS	App	邮件订阅
002230.SZ	科大讯飞	I-65	1	1	1	1	1	-1	-1	-1	-1
002119.SZ	康强电子	C-39	-1	-1	0	1	1	-1	-1	-1	-1
002279.SZ	久其软件	I-65	1	1	1	1	1	-1	-1	-1	-1
000725.SZ	京东方A	C-39	1	1	1	1	1	-1	-1	-1	-1
600446.SH	金证股份	I-65	1	1	1	1	1	-1	-1	-1	-1
002636.SZ	金安国纪	C-39	-1	-1	0	0	1	-1	-1	-1	-1
002609.SZ	捷顺科技	I-65	0	-1	0	1	1	-1	-1	0	-1
300182.SZ	捷成股份	I-65	0	0	1	1	1	-1	-1	-1	-1
002544.SZ	杰赛科技	I-65	1	-1	0	1	1	-1	-1	-1	-1
002484.SZ	江海股份	C-39	-1	-1	0	1	1	-1	-1	-1	-1
002600.SZ	江粉磁材	C-39	1	-1	0	1	1	-1	-1	-1	-1
002316.SZ	键桥通讯	I-65									
600728.SH	佳都科技	I-65	1	1	1	0	1	-1	-1	-1	-1
300264.SZ	佳创视讯	I-65	1	1	0	1	1	-1			-1
000586.SZ	汇源通信	C-39	-1	-1	0	0	1	-1	-1	-1	-1
002296.SZ	辉煌科技	C-39	-1	-1	0	1	1	-1	-1	-1	-1
300271.SZ	华宇软件	I-65	1	0	0	1	1	-1	-1	-1	-1
000536.SZ	华映科技	C-39	-1	-1	0	1	1	-1	-1	-1	-1
300025.SZ	华星创业	I-65	-1	-1	0	1	1	-1	-1	-1	-1
002185.SZ	华天科技	C-39	0	-1	0	1	1	-1	-1	-1	-1
600410.SH	华胜天成	I-65	1	1	1	1	1	-1	-1	-1	-1
300074.SZ	华平股份	I-65	0	0	1	1	1	-1	-1	-1	-1
300330.SZ	华虹计通	I-65	0	-1	0	1	1	-1	-1	-1	-1
000988.SZ	华工科技	C-39	0	-1	0	1	1	-1	-1	-1	-1
000727.SZ	华东科技	C-39	-1	-1	0	0	1	-1	-1	-1	-1
600850.SH	华东电脑	I-65	0	-1	1	1	1	-1	-1	-1	-1
002463.SZ	沪电股份	C-39	-1	-1	0	1	1	-1	-1	-1	-1
600570.SH	恒生电子	I-65	1	1	1	1	1	-1	-1	-1	-1
300365.SZ	恒华科技	I-65	0	-1	0	1	1	-1	-1	-1	-1

证券代码	证券简称	行业	微信	微博	网站新闻	投资者关系	互动问答	博客	RSS	App	邮件订阅
002104.SZ	恒宝股份	C－39	0	－1	0	1	1	－1	－1	－1	－1
002402.SZ	和而泰	C－39	－1	－1	1	1	1	－1	－1	－1	－1
002383.SZ	合众思壮	C－39	0	0	0	1	1	－1	－1	－1	－1
002025.SZ	航天电器	C－39	0	－1	1	0	1	－1	－1	0	－1
002362.SZ	汉王科技	C－39	0	0	0	1	1	－1	－1	－1	－1
300300.SZ	汉鼎股份	I－65	1	1	0	1	1	－1	－1	－1	－1
300170.SZ	汉得信息	I－65	0	－1	1	1	1	－1	－1	－1	－1
002583.SZ	海能达	C－39	0	0	1	1	1	－1	－1	－1	－1
300277.SZ	海联讯	I－65	－1	－1	0	1	1	－1	－1	－1	－1
002415.SZ	海康威视	C－39	1	0	1	1	1	－1	－1	－1	0
002465.SZ	海格通信	C－39	1	－1	1	1	1	－1	－1	－1	－1
002449.SZ	国星光电	C－39	1	0	1	1	1	－1	－1	－1	1
002093.SZ	国脉科技	I－65	－1	－1	0	1	1	－1	－1	－1	－1
002045.SZ	国光电器	C－39	0	－1	0	1	1	－1	－1	－1	－1
600406.SH	国电南瑞	I－65	0	0	0	1	1	－1	－1	－1	－1
002410.SZ	广联达	I－65	0	1	0	1	1	－1	－1	－1	1
002281.SZ	光迅科技	C－39	0	1	0	0	1	－1	－1	－1	－1
002241.SZ	歌尔声学	C－39	－1	－1	0	1	1	－1	－1	－1	－1
300098.SZ	高新兴	I－65	1	1	0	1	1	－1	－1	－1	1
002414.SZ	高德红外	C－39	0	0	0	1	1	－1	－1	－1	－1
300299.SZ	富春通信	I－65	0	0	1	1	1	－1	－1	－1	1
002222.SZ	福晶科技	C－39	－1	－1	0	1	1	－1	－1	－1	－1
000561.SZ	烽火电子	C－39	－1	0	0	0	1	－1	－1	－1	－1
000636.SZ	风华高科	C－39	1	－1	1	1	1	－1	－1	－1	1
300287.SZ	飞利信	I－65	0	－1	1	1	1	－1	－1	－1	1
300235.SZ	方直科技	I－65	0	0	0	1	1	－1	－1	－1	1
002195.SZ	二三四五	I－65	0	－1	0	0	1	－1	－1	－1	－1
000413.SZ	东旭光电	C－39	－1	0	1	1	1	－1	－1	－1	－1
002017.SZ	东信和平	C－39	－1	－1	0	1	1	－1	－1	－1	－1

续表

证券代码	证券简称	行业	微信	微博	网站新闻	投资者关系	互动问答	博客	RSS	App	邮件订阅
300183. SZ	东软载波	I – 65	0	– 1	0	1	1	– 1	– 1	– 1	– 1
600718. SH	东软集团	I – 65	1	– 1	1	1	1	– 1	– 1	– 1	– 1
002199. SZ	东晶电子	C – 39	– 1	– 1	0	1	1	– 1	– 1	– 1	– 1
002065. SZ	东华软件	I – 65	0	– 1	1	1	1	– 1	– 1	– 1	– 1
300166. SZ	东方国信	I – 65	– 1	– 1	1	1	1	– 1	– 1	– 1	– 1
300167. SZ	迪威视讯	I – 65	0	– 1	1	1	1	– 1	– 1	– 1	– 1
002055. SZ	得润电子	C – 39	– 1	– 1	0	1	1	– 1	– 1	– 1	– 1
002618. SZ	丹邦科技	C – 39	– 1	– 1	0	1	1	– 1	– 1	– 1	– 1
002214. SZ	大立科技	C – 39	1	0	0	1	1	– 1	0	– 1	– 1
002236. SZ	大华股份	C – 39	0	1	1	1	1	– 1	0	– 1	– 1
002421. SZ	达实智能	I – 65	0	1	1	1	1	– 1	– 1	– 1	– 1
002512. SZ	达华智能	C – 39	0	– 1	1	1	1	– 1	– 1	– 1	– 1
000810. SZ	创维数字	C – 39	0	– 1	1	1	1	– 1	– 1	– 1	– 1
002253. SZ	川大智胜	I – 65	0	– 1	0	0	1	– 1	– 1	– 1	– 1
300036. SZ	超图软件	I – 65	0	1	1	1	1	0	– 1	– 1	0
000823. SZ	超声电子	C – 39	– 1	– 1	1	1	1	– 1	– 1	– 1	– 1
002288. SZ	超华科技	C – 39	– 1	– 1	0	1	1	– 1	– 1	– 1	– 1
002649. SZ	博彦科技	I – 65	0	– 1	1	1	1	– 1	– 1	– 1	– 1
300352. SZ	北信源	I – 65	0	0	1	1	1	– 1	– 1	– 1	– 1
002148. SZ	北纬通信	I – 65	0	– 1	1	1	1	– 1	– 1	– 1	– 1
002151. SZ	北斗星通	C – 39	0	1	1	1	1	– 1	– 1	– 1	– 1
600845. SH	宝信软件	I – 65	0	0	1	1	1	– 1	– 1	– 1	– 1
300312. SZ	邦讯技术	I – 65	0	0	1	1	1	– 1	– 1	– 1	– 1
002231. SZ	奥维通信	C – 39	0	– 1	0	0	1	– 1	– 1	– 1	– 1
002587. SZ	奥拓电子	C – 39	0	0	1	1	1	– 1	– 1	– 1	– 1
002635. SZ	安洁科技	C – 39	– 1	– 1	0	1	1	– 1	– 1	– 1	– 1
002180. SZ	艾派克	C – 39	– 1	– 1	– 1	– 1	1	– 1	– 1	– 1	– 1
000100. SZ	TCL 集团	C – 39	1	– 1	1	1	1	0	– 1	– 1	– 1

资料来源：公司微信公众平台、新浪微博、公司官方网站、深交所互动易、上证 e 互动和新浪博客，作者整理。

附录2

样本公司新媒体披露强度和受众

证券代码	证券简称	微信数量	新闻数量	微博数量	微博粉丝数量	互动问答数量	全球排名	日均IP	日均PV
600770.SH	综艺股份	0	0	0	0	46	6339411	360	360
000938.SZ	紫光股份	0	14	377	1693	787	491074	3000	15000
002369.SZ	卓翼科技	0	5	0	0	786	1664096	1200	4800
000063.SZ	中兴通讯	147	120	10860	1123471	1189	47015	84000	252000
300052.SZ	中青宝	2	3	2329	190020	648	89461	57000	57000
000970.SZ	中科三环	9	5	0	0	756	无	无	无
002657.SZ	中科金财	63	10	40	210	231	4844036	290	780
002579.SZ	中京电子	0	4	0	0	467	4784860	360	1080
002179.SZ	中航光电	36	19	0	0	589	3631567	360	3240
002401.SZ	中海科技	0	14	0	0	318	5264815	300	900
600536.SH	中国软件	3	10	0	0	0	1102882	2100	10500
600764.SH	中电广通	0	0	0	0	0	无	0	0
000733.SZ	振华科技	0	0	0	0	412	无	无	无
600797.SH	浙大网新	25	17	0	0	48	1142713	2100	6930
300333.SZ	兆日科技	0	0	0	0	1268	2195498	600	9600
002429.SZ	兆驰股份	0	0	0	0	612	2642976	600	2400
300315.SZ	掌趣科技	33	38	483	1898	1509	695214	3000	9000
300348.SZ	长亮科技	0	8	0	0	184	8081571	150	750
000748.SZ	长城信息	10	66	0	0	138	1467226	1500	7500
000066.SZ	长城电脑	29	28	3741	64528	158	486950	3000	12000
002161.SZ	远望谷	7	26	1372	5386	721	320305	6000	48000
002063.SZ	远光软件	169	35	0	19	1296	1415932	1800	5220
002289.SZ	宇顺电子	0	0	0	0	784	6723519	300	330
600588.SH	用友网络	61	166	7933	78813	0	40478	93000	372000
000670.SZ	盈方微	0	1	0	0	259	1849113	1200	3600
002528.SZ	英飞拓	9	0	51	527	1002	2477741	600	2400
300085.SZ	银之杰	13	7	0	0	198	1180761	2400	5520

证券代码	证券简称	微信数量	新闻数量	微博数量	微博粉丝数量	互动问答数量	全球排名	日均IP	日均PV
300231. SZ	银信科技	13	8	0	0	412	662382	3000	3000
300020. SZ	银江股份	44	31	24229	28621	738	1282277	2100	3900
002519. SZ	银河电子	0	24	0	0	330	14316110	60	180
300096. SZ	易联众	2	7	0	0	531	3411897	600	1200
300212. SZ	易华录	0	19	1389	7527	589	1327860	1500	7500
600289. SH	亿阳信通	12	5	11	453	133	1095141	2700	5400
300324. SZ	旋极信息	16	16	0	0	332	1625477	1200	4800
002436. SZ	兴森科技	36	13	0	0	317	2399786	630	6300
002396. SZ	星网锐捷	58	40	364	798	498	1110940	2400	5280
600571. SH	信雅达	13	21	328	541	16	682476	3000	6000
002388. SZ	新亚制程	0	0	0	0	189	无	无	无
300248. SZ	新开普	23	9	5	54	543	937650	3000	3000
002188. SZ	新嘉联	0	22	0	0	858	无	无	无
002089. SZ	新海宜	0	4	0	0	467	66957	63000	189000
000997. SZ	新大陆	0	5	0	0	1902	2315948	1200	2040
002376. SZ	新北洋	8	18	37	212	723	1856508	1200	3000
600476. SH	湘邮科技	2	5	0	0	78	21049041	30	30
002194. SZ	武汉凡谷	0	6	0	0	561	12741745	60	360
002130. SZ	沃尔核材	68	20	23	140	211	1849999	1200	2880
002268. SZ	卫士通	8	0	9	317	319	1852911	900	4500
300253. SZ	卫宁软件	0	20	0	0	431	1226977	2100	5880
002308. SZ	威创股份	54	34	15	34	1358	1328844	1800	4860
300017. SZ	网宿科技	27	32	1442	42155	754	60574	48000	528000
002654. SZ	万润科技	13	9	0	0	256	2591030	720	2880
300168. SZ	万达信息	31	6	452	1665	432	552848	3000	6000
002331. SZ	皖通科技	0	46	0	0	319	2293518	600	4200
002052. SZ	同洲电子	4	10	2893	1045642	2179	1208455	2100	6930
300302. SZ	同有科技	19	14	569	576	351	1445667	1500	6000
002049. SZ	同方国芯	0	0	0	0	1209	5652053	390	390

证券代码	证券简称	微信数量	新闻数量	微博数量	微博粉丝数量	互动问答数量	全球排名	日均 IP	日均 PV
002156. SZ	通富微电	2	20	0	0	249	3550552	480	1920
300209. SZ	天泽信息	10	0	732	525	621	3237908	600	1200
300047. SZ	天源迪科	0	138	0	0	1728	821708	2700	16200
002134. SZ	天津普林	0	0	0	0	337	无	无	无
300245. SZ	天玑科技	9	35	2576	1508	1076	980461	2700	6750
002368. SZ	太极股份	39	19	512	1360	411	2228800	600	4200
002261. SZ	拓维信息	0	9	100	882	841	857865	3000	9000
300229. SZ	拓尔思	0	7	1404	7575	1113	566337	3000	9000
002079. SZ	苏州固锝	90	7	0	0	728	15237176	90	90
002405. SZ	四维图新	35	15	1537	4790	693	301703	15000	15000
000801. SZ	四川九洲	0	0	0	43558	377	无	0	0
002138. SZ	顺络电子	1	1	759	16945	2166	1878103	1200	3120
002273. SZ	水晶光电	25	7	0	0	1338	3630490	480	1440
300075. SZ	数字政通	0	10	0	0	349	332143	6000	42000
300150. SZ	世纪瑞尔	0	9	0	0	889	无	无	无
300050. SZ	世纪鼎利	18	4	168	874	979	1686905	1500	3300
002137. SZ	实益达	0	0	0	0	216	无	无	无
002153. SZ	石基信息	0	4	0	0	399	951834	2700	8100
002446. SZ	盛路通信	0	1	1	44	368	5464805	420	420
002426. SZ	胜利精密	0	6	0	0	468	无	无	无
000555. SZ	神州信息	24	21	2250	8465	428	939274	2700	8640
300002. SZ	神州泰岳	0	8	0	0	1193	703941	3000	9000
000050. SZ	深天马 A	0	36	0	0	1573	3942818	480	1440
000021. SZ	深科技	0	44	0	0	376	2298495	600	5400
000016. SZ	深康佳 A	26	32	6609	1376837	884	58161	69000	267000
000020. SZ	深华发 A	0	0	0	0	398	无	无	无
000045. SZ	深纺织 A	0	3	0	0	284	4670449	390	780
300051. SZ	三五互联	45	4	8365	225451	784	68203	60000	180000
002115. SZ	三维通信	1	2	0	0	348	24157598	30	30

续表

证券代码	证券简称	微信数量	新闻数量	微博数量	微博粉丝数量	互动问答数量	全球排名	日均IP	日均PV
002312.SZ	三泰控股	2	20	0	0	1623	2614208	900	1170
300044.SZ	赛为智能	0	3	925	193	1217	2195018	600	6600
300339.SZ	润和软件	0	12	0	0	483	888926	2700	13500
002474.SZ	榕基软件	7	18	114	6	184	3872540	600	600
002642.SZ	荣之联	49	13	1129	5515	354	751730	3000	6000
300290.SZ	荣科科技	10	4	0	0	1138	3876486	360	2520
002313.SZ	日海通讯	0	11	0	0	498	144835	15000	255000
300311.SZ	任子行	0	2	703	11576	456	1654098	1200	8400
300359.SZ	全通教育	12	2	0	0	331	1223719	2400	4560
002373.SZ	千方科技	178	50	21	164	248	13303908	120	120
002232.SZ	启明信息	0	9	0	0	531	5125928	330	990
002371.SZ	七星电子	9	5	0	0	317	6822025	330	330
002027.SZ	七喜控股	0	2	1680	191196	521	214982	18000	36000
002456.SZ	欧菲光	0	47	0	0	1053	2218809	900	5400
002389.SZ	南洋科技	0	3	0	0	578	无	无	无
000948.SZ	南天信息	0	2	0	0	351	625573	3000	9000
000547.SZ	闽福发A	0	0	0	0	721	无	无	无
300188.SZ	美亚柏科	81	58	4298	298973	612	1555478	1800	3240
300275.SZ	梅安森	15	155	0	0	543	2685010	600	2400
002351.SZ	漫步者	23	41	10218	784425	1023	391214	6000	12000
002280.SZ	联络互动	3	24	22	20	907	940911	3000	6000
002189.SZ	利达光电	1	4	0	0	314	无	无	无
002475.SZ	立讯精密	36	3	0	0	436	1966766	1080	3240
300010.SZ	立思辰	0	31	653	10083	396	2994598	600	2400
002577.SZ	雷柏科技	13	21	4166	38095	1038	376998	6000	24000
000977.SZ	浪潮信息	0	0	0	0	312	无	0	0
600756.SH	浪潮软件	0	0	0	0	95	无	无	无
300297.SZ	蓝盾股份	11	23	151	314	612	1236923	1800	5940
002106.SZ	莱宝高科	0	0	0	0	798	2787770	600	1800

续表

证券代码	证券简称	微信数量	新闻数量	微博数量	微博粉丝数量	互动问答数量	全球排名	日均 IP	日均 PV
002230. SZ	科大讯飞	119	24	1860	10555	2499	99020	39000	117000
002119. SZ	康强电子	0	0	0	0	259	11922291	120	120
002279. SZ	久其软件	15	16	212	751	253	480900	3000	15000
000725. SZ	京东方 A	46	26	502	68458	5479	221641	15000	30000
600446. SH	金证股份	70	50	1288	1040	16	2008641	900	2700
002636. SZ	金安国纪	0	7	0	0	195	4340626	390	1170
002609. SZ	捷顺科技	10	4	0	0	308	1372321	1500	6000
300182. SZ	捷成股份	1	20	4155	499104	341	4989703	420	588
002544. SZ	杰赛科技	8	4	0	0	322	2263469	900	2700
002484. SZ	江海股份	0	0	0	0	887	无	无	无
002600. SZ	江粉磁材	2	8	0	0	302	无	无	无
002316. SZ	键桥通讯	0	1	0	0	731	5123999	360	720
600728. SH	佳都科技	18	38	172	863	91	无	0	0
300264. SZ	佳创视讯	0	5	0	0	1233	15479890	30	330
000586. SZ	汇源通信	0	0	0	0	369	5166026	300	900
002296. SZ	辉煌科技	0	0	0	0	247	无	无	无
300271. SZ	华宇软件	43	15	365	144	428	1052568	2100	10500
000536. SZ	华映科技	0	0	0	0	663	无	无	无
300025. SZ	华星创业	0	3	0	0	854	无	无	无
002185. SZ	华天科技	9	8	0	0	693	2270404	900	4500
600410. SH	华胜天成	22	18	789	15239	77	22768547	30	30
300074. SZ	华平股份	19	26	1786	2323	2358	3701700	360	4320
300330. SZ	华虹计通	0	24	0	0	168	2459522	600	6000
000988. SZ	华工科技	29	24	0	0	842	2350443	900	1800
000727. SZ	华东科技	0	0	0	0	139	无	0	0
600850. SH	华东电脑	34	3	0	0	680	2369445	900	2700
002463. SZ	沪电股份	0	1	0	0	511	13485366	120	120
600570. SH	恒生电子	128	6	1638	5920	169	90049	33000	330000
300365. SZ	恒华科技	0	5	0	0	784	5041417	360	720

续表

证券代码	证券简称	微信数量	新闻数量	微博数量	微博粉丝数量	互动问答数量	全球排名	日均IP	日均PV
002104.SZ	恒宝股份	0	3	0	0	579	1348831	1800	5940
002402.SZ	和而泰	0	2	0	0	467	无	无	无
002383.SZ	合众思壮	18	27	223	1559	243	406168	6000	48000
002025.SZ	航天电器	6	33	0	0	1066	3370483	630	1260
002362.SZ	汉王科技	35	14	51	252	1458	148104	24000	72000
300300.SZ	汉鼎股份	120	8	520	778	408	1871374	1200	4800
300170.SZ	汉得信息	0	5	0	0	349	316660	9000	45000
002583.SZ	海能达	57	16	932	74582	1095	937297	2700	8910
300277.SZ	海联讯	0	0	0	0	278	1138930	2700	4860
002415.SZ	海康威视	73	126	1069	11472	395	21770	168000	1008000
002465.SZ	海格通信	26	15	0	0	997	2759869	600	2400
002449.SZ	国星光电	66	37	120	198	633	1031544	3000	3000
002093.SZ	国脉科技	0	2	0	0	337	1969146	1200	3600
002045.SZ	国光电器	0	49	0	0	781	3981727	510	1020
600406.SH	国电南瑞	0	125	0	0	14	1030801	2400	9600
002410.SZ	广联达	18	84	1170	14659	1369	201187	15000	45000
002281.SZ	光迅科技	0	3	0	0	679	1444884	1500	6000
002241.SZ	歌尔声学	0	0	0	0	1443	1108688	2100	8400
300098.SZ	高新兴	52	41	639	10987	813	1625396	1200	9600
002414.SZ	高德红外	113	25	151	443	733	2916828	750	1425
300299.SZ	富春通信	1	14	1220	19445	587	无	无	无
002222.SZ	福晶科技	0	4	0	0	553	11376110	90	270
000561.SZ	烽火电子	0	8	1463	502	431	无	无	无
000636.SZ	风华高科	19	46	0	0	548	4405963	300	3000
300287.SZ	飞利信	0	34	0	0	267	1984140	1200	3600
300235.SZ	方直科技	5	22	2323	1429	633	1530241	1800	3600
002195.SZ	二三四五	3	2	0	0	753	709903	3000	3000
000413.SZ	东旭光电	0	31	219	208	883	10888470	90	540
002017.SZ	东信和平	0	8	0	0	289	180991	12000	216000

续表

证券代码	证券简称	微信数量	新闻数量	微博数量	微博粉丝数量	互动问答数量	全球排名	日均 IP	日均 PV
300183. SZ	东软载波	11	5	0	0	816	2432855	600	2400
600718. SH	东软集团	26	20	0	0	93	171357	18000	54000
002199. SZ	东晶电子	0	13	0	0	303	无	无	无
002065. SZ	东华软件	0	49	0	0	677	443732	6000	18000
300166. SZ	东方国信	0	28	0	0	289	1836116	1200	4800
300167. SZ	迪威视讯	25	9	0	0	978	3985089	390	1560
002055. SZ	得润电子	0	8	0	0	732	无	无	无
002618. SZ	丹邦科技	0	0	0	0	1247	4242382	330	1980
002214. SZ	大立科技	25	3	138	452	257	1914750	1200	4800
002236. SZ	大华股份	43	83	717	4454	784	141181	21000	147000
002421. SZ	达实智能	128	34	0	0	431	1439538	1800	4500
002512. SZ	达华智能	1	23	0	0	315	19032942	30	90
000810. SZ	创维数字	55	16	0	0	228	3176880	780	1014
002253. SZ	川大智胜	0	6	0	0	1388	1698075	1200	6000
300036. SZ	超图软件	119	67	5378	20086	1598	232915	12000	36000
000823. SZ	超声电子	0	0	0	0	822	2093318	900	2700
002288. SZ	超华科技	0	4	0	0	432	3846664	450	1350
002649. SZ	博彦科技	16	18	869	2352	667	396363	6000	24000
300352. SZ	北信源	30	17	110	166	347	3990755	630	693
002148. SZ	北纬通信	0	7	0	0	769	1646604	1200	4800
002151. SZ	北斗星通	18	12	1100	1655	228	3735032	4200	2100
600845. SH	宝信软件	0	15	131	1472	18	637360	3000	6000
300312. SZ	邦讯技术	0	1	691	17692	857	4565271	360	1080
002231. SZ	奥维通信	0	0	0	0	635	5056488	330	990
002587. SZ	奥拓电子	16	17	13	82	589	2692331	690	2760
002635. SZ	安洁科技	0	16	0	0	1123	无	无	无
002180. SZ	艾派克	0	0	0	0	483	无	0	0
000100. SZ	TCL 集团	143	70	0	0	1261	30894	159000	159000

资料来源：公司微信公众平台、新浪微博、公司官方网站、深交所互动易和上证 e 互动，作者整理。

附录3

样本公司财务与公司治理数据

证券代码	证券简称	总资产（亿元）	ROE（%）	资产负债率（%）	董事会规模（人）	独立董事占比（%）	前十大股东持股占比（%）	公司属性	再融资
600770. SH	综艺股份	65.69	0.55	31.16	9	33.33	49.87	0	0
000938. SZ	紫光股份	46.70	6.00	55.07	7	42.86	37.01	1	0
002369. SZ	卓翼科技	32.63	2.94	57.23	8	37.50	36.18	0	0
000063. SZ	中兴通讯	1062.14	8.74	75.25	12	50.00	53.22	0	0
300052. SZ	中青宝	15.35	-8.50	34.91	7	42.86	46.92	0	0
000970. SZ	中科三环	53.86	7.31	18.88	9	33.33	38.13	1	0
002657. SZ	中科金财	23.37	7.98	35.61	9	33.33	60.17	0	1
002579. SZ	中京电子	10.56	2.89	40.24	9	33.33	57.53	0	0
002179. SZ	中航光电	62.40	12.24	47.38	9	33.33	64.20	1	1
002401. SZ	中海科技	10.51	7.40	35.76	7	42.86	63.26	1	0
600536. SH	中国软件	44.27	-0.11	47.50	6	33.33	64.94	1	1
600764. SH	中电广通	14.45	0.49	49.55	5	40.00	60.92	1	0
000733. SZ	振华科技	52.70	2.54	32.26	7	57.14	54.26	1	0
600797. SH	浙大网新	46.28	-20.31	63.60	11	36.36	18.15	0	0
300333. SZ	兆日科技	8.54	4.60	4.11	8	50.00	45.59	0	1
002429. SZ	兆驰股份	68.96	15.75	34.95	7	42.86	75.84	0	0
300315. SZ	掌趣科技	50.23	9.52	19.76	9	33.33	55.26	0	0
300348. SZ	长亮科技	6.43	7.98	24.84	9	33.33	52.81	0	0
000748. SZ	长城信息	40.29	6.82	40.11	9	33.33	36.80	1	1
000066. SZ	长城电脑	397.15	-6.39	78.59	9	33.33	57.54	1	0
002161. SZ	远望谷	17.35	2.14	12.32	6	50.00	37.84	0	1
002063. SZ	远光软件	19.16	9.96	15.82	8	37.50	37.83	0	0
002289. SZ	宇顺电子	39.37	-19.62	57.33	7	42.86	41.21	0	0
600588. SH	用友网络	88.11	14.82	49.58	7	57.14	61.41	0	0
000670. SZ	盈方微	7.61	-0.58	29.01	9	33.33	44.78	0	1
002528. SZ	英飞拓	26.46	1.97	17.67	7	42.86	74.96	0	0
300085. SZ	银之杰	9.63	4.73	13.21	9	33.33	71.45	0	1

续表

证券代码	证券简称	总资产（亿元）	ROE（%）	资产负债率（%）	董事会规模（人）	独立董事占比（%）	前十大股东持股占比（%）	公司属性	再融资
300231. SZ	银信科技	5.25	15.06	23.80	5	40.00	50.51	0	0
300020. SZ	银江股份	40.90	10.14	53.70	9	33.33	47.96	0	0
002519. SZ	银河电子	23.82	8.32	17.07	9	33.33	64.74	0	0
300096. SZ	易联众	8.95	6.34	23.29	6	50.00	42.51	0	0
300212. SZ	易华录	32.56	15.40	66.21	8	37.50	51.82	1	1
600289. SH	亿阳信通	27.98	4.83	30.07	11	36.36	29.57	0	0
300324. SZ	旋极信息	10.50	11.30	24.57	7	42.86	64.78	0	0
002436. SZ	兴森科技	26.16	6.91	34.48	8	50.00	58.05	0	0
002396. SZ	星网锐捷	39.14	8.97	35.43	12	33.33	64.23	1	0
600571. SH	信雅达	12.26	11.49	41.25	11	36.36	52.40	0	0
002388. SZ	新亚制程	8.25	0.92	30.18	8	37.50	67.26	0	0
300248. SZ	新开普	6.47	7.05	14.82	8	37.50	61.21	0	0
002188. SZ	新嘉联	3.35	−6.40	9.70	9	33.33	39.56	0	0
002089. SZ	新海宜	35.40	5.17	47.14	9	33.33	49.20	0	0
000997. SZ	新大陆	37.12	14.56	47.97	6	33.33	48.94	0	0
002376. SZ	新北洋	27.44	7.09	27.11	9	33.33	50.67	1	1
600476. SH	湘邮科技	3.73	−20.01	38.07	10	50.00	60.63	1	1
002194. SZ	武汉凡谷	25.52	6.84	20.71	9	33.33	73.57	0	0
002130. SZ	沃尔核材	26.59	11.66	54.91	7	42.86	44.81	0	0
002268. SZ	卫士通	19.30	10.56	33.48	9	33.33	58.15	1	0
300253. SZ	卫宁软件	12.18	16.32	34.97	7	42.86	52.88	0	0
002308. SZ	威创股份	23.08	3.96	10.00	9	33.33	61.20	0	1
300017. SZ	网宿科技	19.78	32.71	17.28	7	42.86	48.06	0	0
002654. SZ	万润科技	9.76	7.46	42.70	9	33.33	62.34	0	0
300168. SZ	万达信息	37.34	11.81	54.99	7	42.86	57.85	0	1
002331. SZ	皖通科技	15.68	5.17	23.23	9	33.33	38.00	0	0
002052. SZ	同洲电子	29.86	−40.19	71.74	9	33.33	35.04	0	0
300302. SZ	同有科技	5.95	4.67	15.16	7	42.86	64.85	0	1
002049. SZ	同方国芯	34.90	9.99	24.79	9	33.33	64.32	1	0

续表

证券代码	证券简称	总资产 （亿元）	ROE （%）	资产 负债率 （%）	董事会 规模 （人）	独立董事 占比 （%）	前十大股东 持股占比 （%）	公司 属性	再融资
002156.SZ	通富微电	39.55	2.05	40.22	11	36.36	64.47	0	0
300209.SZ	天泽信息	9.19	0.49	5.21	7	42.86	77.44	0	0
300047.SZ	天源迪科	19.07	4.74	33.94	10	40.00	39.07	0	0
002134.SZ	天津普林	8.16	-4.01	30.06	9	33.33	53.29	1	1
300245.SZ	天玑科技	7.87	10.63	12.20	9	33.33	48.75	0	0
002368.SZ	太极股份	41.59	9.01	51.31	9	33.33	57.36	1	0
002261.SZ	拓维信息	13.69	4.38	18.86	6	33.33	50.69	0	0
300229.SZ	拓尔思	15.68	8.06	9.72	7	42.86	68.19	0	1
002079.SZ	苏州固锝	14.83	3.38	13.11	7	42.86	47.89	0	0
002405.SZ	四维图新	31.11	3.21	15.47	9	33.33	34.87	0	0
000801.SZ	四川九洲	29.90	3.45	48.28	7	42.86	67.14	1	0
002138.SZ	顺络电子	27.50	10.92	23.05	9	33.33	47.62	0	1
002273.SZ	水晶光电	17.98	11.35	20.54	9	33.33	36.02	0	0
300075.SZ	数字政通	14.12	10.84	18.47	9	33.33	56.62	0	0
300150.SZ	世纪瑞尔	16.24	5.19	10.30	9	33.33	52.75	0	0
300050.SZ	世纪鼎利	23.70	2.95	17.26	7	42.86	60.56	0	0
002137.SZ	实益达	6.64	1.35	23.28	7	57.14	67.98	0	0
002153.SZ	石基信息	24.74	20.72	22.62	6	50.00	78.05	0	1
002446.SZ	盛路通信	15.19	5.47	18.96	7	42.86	71.34	0	1
002426.SZ	胜利精密	51.38	7.92	40.93	5	40.00	71.80	0	0
000555.SZ	神州信息	64.03	12.97	53.75	10	40.00	84.39	0	0
300002.SZ	神州泰岳	55.37	14.15	10.93	12	33.33	56.45	0	0
000050.SZ	深天马A	156.92	14.09	45.44	8	37.50	65.98	1	1
000021.SZ	深科技	144.39	3.42	65.03	9	33.33	57.11	1	0
000016.SZ	深康佳A	167.79	1.28	74.39	8	37.50	37.02	1	0
000020.SZ	深华发A	11.63	0.84	75.80	6	50.00	53.62	0	1
000045.SZ	深纺织A	28.23	-5.02	22.20	8	37.50	54.39	1	0
300051.SZ	三五互联	7.71	0.50	29.00	7	42.86	49.69	0	1
002115.SZ	三维通信	20.35	-0.05	52.81	9	33.33	39.22	0	0

· 176 ·

续表

证券代码	证券简称	总资产（亿元）	ROE（%）	资产负债率（%）	董事会规模（人）	独立董事占比（%）	前十大股东持股占比（%）	公司属性	再融资
002312.SZ	三泰控股	28.59	7.15	42.41	9	33.33	51.49	0	0
300044.SZ	赛为智能	9.93	7.30	31.56	10	40.00	45.86	0	0
300339.SZ	润和软件	22.65	8.48	34.04	11	36.36	57.18	0	0
002474.SZ	榕基软件	16.86	−0.10	19.56	8	37.50	39.41	0	0
002642.SZ	荣之联	32.10	9.24	20.00	11	36.36	63.41	0	0
300290.SZ	荣科科技	6.54	13.19	32.36	9	33.33	67.79	0	0
002313.SZ	日海通讯	44.61	0.63	49.62	6	50.00	36.06	0	1
300311.SZ	任子行	6.28	7.93	28.21	5	40.00	65.39	0	0
300359.SZ	全通教育	3.96	10.91	6.19	9	33.33	72.65	0	0
002373.SZ	千方科技	21.97	28.26	53.21	8	37.50	75.32	0	0
002232.SZ	启明信息	16.52	0.77	34.72	9	33.33	61.61	1	0
002371.SZ	七星电子	38.86	2.29	49.46	9	33.33	68.00	1	0
002027.SZ	七喜控股	5.91	1.34	16.14	7	42.86	59.51	0	0
002456.SZ	欧菲光	141.56	13.18	58.89	9	33.33	49.27	0	0
002389.SZ	南洋科技	28.39	2.51	23.65	9	44.44	56.56	0	0
000948.SZ	南天信息	26.06	−1.91	45.64	10	40.00	55.68	1	0
000547.SZ	闽福发A	34.83	1.45	30.07	9	33.33	37.64	1	0
300188.SZ	美亚柏科	13.14	12.08	25.69	7	42.86	76.54	0	1
300275.SZ	梅安森	8.11	3.59	12.52	7	42.86	55.16	0	0
002351.SZ	漫步者	17.98	2.84	6.56	9	33.33	79.46	0	0
002280.SZ	联络互动	9.61	55.24	12.21	7	42.86	78.36	0	0
002189.SZ	利达光电	7.63	2.21	33.06	9	33.33	57.84	1	0
002475.SZ	立讯精密	96.92	19.49	48.78	7	42.86	70.60	0	0
300010.SZ	立思辰	19.31	9.68	28.90	12	33.33	48.94	0	0
002577.SZ	雷柏科技	18.76	2.30	22.36	5	40.00	77.07	0	0
000977.SZ	浪潮信息	59.49	6.36	60.74	6	33.33	50.97	1	0
600756.SH	浪潮软件	20.14	8.38	57.84	6	33.33	27.10	1	0
300297.SZ	蓝盾股份	13.15	4.65	45.32	9	33.33	62.43	0	0
002106.SZ	莱宝高科	51.61	0.33	20.24	12	33.33	38.21	1	0

证券代码	证券简称	总资产（亿元）	ROE（%）	资产负债率（%）	董事会规模（人）	独立董事占比（%）	前十大股东持股占比（%）	公司属性	再融资
002230.SZ	科大讯飞	51.70	8.21	24.54	11	36.36	37.23	1	0
002119.SZ	康强电子	15.68	-0.85	51.71	8	50.00	51.58	0	0
002279.SZ	久其软件	8.25	6.92	7.94	6	33.33	71.29	0	1
000725.SZ	京东方A	1362.40	3.06	43.51	12	33.33	62.49	1	0
600446.SH	金证股份	19.19	19.95	51.12	7	42.86	52.70	0	0
002636.SZ	金安国纪	23.01	1.88	41.95	9	33.33	70.83	0	0
002609.SZ	捷顺科技	11.09	12.89	26.26	8	37.50	71.25	0	0
300182.SZ	捷成股份	23.40	16.93	26.18	9	33.33	68.87	0	0
002544.SZ	杰赛科技	29.57	6.67	61.57	11	36.36	59.56	1	0
002484.SZ	江海股份	19.55	9.39	13.89	9	33.33	59.92	0	0
002600.SZ	江粉磁材	27.52	-1.99	49.03	9	33.33	45.54	0	0
002316.SZ	键桥通讯	19.14	2.29	56.25	9	33.33	48.92	0	0
600728.SH	佳都科技	26.47	7.97	52.95	9	33.33	52.00	0	0
300264.SZ	佳创视讯	6.72	2.11	4.99	9	33.33	41.23	0	0
000586.SZ	汇源通信	5.38	0.69	56.17	5	40.00	36.65	0	0
002296.SZ	辉煌科技	19.28	6.36	28.00	5	60.00	41.88	0	1
300271.SZ	华宇软件	17.89	13.98	35.52	7	42.86	46.43	0	0
000536.SZ	华映科技	104.36	2.60	61.74	9	55.56	73.37	0	0
300025.SZ	华星创业	17.30	12.30	55.27	7	42.86	40.17	0	0
002185.SZ	华天科技	41.58	12.29	39.28	9	33.33	42.30	0	0
600410.SH	华胜天成	66.08	2.04	59.77	9	33.33	22.92	0	0
300074.SZ	华平股份	10.63	2.77	4.61	9	33.33	45.04	0	0
300330.SZ	华虹计通	6.17	-1.30	29.16	9	33.33	48.46	1	0
000988.SZ	华工科技	46.91	6.01	38.44	9	33.33	44.30	0	0
000727.SZ	华东科技	115.44	-7.23	96.37	9	42.86	30.66	0	1
600850.SH	华东电脑	38.56	17.41	60.33	8	37.50	73.26	1	1
002463.SZ	沪电股份	54.47	-0.37	40.84	9	33.33	62.34	0	0
600570.SH	恒生电子	30.31	16.20	32.83	12	41.67	33.92	0	0
300365.SZ	恒华科技	5.59	14.78	6.23	7	42.86	76.01	0	0

续表

证券代码	证券简称	总资产（亿元）	ROE（%）	资产负债率（%）	董事会规模（人）	独立董事占比（%）	前十大股东持股占比（%）	公司属性	再融资
002104. SZ	恒宝股份	15. 83	24. 68	20. 98	9	33. 33	35. 90	0	0
002402. SZ	和而泰	12. 64	5. 21	25. 79	9	33. 33	56. 48	0	0
002383. SZ	合众思壮	18. 67	− 6. 31	21. 58	7	42. 86	57. 99	0	0
002025. SZ	航天电器	28. 32	11. 46	24. 64	9	33. 33	50. 47	1	0
002362. SZ	汉王科技	8. 54	− 0. 30	13. 85	9	33. 33	44. 16	0	0
300300. SZ	汉鼎股份	12. 47	10. 48	40. 33	9	33. 33	67. 65	0	0
300170. SZ	汉得信息	17. 60	11. 06	7. 75	5	60. 00	37. 56	0	0
002583. SZ	海能达	36. 42	0. 51	44. 99	9	33. 33	63. 44	0	0
300277. SZ	海联讯	6. 96	9. 03	34. 15	5	40. 00	75. 48	0	1
002415. SZ	海康威视	212. 91	34. 79	30. 11	9	44. 44	75. 56	1	0
002465. SZ	海格通信	84. 89	7. 43	36. 55	9	33. 33	32. 22	1	0
002449. SZ	国星光电	36. 79	5. 23	34. 07	10	40. 00	37. 20	0	0
002093. SZ	国脉科技	24. 11	2. 26	45. 63	7	42. 86	61. 99	0	0
002045. SZ	国光电器	25. 69	6. 47	48. 77	9	33. 33	40. 35	0	0
600406. SH	国电南瑞	147. 97	19. 08	51. 21	13	30. 77	51. 69	1	0
002410. SZ	广联达	31. 86	22. 23	11. 89	9	33. 33	63. 95	0	0
002281. SZ	光迅科技	35. 86	6. 68	33. 72	11	36. 36	66. 30	0	0
002241. SZ	歌尔声学	177. 58	22. 34	52. 01	7	42. 86	56. 86	0	0
300098. SZ	高新兴	16. 69	7. 25	39. 07	7	42. 86	59. 78	0	1
002414. SZ	高德红外	25. 20	2. 18	3. 34	7	42. 86	75. 84	0	0
300299. SZ	富春通信	5. 55	3. 50	23. 68	9	33. 33	62. 43	0	0
002222. SZ	福晶科技	6. 59	− 3. 02	9. 71	9	33. 33	38. 22	1	0
000561. SZ	烽火电子	19. 06	3. 72	45. 52	9	33. 33	60. 48	1	0
000636. SZ	风华高科	50. 83	1. 53	25. 89	9	44. 44	38. 30	1	0
300287. SZ	飞利信	25. 95	15. 60	51. 77	9	33. 33	57. 81	0	0
300235. SZ	方直科技	3. 55	4. 73	5. 22	7	42. 86	59. 47	0	0
002195. SZ	二三四五	42. 89	8. 20	5. 05	9	33. 33	77. 19	0	0
000413. SZ	东旭光电	124. 68	8. 07	48. 06	7	42. 86	41. 63	0	0
002017. SZ	东信和平	15. 76	6. 34	51. 98	11	45. 45	50. 72	1	0

续表

证券代码	证券简称	总资产（亿元）	ROE（%）	资产负债率（%）	董事会规模（人）	独立董事占比（%）	前十大股东持股占比（%）	公司属性	再融资
300183. SZ	东软载波	20. 67	13. 37	8. 92	9	33. 33	70. 15	0	0
600718. SH	东软集团	96. 22	2. 20	42. 06	9	33. 33	44. 08	0	0
002199. SZ	东晶电子	17. 15	−25. 47	55. 87	9	33. 33	47. 80	0	0
002065. SZ	东华软件	79. 24	20. 31	20. 56	10	40. 00	55. 22	0	0
300166. SZ	东方国信	18. 17	12. 11	17. 22	6	50. 00	59. 73	0	0
300167. SZ	迪威视讯	11. 35	−0. 99	36. 14	7	42. 86	58. 00	0	1
002055. SZ	得润电子	33. 82	7. 20	57. 69	7	42. 86	50. 93	0	0
002618. SZ	丹邦科技	22. 42	5. 28	28. 95	5	40. 00	62. 91	0	0
002214. SZ	大立科技	12. 73	4. 03	26. 52	6	50. 00	57. 77	0	0
002236. SZ	大华股份	79. 90	23. 63	34. 78	7	42. 86	57. 54	0	0
002421. SZ	达实智能	26. 00	10. 44	32. 80	9	33. 33	56. 96	0	0
002512. SZ	达华智能	22. 68	7. 07	27. 43	7	42. 86	67. 66	0	0
000810. SZ	创维数字	39. 10	20. 63	48. 49	9	33. 33	83. 30	0	0
002253. SZ	川大智胜	10. 23	0. 56	17. 60	9	33. 33	41. 35	0	0
300036. SZ	超图软件	8. 66	6. 02	23. 83	9	33. 33	42. 44	0	0
000823. SZ	超声电子	47. 66	6. 14	33. 98	9	33. 33	51. 05	1	0
002288. SZ	超华科技	23. 63	−0. 28	48. 94	9	33. 33	49. 73	0	0
002649. SZ	博彦科技	21. 00	10. 32	25. 83	7	42. 86	49. 66	0	0
300352. SZ	北信源	7. 92	9. 67	11. 41	7	42. 86	61. 71	0	0
002148. SZ	北纬通信	11. 50	1. 22	10. 19	8	37. 50	37. 24	0	1
002151. SZ	北斗星通	18. 93	1. 24	29. 50	6	50. 00	59. 55	0	0
600845. SH	宝信软件	51. 72	12. 57	49. 24	9	33. 33	63. 60	1	0
300312. SZ	邦讯技术	15. 14	0. 90	46. 50	7	42. 86	67. 19	0	0
002231. SZ	奥维通信	8. 57	−0. 60	22. 87	5	40. 00	49. 76	0	0
002587. SZ	奥拓电子	7. 60	10. 87	19. 18	9	33. 33	51. 59	0	0
002635. SZ	安洁科技	23. 35	8. 20	44. 39	10	30. 00	69. 35	0	0
002180. SZ	艾派克	6. 72	37. 22	13. 02	7	42. 86	87. 26	0	0
000100. SZ	TCL 集团	928. 77	10. 43	71. 08	8	50. 00	22. 99	0	0

资料来源：同花顺 iFinD 和 Wind 数据库，作者整理。

附录4

创业版公司互动易及财务数据

证券代码	证券名称	回复数	被关注数	ROA（%）	总资产（亿元）	无形资产（千万元）	流动比率（%）	总资产周转率（次）	前十大股东持股比例（%）	董事会人数	股东户数（万户）	公司属性	区间涨跌幅（%）
300001.SZ	特锐德	4	264	8.56	30.30	16.11	1.48	0.72	67.61	9	4.57	0	−55.98
300002.SZ	神州泰岳	317	288	13.22	55.37	14.79	4.57	0.53	56.93	12	5.69	0	−94.59
300003.SZ	乐普医疗	107	287	15.11	38.30	12.17	3.32	0.48	62.81	7	2.00	0	−45.37
300004.SZ	南风股份	483	125	5.66	37.74	19.16	2.29	0.33	52.66	9	2.39	0	−76.71
300005.SZ	探路者	302	328	19.72	17.67	0.99	2.90	1.05	50.38	8	3.36	0	−91.37
300006.SZ	莱美药业	192	188	1.95	22.44	14.67	0.69	0.41	50.33	6	1.30	0	−63.58
300007.SZ	汉威电子	77	158	5.20	18.20	34.20	1.49	0.29	50.85	9	0.79	0	−77.49
300008.SZ	上海佳豪	119	94	5.76	13.19	1.95	1.53	0.86	52.75	9	1.82	0	−72.02
300009.SZ	安科生物	621	299	14.54	9.16	3.58	2.99	0.51	47.25	12	2.39	0	−70.71
300010.SZ	立思辰	139	168	8.09	19.31	8.75	2.48	0.54	47.67	12	5.59	0	−76.00
300011.SZ	鼎汉技术	113	123	13.40	21.28	8.77	6.94	0.52	61.73	10	2.37	0	−84.77
300012.SZ	华测检测	165	182	12.63	15.88	7.92	2.90	0.68	45.50	9	2.63	0	−77.74
300013.SZ	新宁物流	74	66	3.60	6.82	4.28	1.42	0.66	58.00	7	2.02	0	−71.13
300014.SZ	亿纬锂能	257	201	7.83	16.80	8.69	1.91	0.82	58.95	6	2.03	0	−76.05
300015.SZ	爱尔眼科	72	383	17.08	25.50	1.55	2.79	1.03	73.58	7	2.04	0	−81.60
300016.SZ	北陆药业	169	151	14.19	9.07	2.50	2.18	0.58	54.52	9	2.09	0	−72.22
300017.SZ	网宿科技	134	434	28.76	19.78	5.87	5.40	1.13	43.27	7	3.04	0	−79.30
300018.SZ	中元华电	67	110	5.21	8.54	2.54	9.59	0.27	48.30	5	0.98	0	−52.60
300019.SZ	硅宝科技	51	68	11.28	8.14	4.86	3.20	0.74	68.94	14	1.91	0	−83.78
300020.SZ	银江股份	274	282	6.75	40.90	8.41	1.51	0.70	39.36	9	4.65	0	−89.54
300021.SZ	大禹节水	155	113	4.67	15.34	5.66	1.13	0.53	58.43	9	2.51	0	−77.78
300022.SZ	吉峰农机	162	87	−13.93	23.68	5.05	0.98	1.25	34.94	5	3.92	0	−78.45
300023.SZ	宝德股份	573	105	3.61	5.01	2.11	2.62	0.20	73.79	9	0.62	0	−30.70
300024.SZ	机器人	438	1412	13.97	32.43	15.29	2.80	0.54	45.76	10	8.15	1	−85.31
300025.SZ	华星创业	621	153	8.44	17.30	2.01	1.60	0.71	39.61	7	1.39	0	−73.98
300026.SZ	红日药业	272	334	19.68	30.43	11.30	3.00	1.09	56.48	9	2.20	0	−94.06
300027.SZ	华谊兄弟	684	740	16.12	98.19	7.41	1.80	0.28	48.24	9	8.71	0	−83.48

证券代码	证券名称	回复数	被关注数	ROA（%）	总资产（亿元）	无形资产（千万元）	流动比率（%）	总资产周转率（次）	前十大股东持股比例（%）	董事会人数	股东户数（万户）	公司属性	区间涨跌幅（%）
300028. SZ	金亚科技	339	194	3.87	13.24	4.30	1.52	0.42	43.82	7	3.21	0	−35.25
300029. SZ	天龙光电	476	204	1.77	10.98	3.83	1.81	0.13	36.81	9	1.88	0	−15.76
300030. SZ	阳普医疗	78	135	6.74	10.19	6.21	2.36	0.49	51.34	8	2.21	0	−72.32
300031. SZ	宝通科技	51	59	8.17	9.88	2.57	4.10	0.51	41.05	9	1.59	0	−70.62
300032. SZ	金龙机电	607	278	5.96	32.03	16.42	1.28	0.55	60.16	9	2.51	0	−76.15
300033. SZ	同花顺	269	238	2.24	15.81	2.75	3.35	0.18	74.81	9	4.97	0	−82.32
300034. SZ	钢研高纳	106	249	8.89	14.41	5.90	3.82	0.45	57.69	9	1.31	1	−67.26
300035. SZ	中科电气	164	86	5.00	10.13	5.58	6.82	0.20	34.64	9	1.77	0	−79.35
300036. SZ	超图软件	726	225	5.72	8.66	3.40	2.80	0.43	41.69	9	2.15	0	−59.90
300037. SZ	新宙邦	216	206	9.53	16.33	12.33	3.96	0.49	56.61	9	1.07	0	−43.39
300038. SZ	梅泰诺	165	105	5.40	18.89	2.48	1.96	0.36	52.61	7	1.36	0	−41.47
300039. SZ	上海凯宝	439	258	20.11	21.17	4.71	8.15	0.76	50.59	9	4.28	0	−86.67
300040. SZ	九洲电气	155	85	−5.37	13.96	14.45	6.47	0.13	48.44	9	1.69	0	−74.45
300041. SZ	回天新材	253	132	9.90	13.34	11.67	2.95	0.69	48.00	9	1.13	0	−74.63
300042. SZ	朗科科技	116	122	0.86	8.61	1.42	20.85	0.24	71.34	9	0.86	0	−28.68
300043. SZ	互动娱乐	168	198	14.11	28.43	8.86	1.11	1.08	64.73	7	5.07	0	−93.80
300044. SZ	赛为智能	786	233	6.75	9.93	2.05	2.76	0.62	40.68	10	3.43	0	−55.81
300045. SZ	华力创通	112	189	4.25	10.62	20.16	4.52	0.41	57.34	9	4.04	0	−84.22
300046. SZ	台基股份	148	114	3.83	8.79	1.39	12.43	0.25	52.06	8	1.16	0	−63.92
300047. SZ	天源迪科	291	254	5.17	19.07	21.36	2.00	0.68	40.00	10	2.71	0	−70.13
300048. SZ	合康变频	114	155	3.13	20.92	9.97	3.61	0.34	52.11	9	2.63	0	−66.68
300049. SZ	福瑞股份	337	219	9.93	13.31	13.98	2.81	0.52	42.14	11	1.30	0	−71.65
300050. SZ	世纪鼎利	683	227	0.21	23.70	17.60	3.98	0.23	55.62	6	1.73	0	−76.08
300051. SZ	三五互联	308	112	−0.47	7.71	5.69	3.07	0.40	54.34	6	4.47	0	−86.45
300052. SZ	中青宝	177	216	−0.29	15.35	13.32	1.34	0.33	47.91	7	2.37	0	−65.30
300053. SZ	欧比特	232	214	4.07	7.51	17.10	5.33	0.25	38.57	9	2.28	0	−42.41
300054. SZ	鼎龙股份	652	230	12.34	15.63	7.45	3.40	0.62	49.93	9	1.17	0	−88.85
300055. SZ	万邦达	890	245	6.73	36.72	6.69	2.69	0.34	38.49	8	8.53	0	−91.79

续表

证券代码	证券名称	回复数	被关注数	ROA（%）	总资产（亿元）	无形资产（千万元）	流动比率（%）	总资产周转率（次）	前十大股东持股比例（%）	董事会人数	股东户数（万户）	公司属性	区间涨跌幅（%）
300056. SZ	三维丝	97	140	9.92	8.69	1.33	1.49	0.57	43.49	9	1.52	0	−77.87
300057. SZ	万顺股份	206	104	7.02	44.99	14.57	0.99	0.52	62.72	9	1.35	0	−49.36
300058. SZ	蓝色光标	333	337	10.67	113.70	170.64	1.09	0.66	41.21	9	7.41	0	−95.67
300059. SZ	东方财富	488	553	3.19	61.83	13.05	1.38	0.14	43.28	9	13.92	0	−84.60
300061. SZ	康耐特	142	80	7.75	7.69	1.69	1.48	0.84	62.59	9	1.74	0	−73.52
300062. SZ	中能电气	64	63	3.59	10.27	4.49	3.81	0.44	71.58	7	0.74	0	−25.53
300063. SZ	天龙集团	40	50	2.18	12.00	6.28	1.43	0.84	65.10	9	0.69	0	−30.22
300064. SZ	豫金刚石	143	72	4.72	28.29	7.52	0.98	0.24	55.44	9	2.89	0	−73.58
300065. SZ	海兰信	89	155	2.27	8.26	7.52	5.55	0.47	42.25	5	1.50	0	−78.05
300066. SZ	三川股份	61	79	12.11	14.16	9.68	4.98	0.53	59.46	9	1.37	0	−87.91
300067. SZ	安诺其	73	101	13.56	10.27	3.39	4.79	0.78	59.60	7	2.74	0	−81.78
300068. SZ	南都电源	114	215	3.87	48.68	19.14	2.05	0.83	42.64	9	3.74	0	−46.99
300069. SZ	金利华电	59	43	3.12	6.57	2.47	2.35	0.31	66.00	5	0.89	0	−34.26
300070. SZ	碧水源	196	381	13.61	105.36	132.55	1.53	0.37	61.41	9	1.99	0	−86.00
300071. SZ	华谊嘉信	96	86	6.91	17.10	1.80	1.85	1.15	61.18	8	2.09	0	−91.76
300072. SZ	三聚环保	562	387	14.21	52.81	14.67	1.56	0.70	62.46	11	2.61	0	−82.47
300073. SZ	当升科技	691	198	−2.76	10.18	1.62	3.05	0.62	47.34	9	1.01	1	−29.21
300074. SZ	华平股份	1605	362	2.48	10.63	2.47	12.42	0.21	43.71	9	3.33	0	−93.95
300075. SZ	数字政通	104	210	9.42	14.12	8.49	4.91	0.41	49.93	9	3.35	0	−85.55
300076. SZ	GQY 视讯	165	161	0.81	11.81	4.19	8.80	0.22	59.28	9	1.20	0	−69.02
300077. SZ	国民技术	459	522	−1.87	28.65	13.03	19.30	0.15	17.77	7	3.13	0	−67.00
300078. SZ	思创医惠	59	172	6.33	12.79	3.77	6.93	0.39	56.52	9	0.65	0	−40.16
300079. SZ	数码视讯	387	484	4.09	32.85	24.01	9.94	0.18	24.68	7	7.50	0	−91.28
300080. SZ	新大新材	383	150	2.48	55.55	25.93	1.42	0.43	37.04	9	3.27	1	−73.28
300081. SZ	恒信移动	78	96	0.48	8.87	7.37	7.45	0.73	50.19	9	1.29	0	−70.49
300082. SZ	奥克股份	692	229	2.87	51.96	23.41	1.65	0.63	65.79	9	2.67	0	−86.49
300083. SZ	劲胜精密	18	124	3.33	37.62	6.59	0.95	1.23	63.76	7	0.45	0	−56.55
300084. SZ	海默科技	67	83	5.02	16.24	3.93	3.24	0.25	43.92	9	3.03	0	−80.63

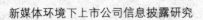

续表

证券代码	证券名称	回复数	被关注数	ROA（%）	总资产（亿元）	无形资产（千万元）	流动比率（%）	总资产周转率（次）	前十大股东持股比例（%）	董事会人数	股东户数（万户）	公司属性	区间涨跌幅（%）
300085. SZ	银之杰	95	109	3.24	9.63	7.86	5.21	0.26	70.34	9	3.44	0	-92.58
300086. SZ	康芝药业	149	139	2.68	19.27	24.48	14.65	0.21	53.40	7	2.76	0	-73.68
300087. SZ	荃银高科	50	52	2.43	10.48	8.17	2.40	0.46	37.25	9	2.51	0	-69.77
300088. SZ	长信科技	404	401	7.51	35.24	10.35	1.19	0.57	36.81	11	3.19	0	-87.19
300089. SZ	文化长城	53	56	2.53	11.63	29.88	1.72	0.40	59.05	7	1.32	0	-54.56
300090. SZ	盛运环保	283	163	7.65	60.22	49.47	1.17	0.23	43.10	12	1.89	0	-69.43
300091. SZ	金通灵	75	56	2.30	18.76	8.95	1.23	0.49	52.40	9	0.80	0	-67.90
300092. SZ	科新机电	47	66	1.73	7.62	2.89	1.95	0.40	56.35	8	1.96	0	-58.75
300093. SZ	金刚玻璃	495	144	3.20	15.96	3.23	2.13	0.29	41.19	5	1.02	0	-22.37
300094. SZ	国联水产	26	77	11.40	27.49	4.22	2.21	0.80	63.28	9	0.73	0	110.48
300095. SZ	华伍股份	116	74	6.02	11.33	6.23	2.78	0.62	49.47	9	2.35	0	-66.82
300096. SZ	易联众	237	143	5.13	8.95	3.44	3.55	0.47	32.43	6	3.36	0	-70.70
300097. SZ	智云股份	291	117	4.01	5.51	2.53	5.77	0.39	58.47	7	1.20	0	-35.93
300098. SZ	高新兴	327	126	10.80	16.69	3.63	1.41	0.51	57.55	7	1.32	0	-86.82
300099. SZ	尤洛卡	85	93	0.14	9.33	5.97	7.08	0.21	60.74	7	1.17	0	-66.98
300100. SZ	双林股份	39	65	6.56	36.42	30.18	1.14	0.55	80.51	9	1.01	0	-69.99
300101. SZ	振芯科技	141	209	6.91	11.74	10.54	2.77	0.38	50.58	9	3.12	0	-80.43
300102. SZ	乾照光电	165	156	3.12	21.32	4.16	3.71	0.21	52.22	7	3.58	0	-83.50
300103. SZ	达刚路机	43	73	4.19	9.48	1.34	5.67	0.35	65.12	9	1.12	0	-74.90
300104. SZ	乐视网	1025	1259	3.13	88.51	333.85	0.81	0.98	54.93	5	13.09	0	-93.45
300105. SZ	龙源技术	146	136	6.19	31.81	5.37	2.88	0.53	51.48	12	2.57	1	-89.38
300106. SZ	西部牧业	98	76	4.27	17.49	5.57	1.12	0.51	52.13	9	1.52	0	-25.06
300107. SZ	建新股份	31	43	5.05	9.14	0.92	8.47	0.53	62.26	9	3.01	0	-88.94
300108. SZ	双龙股份	167	92	6.16	21.68	11.20	3.99	0.26	66.37	7	1.15	0	-82.04
300109. SZ	新开源	106	160	7.85	4.75	2.40	2.23	0.56	57.88	7	0.89	0	-62.33
300110. SZ	华仁药业	181	167	4.09	26.22	9.65	0.95	0.37	59.64	9	3.25	0	-44.54
300111. SZ	向日葵	131	142	3.78	31.54	14.61	0.84	0.55	21.36	7	14.54	0	-61.79
300112. SZ	万讯自控	211	107	5.13	6.07	3.38	3.05	0.57	58.12	7	1.39	0	-64.53

证券代码	证券名称	回复数	被关注数	ROA（%）	总资产（亿元）	无形资产（千万元）	流动比率（%）	总资产周转率（次）	前十大股东持股比例（%）	董事会人数	股东户数（万户）	公司属性	区间涨跌幅（%）
300113. SZ	顺网科技	190	189	11.50	13.28	3.57	2.28	0.50	62.96	7	1.38	0	-74.75
300114. SZ	中航电测	43	89	8.10	16.55	8.29	2.85	0.65	77.17	9	1.03	1	-53.14
300115. SZ	长盈精密	324	230	12.15	39.08	4.68	1.49	0.74	66.49	7	1.42	0	-81.74
300116. SZ	坚瑞消防	68	74	1.55	14.47	10.77	1.76	0.33	57.97	5	2.99	0	-66.10
300117. SZ	嘉寓股份	91	80	3.06	35.87	15.38	1.47	0.57	63.31	7	1.49	0	-68.54
300118. SZ	东方日升	219	161	3.53	58.71	11.63	1.32	0.59	50.38	9	3.59	0	-61.67
300119. SZ	瑞普生物	137	146	1.61	19.83	17.14	4.82	0.29	67.30	9	1.59	0	-78.05
300120. SZ	经纬电材	253	81	0.65	7.09	3.97	3.97	0.61	44.18	7	1.57	0	-48.53
300121. SZ	阳谷华泰	50	65	5.45	12.18	8.19	1.15	0.65	68.80	6	1.02	0	-81.30
300122. SZ	智飞生物	139	111	5.68	27.14	23.09	12.39	0.30	85.96	7	0.79	0	-48.45
300123. SZ	太阳鸟	112	100	3.00	14.58	12.66	1.41	0.28	53.76	8	1.16	0	-55.90
300124. SZ	汇川技术	526	538	16.67	46.71	12.01	4.09	0.53	48.59	9	2.27	0	-84.80
300125. SZ	易世达	17	90	0.61	23.69	16.66	1.51	0.14	46.95	6	0.53	0	-57.51
300126. SZ	锐奇股份	234	74	4.70	12.38	6.38	5.04	0.56	54.20	9	2.74	0	-59.71
300127. SZ	银河磁体	133	257	6.17	11.03	1.71	9.52	0.35	77.24	9	1.35	0	-58.23
300128. SZ	锦富新材	74	146	3.60	39.02	7.41	1.29	0.91	65.50	8	1.49	0	-77.32
300129. SZ	泰胜风能	136	109	4.92	27.71	22.58	1.73	0.56	38.63	11	6.66	0	-77.61
300130. SZ	新国都	268	118	4.91	13.81	3.25	4.38	0.51	60.68	8	1.97	0	-79.76
300131. SZ	英唐智控	100	144	4.41	9.70	3.01	2.05	0.48	58.14	7	1.53	0	-84.64
300132. SZ	青松股份	403	69	7.90	10.55	5.15	1.32	0.72	46.71	8	1.79	0	-83.73
300133. SZ	华策影视	206	199	15.00	50.24	0.15	2.56	0.54	67.10	7	1.93	0	-93.68
300134. SZ	大富科技	474	232	19.85	34.62	19.41	1.83	0.76	69.00	5	2.17	0	-82.61
300135. SZ	宝利国际	39	74	5.54	23.66	9.77	1.60	0.76	51.14	8	2.50	0	-90.71
300136. SZ	信维通信	133	257	7.75	10.46	5.42	1.57	0.88	47.57	9	1.39	0	-73.85
300137. SZ	先河环保	100	118	6.73	11.95	2.69	6.27	0.38	35.88	9	2.99	0	-58.57
300138. SZ	晨光生物	271	76	3.06	15.08	9.60	2.03	0.77	36.11	8	1.03	0	-38.40
300139. SZ	福星晓程	596	191	2.35	13.40	26.34	7.23	0.19	33.86	9	3.09	0	-88.00
300140. SZ	启源装备	60	99	0.48	10.99	7.34	3.70	0.25	56.27	8	1.72	1	-76.04

证券代码	证券名称	回复数	被关注数	ROA（%）	总资产（亿元）	无形资产（千万元）	流动比率（%）	总资产周转率（次）	前十大股东持股比例（%）	董事会人数	股东户数（万户）	公司属性	区间涨跌幅（%）
300141.SZ	和顺电气	99	120	6.78	8.19	0.77	5.06	0.40	69.08	7	0.98	0	-46.15
300142.SZ	沃森生物	134	354	4.79	59.68	16.56	1.57	0.12	50.23	8	1.76	0	-59.37
300143.SZ	星河生物	263	79	-30.41	8.04	6.22	0.38	0.33	54.23	5	1.00	0	-48.46
300144.SZ	宋城演艺	318	359	13.12	38.42	72.93	3.26	0.26	70.12	9	2.43	0	-87.41
300145.SZ	南方泵业	71	118	11.69	20.52	13.11	2.28	0.82	59.66	7	0.44	0	-57.24
300146.SZ	汤臣倍健	234	431	21.27	27.01	8.12	7.86	0.66	62.52	9	2.21	0	-93.14
300147.SZ	香雪制药	104	119	7.78	35.88	17.91	1.10	0.43	52.66	9	2.31	0	-77.93
300148.SZ	天舟文化	365	97	10.36	20.29	0.10	3.29	0.39	65.79	5	2.34	0	-84.86
300149.SZ	量子高科	232	63	5.05	7.41	4.80	9.47	0.39	59.90	7	1.78	0	-63.19
300150.SZ	世纪瑞尔	253	147	6.85	16.24	0.15	8.76	0.21	49.18	9	3.86	0	-86.35
300151.SZ	昌红科技	238	131	5.29	9.53	2.30	4.84	0.61	60.84	6	4.20	0	-82.44
300152.SZ	科融环境	404	199	2.78	27.37	11.44	1.63	0.35	37.64	7	3.05	0	-42.86
300153.SZ	科泰电源	17	62	2.29	11.51	4.33	4.10	0.57	68.26	9	1.82	0	-62.82
300154.SZ	瑞凌股份	81	104	5.44	17.59	3.43	6.50	0.40	68.06	9	1.81	0	-70.25
300155.SZ	安居宝	245	177	5.40	13.70	3.24	5.44	0.48	70.05	7	3.50	0	-88.66
300156.SZ	神雾环保	129	175	1.82	24.37	14.83	1.69	0.12	64.09	9	1.24	0	-57.55
300157.SZ	恒泰艾普	126	119	5.33	30.34	22.39	2.11	0.25	33.53	11	2.33	0	-90.28
300158.SZ	振东制药	196	155	2.45	28.58	29.56	1.70	0.68	66.81	9	1.67	0	-46.31
300159.SZ	新研股份	71	123	9.68	12.75	4.39	8.17	0.46	36.59	6	3.00	0	-94.09
300160.SZ	秀强股份	248	80	2.64	13.63	3.57	3.57	0.59	60.33	9	1.16	0	-26.42
300161.SZ	华中数控	533	186	1.49	13.64	3.65	3.08	0.44	36.05	8	2.55	0	-30.91
300162.SZ	雷曼股份	180	118	3.45	9.15	1.79	4.18	0.45	65.00	7	3.11	0	-81.90
300163.SZ	先锋新材	171	63	5.11	9.77	5.31	4.39	0.54	44.06	5	3.30	0	-65.91
300164.SZ	通源石油	36	52	1.90	17.01	1.78	4.06	0.24	45.10	6	1.70	0	-85.19
300165.SZ	天瑞仪器	137	185	1.49	15.67	1.31	21.85	0.18	54.36	5	2.14	0	-64.54
300166.SZ	东方国信	92	157	9.95	18.17	21.63	2.68	0.42	52.50	6	2.30	0	-89.13
300167.SZ	迪威视讯	236	102	-0.32	11.35	5.16	2.23	0.22	54.06	7	1.28	0	-88.44
300168.SZ	万达信息	427	239	8.53	37.34	17.97	1.30	0.53	51.48	7	6.21	0	-88.49

续表

证券代码	证券名称	回复数	被关注数	ROA（%）	总资产（亿元）	无形资产（千万元）	流动比率（%）	总资产周转率（次）	前十大股东持股比例（%）	董事会人数	股东户数（万户）	公司属性	区间涨跌幅（%）
300169. SZ	天晟新材	90	108	3.68	18.48	13.93	2.01	0.45	53.78	7	0.89	0	−76.55
300170. SZ	汉得信息	138	154	9.86	17.60	4.24	10.52	0.62	38.56	5	5.54	0	−88.12
300171. SZ	东富龙	410	255	8.89	41.68	12.12	2.46	0.32	68.15	9	2.70	0	−84.87
300172. SZ	中电环保	65	139	7.10	13.26	8.05	2.78	0.48	50.92	9	3.60	0	−70.23
300173. SZ	智慧松德	168	115	0.96	19.70	8.20	2.23	0.14	70.40	9	3.44	0	−60.25
300174. SZ	元力股份	124	58	1.01	6.06	3.50	2.36	0.67	74.37	5	0.64	0	−24.47
300175. SZ	朗源股份	155	94	8.05	14.83	0.96	1.77	0.62	50.32	6	2.34	0	−84.99
300176. SZ	鸿特精密	112	70	3.63	18.18	4.17	0.84	0.74	60.08	9	0.61	0	−7.36
300177. SZ	中海达	216	282	9.34	13.07	6.41	5.18	0.56	50.03	5	3.41	0	−88.42
300178. SZ	腾邦国际	281	401	8.35	21.29	17.30	1.82	0.26	55.00	9	4.29	0	−86.58
300179. SZ	四方达	14	48	3.74	8.49	3.08	6.44	0.22	52.37	9	3.80	0	−89.05
300180. SZ	华峰超纤	287	92	8.09	17.68	32.48	4.63	0.61	49.96	7	1.81	0	−59.97
300181. SZ	佐力药业	527	207	11.67	11.82	4.21	2.26	0.49	45.79	9	5.27	0	−82.09
300182. SZ	捷成股份	138	124	13.91	23.40	4.50	2.88	0.58	65.13	9	0.87	0	−92.56
300183. SZ	东软载波	362	296	11.31	20.67	3.81	11.60	0.33	62.22	9	2.40	0	−85.45
300184. SZ	力源信息	134	119	4.54	9.14	4.84	1.92	0.90	55.25	8	2.79	0	−57.91
300185. SZ	通裕重工	222	136	3.22	68.91	32.21	1.00	0.30	46.91	9	6.59	0	−55.66
300187. SZ	永清环保	110	113	3.89	15.57	1.42	1.76	0.61	74.36	8	0.81	0	−64.88
300188. SZ	美亚柏科	246	259	11.03	13.14	5.50	2.95	0.51	61.04	7	3.98	0	−83.74
300189. SZ	神农大丰	15	50	−7.45	15.84	21.64	4.95	0.22	38.49	9	1.36	0	3.56
300190. SZ	维尔利	39	153	6.87	19.72	31.90	2.33	0.41	62.95	9	2.10	0	−80.32
300191. SZ	潜能恒信	356	170	1.04	12.43	6.12	78.41	0.06	71.35	7	1.08	0	−58.13
300192. SZ	科斯伍德	271	56	5.37	8.14	2.93	2.90	0.67	55.24	7	1.55	0	−57.62
300193. SZ	佳士科技	150	114	1.14	21.19	3.06	8.37	0.28	39.81	7	3.28	0	−40.00
300194. SZ	福安药业	149	62	1.82	18.32	6.78	11.34	0.24	67.39	9	1.11	0	−59.76
300195. SZ	长荣股份	267	105	9.88	28.40	11.01	3.69	0.44	66.85	7	1.78	0	−69.85
300196. SZ	长海股份	31	71	12.11	15.35	8.89	1.37	0.75	70.37	9	0.52	0	−44.15
300197. SZ	铁汉生态	210	164	9.28	50.64	0.13	1.10	0.46	65.06	7	1.54	0	−78.58

证券代码	证券名称	回复数	被关注数	ROA（%）	总资产（亿元）	无形资产（千万元）	流动比率（%）	总资产周转率（次）	前十大股东持股比例（%）	董事会人数	股东户数（万户）	公司属性	区间涨跌幅（%）
300198.SZ	纳川股份	40	79	4.69	15.56	1.63	2.08	0.69	56.81	9	2.01	0	-75.85
300199.SZ	翰宇药业	185	205	12.56	16.97	1.16	8.39	0.28	64.49	7	2.12	0	-88.17
300200.SZ	高盟新材	69	74	6.08	8.29	1.71	10.24	0.62	51.25	7	1.65	0	-51.70
300201.SZ	海伦哲	141	82	2.48	10.77	6.76	1.93	0.55	49.09	9	3.36	0	-56.56
300202.SZ	聚龙股份	8	85	26.49	17.59	2.91	4.06	0.75	64.86	9	1.05	0	-90.34
300203.SZ	聚光科技	65	142	8.28	29.06	7.75	3.24	0.46	58.29	7	1.06	0	3.59
300204.SZ	舒泰神	404	321	12.51	18.12	6.22	5.72	0.65	73.86	8	1.25	0	-78.05
300205.SZ	天喻信息	397	234	3.37	20.25	5.21	1.94	0.72	53.73	9	2.91	0	-84.22
300206.SZ	理邦仪器	162	249	-0.89	13.55	5.30	10.41	0.40	63.70	6	1.26	0	-62.24
300207.SZ	欣旺达	201	220	6.51	48.12	10.28	1.28	1.12	53.90	5	2.22	0	-57.00
300208.SZ	恒顺众昇	680	257	12.46	14.37	35.67	1.45	0.51	49.80	9	4.02	0	-83.52
300209.SZ	天泽信息	208	89	-0.76	9.19	2.47	15.41	0.19	69.89	4	1.98	0	-65.49
300210.SZ	森远股份	106	56	8.89	14.34	7.75	1.94	0.36	72.80	7	0.57	0	-75.48
300211.SZ	亿通科技	102	56	1.61	5.81	1.90	3.83	0.36	63.73	7	0.84	0	-63.33
300212.SZ	易华录	260	242	8.02	32.56	17.19	1.33	0.58	54.39	8	1.52	1	-82.97
300213.SZ	佳讯飞鸿	73	82	7.49	13.66	9.00	2.72	0.67	66.50	11	1.35	0	-68.32
300214.SZ	日科化学	69	46	5.07	13.90	6.17	5.23	0.94	42.86	9	2.30	0	-64.11
300215.SZ	电科院	58	180	4.16	32.67	5.95	0.43	0.14	74.77	9	2.97	0	-93.75
300216.SZ	千山药机	715	356	11.94	17.05	11.65	1.75	0.40	38.23	9	1.94	0	-76.37
300217.SZ	东方电热	111	81	7.49	16.70	9.60	2.65	0.63	53.76	7	1.88	0	-83.52
300218.SZ	安利股份	320	55	5.02	17.57	4.16	1.00	0.80	68.58	12	0.58	0	-48.18
300219.SZ	鸿利光电	195	92	8.05	15.72	3.48	1.50	0.77	61.57	7	1.80	0	-21.04
300220.SZ	金运激光	75	136	2.43	4.22	0.67	4.87	0.46	64.10	5	0.92	0	-75.90
300221.SZ	银禧科技	105	70	4.01	12.27	4.41	1.67	0.97	46.12	7	3.22	0	-77.52
300222.SZ	科大智能	49	63	6.80	17.53	4.05	2.54	0.48	69.72	9	1.36	0	-52.81
300223.SZ	北京君正	540	411	-3.36	10.73	3.16	76.46	0.05	54.77	6	1.54	0	-44.25
300224.SZ	正海磁材	41	102	5.72	20.36	3.19	3.00	0.39	66.25	9	1.52	0	-48.76
300225.SZ	金力泰	123	50	9.59	10.24	2.25	3.09	0.69	45.09	9	3.28	0	-87.95

续表

证券代码	证券名称	回复数	被关注数	ROA（%）	总资产（亿元）	无形资产（千万元）	流动比率（%）	总资产周转率（次）	前十大股东持股比例（%）	董事会人数	股东户数（万户）	公司属性	区间涨跌幅（%）
300226. SZ	上海钢联	178	168	1.91	15.81	2.36	2.06	6.29	42.94	9	1.99	0	-87.89
300227. SZ	光韵达	115	146	7.48	5.87	1.45	1.24	0.47	46.37	7	2.16	0	-42.21
300228. SZ	富瑞特装	240	303	10.36	32.70	16.74	1.24	0.63	40.01	7	1.15	0	-85.99
300229. SZ	拓尔思	234	236	7.34	15.68	5.67	6.12	0.23	62.96	7	4.14	0	-60.34
300230. SZ	永利带业	182	37	9.74	7.05	1.05	5.77	0.58	67.49	9	0.52	0	-34.49
300231. SZ	银信科技	134	160	13.92	5.25	0.53	5.49	1.01	36.89	5	4.21	0	-86.16
300232. SZ	洲明科技	59	134	8.13	13.38	7.95	1.32	0.83	60.81	7	0.67	0	-45.33
300233. SZ	金城医药	766	151	8.03	17.85	9.83	1.54	0.63	60.53	9	1.01	0	-21.33
300234. SZ	开尔新材	66	92	17.55	7.61	5.77	2.60	0.73	67.98	7	1.09	0	-75.94
300235. SZ	方直科技	309	135	6.64	3.55	0.37	19.32	0.24	56.95	7	1.79	0	-75.83
300236. SZ	上海新阳	170	89	7.63	10.41	7.71	3.13	0.38	69.60	9	0.62	0	-52.98
300237. SZ	美晨科技	54	66	7.37	28.80	3.17	1.27	0.60	65.62	9	1.17	0	-87.58
300238. SZ	冠昊生物	698	404	8.82	6.20	4.73	9.42	0.32	44.85	7	1.45	0	-73.72
300239. SZ	东宝生物	55	81	2.67	5.31	0.71	1.78	0.48	56.73	7	1.09	0	-66.01
300240. SZ	飞力达	31	60	4.39	15.96	14.34	2.65	1.78	61.43	9	1.06	0	-54.26
300241. SZ	瑞丰光电	71	84	2.70	12.44	2.86	1.13	0.84	53.25	9	1.19	0	-52.19
300242. SZ	明家科技	139	66	0.97	3.15	0.54	3.60	0.54	70.20	9	0.44	0	-17.50
300243. SZ	瑞丰高材	144	64	8.00	8.58	5.90	1.28	1.06	54.22	9	1.21	0	-53.95
300244. SZ	迪安诊断	159	399	15.55	11.09	1.20	2.00	1.39	55.08	9	1.54	0	-75.64
300245. SZ	天玑科技	604	214	10.15	7.87	0.00	7.30	0.55	44.16	9	4.26	0	-72.62
300246. SZ	宝莱特	92	218	7.57	5.19	4.17	4.26	0.58	47.52	9	1.45	0	-76.48
300247. SZ	乐金健康	169	99	3.53	7.99	4.10	3.29	0.39	42.49	9	2.89	0	-43.75
300248. SZ	新开普	114	134	6.55	6.47	1.23	5.17	0.51	57.79	8	2.67	0	-90.76
300249. SZ	依米康	32	49	3.16	14.36	6.47	1.83	0.46	61.60	5	0.79	0	-51.68
300250. SZ	初灵信息	130	97	8.10	4.92	0.13	6.49	0.50	65.32	7	0.58	0	-50.66
300251. SZ	光线传媒	345	482	11.84	49.84	0.22	1.46	0.32	73.02	8	6.84	0	-91.80
300252. SZ	金信诺	19	55	8.21	18.15	7.02	1.23	0.72	69.68	7	1.19	0	-63.59
300253. SZ	卫宁软件	123	256	12.31	12.18	1.12	2.58	0.50	49.97	7	4.39	0	-93.21

续表

证券代码	证券名称	回复数	被关注数	ROA（%）	总资产（亿元）	无形资产（千万元）	流动比率（%）	总资产周转率（次）	前十大股东持股比例（%）	董事会人数	股东户数（万户）	公司属性	区间涨跌幅（%）
300254.SZ	仟源医药	101	132	5.77	11.81	8.12	1.59	0.58	54.46	8	1.40	0	3.60
300255.SZ	常山药业	227	157	9.87	20.45	10.96	2.07	0.44	63.16	9	2.05	0	-74.20
300256.SZ	星星科技	248	124	2.04	30.45	19.79	1.08	0.64	62.28	9	1.16	0	-38.32
300257.SZ	开山股份	96	95	8.43	43.46	21.05	3.33	0.49	72.01	7	1.04	0	-88.54
300258.SZ	精锻科技	102	95	11.06	15.88	4.39	1.28	0.43	65.33	8	1.28	0	-66.31
300259.SZ	新天科技	103	106	12.22	9.65	3.01	4.85	0.42	60.36	9	1.84	0	-85.99
300260.SZ	新莱应材	49	71	1.14	9.50	4.60	2.03	0.46	73.57	7	0.43	0	-34.25
300261.SZ	雅本化学	58	81	6.40	13.12	4.27	0.85	0.48	75.69	9	0.69	0	-81.93
300262.SZ	巴安水务	151	100	10.25	11.90	3.41	1.51	0.30	59.05	7	2.58	0	-84.35
300263.SZ	隆华节能	50	93	7.35	26.78	10.57	1.48	0.53	70.95	9	1.11	0	-77.23
300264.SZ	佳创视讯	845	137	1.22	6.72	3.37	18.95	0.23	37.76	9	1.89	0	-60.36
300265.SZ	通光线缆	59	34	4.32	12.03	7.03	2.01	0.73	71.48	7	2.03	0	-59.75
300266.SZ	兴源环境	32	74	8.40	15.09	9.53	2.08	0.67	56.44	9	0.83	0	-63.77
300267.SZ	尔康制药	76	146	18.42	22.21	18.10	3.13	0.75	77.57	9	1.17	0	-75.61
300268.SZ	万福生科	67	33	2.06	4.23	1.80	1.83	0.17	70.20	7	0.69	0	-50.52
300269.SZ	联建光电	217	108	10.60	20.52	1.58	2.19	0.65	62.86	9	0.97	0	-59.02
300270.SZ	中威电子	142	119	7.30	6.65	1.62	4.25	0.35	63.18	7	1.84	0	-83.63
300271.SZ	华宇软件	162	106	10.77	17.89	14.18	2.18	0.59	46.62	7	0.98	0	-73.98
300272.SZ	开能环保	207	117	11.03	8.69	11.48	5.87	0.52	64.26	5	1.83	0	-61.40
300273.SZ	和佳股份	899	437	14.50	23.95	1.99	1.54	0.47	48.23	9	4.04	0	-82.91
300274.SZ	阳光电源	20	209	7.05	48.79	2.65	1.81	0.70	53.04	7	2.72	0	-77.04
300275.SZ	梅安森	195	147	3.37	8.11	4.06	6.30	0.35	52.73	7	0.85	0	-65.81
300276.SZ	三丰智能	78	99	3.76	7.93	4.44	3.23	0.43	64.52	9	4.30	0	-59.42
300277.SZ	海联讯	30	67	-7.96	6.96	2.72	2.30	0.57	76.96	5	0.50	0	-49.22
300278.SZ	华昌达	287	67	4.61	19.77	10.33	1.91	0.31	72.72	9	3.11	0	-76.75
300279.SZ	和晶科技	24	80	3.80	10.63	4.61	1.29	0.83	64.97	7	0.57	0	-48.29
300280.SZ	南通锻压	253	77	-0.27	7.87	6.19	2.02	0.44	67.54	6	0.98	0	17.56
300281.SZ	金明精机	132	49	8.24	10.02	11.48	2.08	0.38	67.75	7	0.93	0	-73.38

证券代码	证券名称	回复数	被关注数	ROA（%）	总资产（亿元）	无形资产（千万元）	流动比率（%）	总资产周转率（次）	前十大股东持股比例（%）	董事会人数	股东户数（万户）	公司属性	区间涨跌幅（%）
300282.SZ	汇冠股份	133	124	2.81	20.71	7.31	1.44	0.69	66.73	7	0.78	0	-51.02
300283.SZ	温州宏丰	48	46	4.42	8.89	3.61	1.87	0.85	75.36	8	0.95	0	-76.85
300284.SZ	苏交科	21	62	8.46	42.95	6.62	1.58	0.58	53.14	7	1.55	0	-45.75
300285.SZ	国瓷材料	30	106	10.14	9.18	6.62	3.44	0.46	54.52	8	0.51	0	-58.76
300286.SZ	安科瑞	197	103	13.29	6.21	2.24	4.15	0.50	67.80	7	0.94	0	-81.72
300287.SZ	飞利信	46	98	6.78	25.95	6.99	1.37	0.38	49.01	9	4.28	0	-88.52
300288.SZ	朗玛信息	205	169	2.94	11.76	0.81	3.47	0.14	76.24	7	1.71	0	-94.28
300289.SZ	利德曼	209	207	12.52	16.16	4.52	1.59	0.38	68.62	8	1.05	0	-57.13
300290.SZ	荣科科技	109	126	11.07	6.54	1.88	2.53	0.68	72.30	9	1.25	0	-72.94
300291.SZ	华录百纳	121	152	6.76	40.49	4.73	4.98	0.29	61.39	9	1.73	1	-86.76
300292.SZ	吴通通讯	483	129	6.19	14.56	4.07	1.58	0.29	73.57	9	0.91	0	-44.28
300293.SZ	蓝英装备	90	105	6.47	21.61	4.73	0.81	0.32	70.33	7	2.27	0	-81.38
300294.SZ	博雅生物	185	205	12.39	10.18	3.28	6.94	0.43	64.06	7	1.20	0	-53.88
300295.SZ	三六五网	84	120	19.48	9.24	0.25	7.00	0.54	48.69	5	1.67	0	-60.97
300296.SZ	利亚德	206	187	13.04	19.56	3.23	2.33	0.74	57.11	8	1.78	0	-77.11
300297.SZ	蓝盾股份	54	146	4.42	13.15	10.29	1.42	0.44	58.51	9	3.96	0	-83.47
300298.SZ	三诺生物	113	281	19.00	12.12	2.44	14.35	0.48	76.71	7	0.79	0	-65.40
300299.SZ	富春通信	236	80	4.86	5.55	0.44	3.29	0.44	61.80	9	0.78	0	-48.28
300300.SZ	汉鼎股份	79	114	9.03	12.47	0.22	2.13	0.67	57.79	9	2.45	0	-74.10
300301.SZ	长方照明	83	65	4.49	17.40	4.75	0.73	0.60	70.47	7	2.91	0	-84.76
300302.SZ	同有科技	78	120	4.02	5.95	1.15	6.61	0.43	67.51	7	1.09	0	-34.25
300303.SZ	聚飞光电	219	122	14.84	14.35	0.07	2.94	0.74	53.22	5	4.34	0	-90.63
300304.SZ	云意电气	53	57	7.10	12.06	1.13	6.12	0.37	74.26	9	0.88	0	-59.29
300305.SZ	裕兴股份	154	49	4.45	13.01	1.36	38.25	0.46	48.90	7	0.81	0	-52.55
300306.SZ	远方光电	179	120	6.91	11.12	4.11	13.36	0.19	69.85	7	1.20	0	-77.31
300307.SZ	慈星股份	106	112	-8.07	43.09	18.59	6.87	0.17	78.36	10	3.53	0	-42.89
300308.SZ	中际装备	55	55	0.67	6.56	12.33	4.05	0.17	72.08	7	0.79	0	-63.06
300309.SZ	吉艾科技	176	91	6.88	14.20	3.43	11.84	0.18	73.02	5	1.80	0	-64.15

续表

证券代码	证券名称	回复数	被关注数	ROA(%)	总资产(亿元)	无形资产(千万元)	流动比率(%)	总资产周转率(次)	前十大股东持股比例(%)	董事会人数	股东户数(万户)	公司属性	区间涨跌幅(%)
300310.SZ	宜通世纪	62	96	5.73	9.65	0.84	2.76	1.02	59.20	9	1.07	0	-62.34
300311.SZ	任子行	117	129	6.62	6.28	0.12	3.73	0.51	70.18	5	2.84	0	-43.77
300312.SZ	邦讯技术	268	166	1.60	15.14	2.89	1.90	0.37	66.87	7	1.66	0	-37.57
300313.SZ	天山生物	96	45	0.36	6.10	2.38	1.90	0.21	61.19	9	0.81	0	-35.59
300314.SZ	戴维医疗	52	122	7.88	7.19	2.95	10.80	0.33	68.88	10	2.20	0	-41.94
300315.SZ	掌趣科技	472	337	9.86	50.23	13.04	1.68	0.22	46.24	9	18.64	0	-92.27
300316.SZ	晶盛机电	89	122	2.35	18.94	14.12	10.40	0.13	71.92	8	1.65	0	-83.70
300317.SZ	珈伟股份	80	65	1.16	13.84	4.99	1.66	0.54	83.16	6	0.38	0	-12.87
300318.SZ	博晖创新	99	168	4.70	7.99	8.72	7.32	0.13	79.53	9	1.21	0	-57.07
300319.SZ	麦捷科技	104	59	7.76	4.74	0.08	2.23	0.52	70.59	9	0.66	0	-52.88
300320.SZ	海达股份	85	61	11.89	10.36	1.03	2.26	0.91	52.08	9	1.90	0	-78.70
300321.SZ	同大股份	176	70	5.32	7.21	8.44	1.97	0.68	67.36	8	0.53	0	-2.86
300322.SZ	硕贝德	377	228	5.92	11.23	3.79	1.29	0.85	56.04	9	1.87	0	-73.14
300323.SZ	华灿光电	63	74	4.93	37.79	7.86	1.28	0.23	64.78	9	2.28	0	-79.54
300324.SZ	旋极信息	181	85	9.46	10.50	1.08	2.49	0.43	64.33	7	1.26	0	-86.66
300325.SZ	德威新材	16	36	6.19	18.09	8.22	1.44	0.85	62.09	9	1.25	0	-78.80
300326.SZ	凯利泰	59	189	8.38	13.13	3.58	4.03	0.23	63.87	7	1.84	0	-81.46
300327.SZ	中颖电子	198	204	2.89	6.37	1.90	10.07	0.58	55.26	7	1.29	0	-18.78
300328.SZ	宜安科技	353	190	7.68	8.57	1.41	2.24	0.65	71.57	9	1.40	0	-56.52
300329.SZ	海伦钢琴	550	105	4.24	6.68	2.33	3.61	0.53	61.71	8	1.11	0	-57.12
300330.SZ	华虹计通	104	63	1.79	6.17	0.19	2.82	0.36	44.27	9	1.45	1	-56.24
300331.SZ	苏大维格	135	167	1.14	6.93	1.84	4.43	0.56	55.58	7	0.88	0	-56.68
300332.SZ	天壕环境	55	100	8.81	23.70	36.88	0.67	0.22	52.33	9	1.52	0	1.03
300333.SZ	兆日科技	227	140	4.69	8.54	0.03	20.79	0.21	50.07	8	1.49	0	-53.46
300334.SZ	津膜科技	173	147	9.05	12.49	0.54	2.78	0.46	65.06	7	1.20	0	-60.24
300335.SZ	迪森股份	96	91	7.11	10.35	3.46	2.30	0.61	53.73	9	1.18	0	-60.09
300336.SZ	新文化	123	125	12.34	14.03	0.06	4.02	0.48	63.57	7	2.45	0	-71.03
300337.SZ	银邦股份	188	131	2.92	26.00	5.80	1.56	0.59	64.62	7	1.75	0	-45.50

续表

证券代码	证券名称	回复数	被关注数	ROA（%）	总资产（亿元）	无形资产（千万元）	流动比率（%）	总资产周转率（次）	前十大股东持股比例（%）	董事会人数	股东户数（万户）	公司属性	区间涨跌幅（%）
300338. SZ	开元仪器	106	102	5.97	8.79	4.53	5.42	0.36	63.48	5	1.47	0	-83.80
300339. SZ	润和软件	646	213	8.50	22.65	7.14	2.27	0.44	59.78	10	1.71	0	-44.55
300340. SZ	科恒股份	146	122	-5.97	10.08	0.42	6.04	0.38	42.74	8	0.64	0	-53.41
300341. SZ	麦迪电气	23	49	6.27	6.19	1.34	6.99	0.51	77.09	5	0.77	0	-55.37
300342. SZ	天银机电	42	81	11.37	9.06	5.78	6.49	0.47	70.52	9	0.79	0	-42.86
300343. SZ	联创股份	3	70	2.84	9.13	10.96	1.21	1.04	77.94	8	0.36	0	-29.17
300344. SZ	太空板业	20	48	-1.75	9.05	5.91	2.07	0.14	61.27	7	1.08	0	-60.64
300345. SZ	红宇新材	201	68	1.97	8.35	3.92	2.76	0.26	47.37	7	2.07	0	-52.68
300346. SZ	南大光电	271	113	2.41	12.65	1.83	20.02	0.12	62.52	8	1.07	0	-69.47
300347. SZ	泰格医药	49	359	15.04	13.58	1.90	2.03	0.58	53.26	8	1.79	0	-83.97
300348. SZ	长亮科技	115	76	5.71	6.43	0.80	5.49	0.46	51.27	9	1.37	0	-44.05
300349. SZ	金卡股份	58	86	13.62	11.56	2.68	3.16	0.54	80.08	9	0.69	0	-74.28
300350. SZ	华鹏飞	67	75	7.14	7.90	1.57	1.89	0.92	81.80	9	1.06	0	-44.15
300351. SZ	永贵电器	67	122	11.32	11.52	5.37	7.05	0.36	74.73	7	1.60	0	-72.36
300352. SZ	北信源	130	133	8.69	7.92	0.21	7.77	0.35	60.38	7	2.37	0	-66.56
300353. SZ	东土科技	873	155	5.38	5.46	1.46	3.72	0.47	59.19	6	1.31	0	-88.18
300354. SZ	东华测试	57	71	1.34	3.60	0.55	15.38	0.26	76.76	7	0.49	0	-75.48
300355. SZ	蒙草抗旱	548	162	10.36	35.05	5.13	1.61	0.62	50.24	9	2.05	0	-67.72
300356. SZ	光一科技	548	162	2.62	19.88	13.68	2.27	0.24	63.11	9	0.82	0	-54.24

资料来源：同花顺 iFinD 和 Wind 数据库，其中，"回复数"和"被关注数"来源于深交所互动易，作者整理。

附录5

样本公司内控指数与相关指标

证券代码	证券名称	披露数量	内部控制指数	内控信息披露指数	机构持股比例(%)	前十大股东持股比例(%)	独董占比(%)	ROE(%)	资产负债率(%)	是否国有	总资产(亿元)
000002. SZ	万科A	407	859.8	42.47	56.68	55.36	0.36	19.14	77.70	0	6112.96
000004. SZ	国农科技	91	563.8	23.46	52.33	51.78	0.33	1.54	59.04	0	3.99
000005. SZ	世纪星源	154	598.8	37.61	24.19	30.36	0.33	-8.07	44.70	0	21.94
000006. SZ	深振业A	121	671.3	35.80	40.42	41.60	0.43	9.77	64.62	1	127.04
000007. SZ	全新好	46	416.5	28.50	25.65	39.34	0.33	3.87	22.38	0	4.80
000008. SZ	神州高铁	36	646.6	25.07	5.25	59.71	0.43	7.60	18.98	0	35.89
000009. SZ	中国宝安	1619	747.9	37.24	21.49	23.36	0.50	19.70	63.61	0	181.15
000010. SZ	美丽生态	88	632.5	34.85	26.79	53.72	0.36	4.05	57.82	0	51.75
000011. SZ	深物业A	31	489.2	33.76	17.62	65.53	0.33	7.59	52.03	1	43.80
000012. SZ	南玻A	424	658.2	41.68	64.14	30.96	0.43	7.70	49.14	0	154.90
000014. SZ	沙河股份	26	490.7	31.38	47.72	49.42	0.33	7.68	64.39	1	21.71
000016. SZ	深康佳A	268	570.8	30.25	10.67	39.95	0.38	-36.30	78.42	1	142.50
000017. SZ	深中华A	126	599.1	21.19	21.17	20.68	0.38	-1.17	70.81	0	0.46
000018. SZ	神州长城	380	708.5	11.28	73.54	67.86	0.33	34.52	68.13	0	40.17
000019. SZ	深深宝A	102	631.7	40.55	35.52	43.00	0.33	-3.70	9.74	1	10.60
000021. SZ	深科技	106	674.8	35.04	57.77	57.14	0.33	3.57	63.69	1	143.38
000022. SZ	深赤湾A	48	658.8	35.22	80.03	76.11	0.33	12.34	24.36	1	69.14
000023. SZ	深天地A	101	636.5	37.74	44.24	46.00	0.33	7.17	71.48	0	15.66
000025. SZ	特力A	74	505.1	31.40	73.23	76.50	0.33	6.21	24.82	1	11.69
000026. SZ	飞亚达A	104	702.6	35.32	54.84	45.67	0.38	7.24	45.77	1	42.47
000027. SZ	深圳能源	169	324.5	34.43	36.92	76.81	0.30	9.19	57.17	1	580.67
000028. SZ	国药一致	33	590.1	34.71	84.54	65.56	0.33	14.94	57.89	1	132.18
000029. SZ	深深房A	41	487.3	32.60	73.17	66.00	0.33	13.21	47.29	1	41.80
000030. SZ	富奥股份	94	632.2	32.68	50.35	72.22	0.33	11.19	34.39	1	80.85
000031. SZ	中粮地产	61	427.6	35.48	51.45	51.29	0.33	12.00	79.96	1	553.22
000032. SZ	深桑达A	109	623.2	33.45	55.79	66.65	0.33	3.98	29.04	1	21.26
000034. SZ	神州数码	187	641.2	31.48	41.44	41.15	0.50	12.12	58.26	0	4.48
000035. SZ	中国天楹	116	713.8	33.49	46.10	62.37	0.43	13.14	57.94	0	43.99
000036. SZ	华联控股	511	679.7	31.46	38.03	35.92	0.36	3.48	58.49	0	64.64
000038. SZ	深大通	673	687.9	30.83	24.63	70.15	0.33	5.26	79.21	0	7.45

续表

证券代码	证券名称	披露数量	内部控制指数	内控信息披露指数	机构持股比例(%)	前十大股东持股比例(%)	独董占比(%)	ROE(%)	资产负债率(%)	是否国有	总资产(亿元)
000039.SZ	中集集团	124	614.8	29.97	16.83	77.60	0.38	8.00	66.75	1	1067.63
000040.SZ	东旭蓝天	42	456.3	39.06	40.68	40.38	0.36	4.79	80.42	0	67.69
000042.SZ	中洲控股	184	617.9	40.79	61.70	68.30	0.33	11.61	77.19	0	246.21
000043.SZ	中航地产	102	665.6	35.03	55.45	54.96	0.38	10.90	79.48	1	228.81
000045.SZ	深纺织A	58	417.6	36.03	56.47	57.09	0.43	0.39	26.77	1	29.69
000046.SZ	泛海控股	118	665.8	38.37	85.61	86.62	0.33	20.97	87.19	0	1183.56
000048.SZ	康达尔	62	287.4	32.10	43.40	58.13	0.36	33.05	58.66	0	19.41
000049.SZ	德赛电池	302	738.2	35.12	64.11	56.48	0.33	27.75	64.80	1	34.03
000050.SZ	深天马A	415	743.5	32.79	62.80	65.07	0.33	6.61	38.75	1	216.29
000055.SZ	方大集团	59	740.4	40.92	30.14	33.30	0.43	8.42	70.12	0	44.64
000056.SZ	皇庭国际	47	463.2	32.15	36.96	68.00	0.33	1.05	37.47	0	79.96
000058.SZ	深赛格	257	328.8	34.62	44.53	33.52	0.33	5.19	35.73	1	26.15
000059.SZ	华锦股份	42	488.2	23.87	53.40	58.79	0.33	3.49	69.19	1	299.20
000060.SZ	中金岭南	47	422.3	40.22	52.24	45.59	0.40	2.82	50.32	1	158.83
000061.SZ	农产品	164	715.2	36.37	67.98	66.82	0.38	0.42	62.28	1	161.31
000062.SZ	深圳华强	169	641.1	30.14	77.63	79.52	0.33	14.34	40.49	0	61.82
000063.SZ	中兴通讯	453	776.3	32.25	50.99	56.66	0.50	12.28	64.14	0	1208.94
000065.SZ	北方国际	26	510.6	34.29	66.45	67.29	0.43	14.41	67.30	1	66.18
000066.SZ	长城电脑	371	745.8	25.97	56.35	56.68	0.33	-1.39	77.94	1	394.56
000068.SZ	华控赛格	124	658.0	25.88	49.07	56.20	0.36	1.23	12.60	0	7.58
000069.SZ	华侨城A	164	800.9	35.61	37.55	67.97	0.57	15.35	63.41	1	1152.66
000070.SZ	特发信息	159	699.1	41.82	61.18	57.72	0.33	8.03	55.30	1	40.44
000078.SZ	海王生物	243	759.5	37.79	39.99	31.93	0.43	28.16	83.21	0	127.62
000088.SZ	盐田港	39	500.3	30.56	78.64	78.26	0.33	8.20	22.94	1	78.79
000089.SZ	深圳机场	28	510.8	32.71	65.79	63.50	0.33	5.65	14.22	1	119.55
000090.SZ	天健集团	189	414.3	41.65	52.57	59.31	0.43	9.92	62.56	1	165.54
000096.SZ	广聚能源	58	498.1	28.43	55.94	59.16	0.36	7.63	8.92	1	22.17
000099.SZ	中信海直	184	647.8	38.43	43.89	44.83	0.33	6.16	43.28	1	49.62
000100.SZ	TCL集团	301	846.1	37.73	24.41	35.91	0.50	10.40	66.33	0	1117.55
000150.SZ	宜华健康	32	400.3	34.61	64.53	68.43	0.43	3.53	63.00	0	45.50
000151.SZ	中成股份	154	677.0	34.80	41.04	48.38	0.33	13.43	57.97	1	24.16

续表

证券代码	证券名称	披露数量	内部控制指数	内控信息披露指数	机构持股比例(%)	前十大股东持股比例(%)	独董占比(%)	ROE(%)	资产负债率(%)	是否国有	总资产(亿元)
000153. SZ	丰原药业	35	586.1	30.74	29.95	34.80	0.33	2.86	48.63	0	23.05
000156. SZ	华数传媒	274	711.9	36.44	62.97	85.21	0.45	7.84	26.96	1	126.75
000157. SZ	中联重科	346	625.6	36.95	43.08	51.60	0.57	0.21	56.67	0	937.23
000158. SZ	常山股份	247	708.7	34.14	55.70	62.75	0.36	5.84	50.35	1	109.42
000159. SZ	国际实业	168	623.4	31.27	31.52	33.13	0.33	2.59	26.03	0	29.49
000301. SZ	东方市场	172	623.5	41.46	39.00	39.67	0.43	5.00	26.45	1	43.97
000338. SZ	潍柴动力	281	626.1	37.49	23.92	57.15	0.38	4.33	63.68	1	1148.73
000400. SZ	许继电气	283	672.6	34.19	40.49	53.13	0.33	11.95	44.97	1	124.87
000401. SZ	冀东水泥	8	319.3	28.56	72.54	69.52	0.33	-15.68	72.55	1	412.81
000402. SZ	金融街	77	411.6	33.11	64.07	61.84	0.33	9.03	72.56	1	1056.79
000404. SZ	华意压缩	41	489.3	38.14	31.99	37.56	0.33	10.16	57.47	1	69.71
000407. SZ	胜利股份	106	615.1	34.38	15.65	27.85	0.36	1.61	49.43	0	41.52
000409. SZ	山东地矿	146	680.2	41.25	25.33	42.26	0.33	9.01	72.79	1	56.76
000410. SZ	沈阳机床	113	601.6	36.53	29.60	33.37	0.43	-26.74	89.86	1	222.90
000411. SZ	英特集团	117	722.9	38.60	71.07	61.56	0.33	10.72	75.26	1	61.25
000413. SZ	东旭光电	1081	719.0	36.46	25.97	51.21	0.43	14.99	49.44	0	287.99
000415. SZ	渤海金控	148	682.0	31.28	62.84	65.89	0.33	12.28	75.33	0	1319.01
000417. SZ	合肥百货	223	645.3	34.11	54.44	54.32	0.36	7.91	53.08	1	82.95
000418. SZ	小天鹅A	45	425.3	36.12	76.53	67.37	0.43	19.32	58.21	0	143.28
000419. SZ	通程控股	106	618.5	32.22	49.85	52.16	0.33	5.57	48.70	1	38.43
000420. SZ	吉林化纤	0	537.5	24.68	7.29	58.42	0.36	1.42	63.27	1	26.50
000421. SZ	南京公用	39	510.3	23.92	46.46	62.58	0.38	10.25	47.45	1	66.83
000422. SZ	湖北宜化	85	589.7	27.91	34.73	34.22	0.36	0.58	79.82	1	399.79
000423. SZ	东阿阿胶	407	718.1	34.07	41.74	34.77	0.33	24.78	17.73	1	86.09
000425. SZ	徐工机械	194	618.2	35.88	55.28	53.81	0.44	0.24	51.76	1	427.08
000426. SZ	兴业矿业	121	505.4	24.84	54.29	62.88	0.33	-0.90	33.72	0	40.74
000428. SZ	华天酒店	106	665.7	33.52	56.81	68.74	0.56	0.76	64.21	1	95.23
000429. SZ	粤高速A	71	673.3	25.98	32.86	49.12	0.36	9.22	49.38	1	121.08
000430. SZ	张家界	101	743.0	36.85	26.62	53.12	0.33	20.86	29.78	1	8.73
000488. SZ	晨鸣纸业	411	803.4	37.49	49.60	41.41	0.67	6.73	77.86	1	779.62
000498. SZ	山东路桥	113	703.5	32.55	5.51	71.22	0.33	13.27	70.82	1	104.16

续表

证券代码	证券名称	披露数量	内部控制指数	内控信息披露指数	机构持股比例(%)	前十大股东持股比例(%)	独董占比(%)	ROE(%)	资产负债率(%)	是否国有	总资产(亿元)
000501.SZ	鄂武商A	104	706.3	31.80	64.70	56.67	0.40	20.73	76.75	1	177.53
000502.SZ	绿景控股	323	586.0	33.67	34.28	36.04	0.33	-12.33	47.54	0	4.05
000503.SZ	海虹控股	91	638.3	38.17	35.90	34.84	0.43	1.74	6.87	0	14.82
000506.SZ	中润资源	56	427.3	34.96	28.73	51.79	0.33	1.41	52.43	0	32.40
000507.SZ	珠海港	112	636.7	33.93	27.57	30.43	0.33	3.16	48.89	1	54.74
000509.SZ	华塑控股	118	530.8	26.57	9.60	35.53	0.33	32.04	94.15	0	5.68
000510.SZ	金路集团	226	599.7	29.31	10.55	36.38	0.29	1.90	48.40	0	15.43
000513.SZ	丽珠集团	58	619.4	34.65	71.21	71.89	0.63	15.51	40.45	0	80.78
000514.SZ	渝开发	106	652.3	28.81	68.26	66.72	0.57	0.26	54.76	1	73.58
000516.SZ	国际医学	138	650.5	37.28	36.46	35.58	0.36	8.94	37.36	0	53.13
000517.SZ	荣安地产	254	621.7	34.64	56.14	84.17	0.40	2.82	54.34	0	79.35
000518.SZ	四环生物	248	547.2	22.07	16.51	31.24	0.50	-11.56	27.06	0	8.35
000519.SZ	中兵红箭	395	629.4	27.55	24.39	61.59	0.33	6.05	19.02	0	51.74
000520.SZ	长航凤凰	423	633.8	36.02	24.78	28.30	0.43	66.13	50.10	0	5.13
000521.SZ	美菱电器	85	570.2	29.00	37.96	35.68	0.33	0.78	62.28	1	90.66
000523.SZ	广州浪奇	162	719.8	27.88	47.78	47.13	0.43	2.96	68.80	1	35.30
000524.SZ	岭南控股	86	421.5	34.60	65.10	61.57	0.33	6.71	26.95	1	8.43
000525.SZ	红太阳	43	415.3	38.58	69.28	69.59	0.33	4.68	51.90	0	82.26
000526.SZ	紫光学大	551	524.0	33.13	57.64	54.98	0.43	-9.06	57.02	1	3.35
000528.SZ	柳工	214	636.5	33.99	50.36	45.38	0.36	0.24	56.31	1	203.84
000529.SZ	广弘控股	41	488.1	35.99	58.91	58.69	0.38	6.81	20.81	1	14.51
000530.SZ	大冷股份	601	618.2	35.64	45.56	40.45	0.33	6.38	33.52	0	40.82
000531.SZ	穗恒运A	168	616.6	32.79	62.58	63.29	0.36	13.55	52.85	1	83.72
000532.SZ	力合股份	196	696.0	39.51	55.42	53.42	0.33	5.45	36.59	0	12.24
000533.SZ	万家乐	142	720.6	33.63	41.85	44.89	0.40	9.25	49.16	0	41.65
000534.SZ	万泽股份	197	574.0	27.34	65.42	65.16	0.33	3.54	49.60	0	32.89
000536.SZ	华映科技	236	648.5	28.99	13.22	71.59	0.57	5.39	66.30	0	89.73
000537.SZ	广宇发展	241	631.6	26.33	26.71	29.41	0.33	7.57	65.71	0	79.95
000538.SZ	云南白药	148	781.7	33.63	76.78	72.52	0.36	22.43	29.87	1	192.91
000539.SZ	粤电力A	21	456.8	33.48	80.36	76.61	0.35	14.42	57.98	1	719.20
000540.SZ	中天城投	179	693.0	34.80	50.50	53.84	0.33	32.18	76.61	0	554.00

续表

证券代码	证券名称	披露数量	内部控制指数	内控信息披露指数	机构持股比例(%)	前十大股东持股比例(%)	独董占比(%)	ROE(%)	资产负债率(%)	是否国有	总资产(亿元)
000541. SZ	佛山照明	106	536.6	28.79	50.37	41.98	0.33	1.27	16.38	1	60.48
000543. SZ	皖能电力	108	729.2	32.05	51.54	53.27	0.33	12.89	42.49	1	227.79
000544. SZ	中原环保	44	422.6	30.80	62.46	61.79	0.43	10.95	58.81	0	24.19
000545. SZ	金浦钛业	74	638.1	35.12	21.57	51.99	0.40	7.74	30.09	0	25.25
000546. SZ	金圆股份	15	668.2	23.70	24.14	69.40	0.50	15.06	54.33	0	43.74
000547. SZ	航天发展	374	689.6	35.55	27.61	49.05	0.33	7.29	18.91	1	67.85
000548. SZ	湖南投资	110	601.5	35.75	31.23	36.10	0.38	1.27	27.31	1	20.58
000550. SZ	江铃汽车	94	443.2	36.70	85.21	81.94	0.33	19.56	43.08	0	210.51
000551. SZ	创元科技	43	480.2	34.60	38.42	45.86	0.40	1.83	48.21	1	33.18
000552. SZ	靖远煤电	91	623.6	32.42	57.14	79.83	0.33	5.76	33.86	1	92.58
000553. SZ	沙隆达A	196	590.1	30.70	37.51	35.27	0.43	6.90	29.55	1	29.77
000554. SZ	泰山石油	41	496.1	30.34	0.18	30.04	0.33	0.41	13.98	1	10.63
000555. SZ	神州信息	197	714.9	38.24	41.92	79.31	0.44	11.34	55.23	0	73.72
000557. SZ	西部创业	481	715.1	32.04	13.43	17.47	0.44	−0.03	53.21	1	2.65
000558. SZ	莱茵体育	42	599.8	29.63	54.59	64.59	0.33	−24.43	52.13	0	28.31
000559. SZ	万向钱潮	208	667.5	31.28	61.12	59.89	0.50	19.55	64.06	0	127.47
000560. SZ	昆百大A	8	593.5	41.42	28.46	79.48	0.43	1.09	38.23	0	60.96
000561. SZ	烽火电子	179	660.6	30.03	61.22	61.09	0.33	7.80	50.33	1	22.66
000564. SZ	供销大集	56	626.0	34.11	40.95	65.96	0.43	2.08	74.07	0	91.42
000565. SZ	渝三峡A	125	716.7	26.34	42.58	43.29	0.33	20.80	26.70	1	10.61
000566. SZ	海南海药	245	342.5	29.42	48.15	48.13	0.33	9.25	48.04	0	48.82
000567. SZ	海德股份	59	667.9	31.68	45.17	42.87	0.43	11.24	4.63	0	2.29
000568. SZ	泸州老窖	284	658.5	34.46	69.39	63.20	0.36	14.74	21.39	1	131.82
000570. SZ	苏常柴A	43	490.3	27.21	43.90	34.50	0.33	3.53	37.49	1	32.32
000571. SZ	新大洲A	547	632.6	26.87	22.42	28.29	0.43	2.61	40.88	0	48.83
000572. SZ	海马汽车	213	566.7	26.08	54.05	53.64	0.43	2.23	44.18	0	173.97
000573. SZ	粤宏远A	58	645.3	32.68	18.79	21.95	0.40	−5.94	52.12	0	31.87
000576. SZ	广东甘化	241	611.1	28.87	9.23	57.63	0.43	15.88	38.44	0	19.58
000581. SZ	威孚高科	238	631.9	32.54	41.06	46.69	0.36	13.32	22.23	0	157.04
000582. SZ	北部湾港	28	489.5	32.63	49.02	87.86	0.33	7.28	43.70	1	123.55
000584. SZ	友利控股	178	594.2	38.54	34.81	39.52	0.33	1.37	29.67	0	29.55

证券代码	证券名称	披露数量	内部控制指数	内控信息披露指数	机构持股比例(%)	前十大股东持股比例(%)	独董占比(%)	ROE(%)	资产负债率(%)	是否国有	总资产(亿元)
000585. SZ	东北电气	0	625.5	34.19	14.47	42.21	0.33	1.68	38.50	0	4.83
000586. SZ	汇源通信	77	594.9	25.38	38.62	47.64	0.40	7.65	51.76	0	5.30
000587. SZ	金洲慈航	198	671.2	36.87	38.83	67.55	0.33	12.16	58.08	0	191.01
000589. SZ	黔轮胎A	205	650.0	31.58	23.09	28.72	0.40	-7.14	68.81	1	111.76
000590. SZ	启迪古汉	121	664.9	32.64	55.34	50.56	0.43	11.48	64.97	1	5.87
000591. SZ	太阳能	89	426.8	22.63	49.63	72.42	0.33	8.18	72.65	0	227.37
000592. SZ	平潭发展	174	685.5	35.76	43.82	44.40	0.33	2.86	9.80	0	37.98
000593. SZ	大通燃气	72	618.8	34.53	52.29	53.31	0.38	2.14	17.77	0	7.90
000595. SZ	宝塔实业	211	202.4	16.32	23.40	57.24	0.36	-19.17	38.28	0	12.09
000596. SZ	古井贡酒	8	489.5	33.61	81.51	68.15	0.33	15.91	32.71	1	71.83
000597. SZ	东北制药	199	599.4	35.89	34.46	50.71	0.44	-15.53	72.38	1	86.93
000598. SZ	兴蓉环境	314	666.7	35.61	46.61	45.77	0.33	10.54	41.45	0	142.02
000599. SZ	青岛双星	104	641.4	30.75	27.52	36.75	0.33	2.43	56.06	0	59.05
000600. SZ	建投能源	88	657.1	36.23	62.10	76.92	0.33	20.89	51.36	0	258.45
000601. SZ	韶能股份	142	625.9	36.36	54.16	42.56	0.46	7.25	50.66	0	85.08
000603. SZ	盛达矿业	85	662.0	24.32	35.45	60.18	0.33	31.30	25.29	0	14.09
000605. SZ	渤海股份	103	677.0	40.68	59.30	73.13	0.33	4.62	53.38	0	24.42
000607. SZ	华媒控股	438	674.6	24.20	29.76	65.64	0.43	20.20	28.61	1	23.95
000608. SZ	阳光股份	46	574.1	21.39	43.05	44.56	0.43	0.61	59.71	0	102.52
000610. SZ	西安旅游	44	506.1	35.28	40.55	45.66	0.33	1.49	28.07	1	11.57
000612. SZ	焦作万方	106	579.0	31.54	30.83	44.32	0.33	-1.32	44.79	0	86.28
000613. SZ	大东海A	18	624.1	28.21	39.77	42.00	0.50	-9.27	26.65	0	1.05
000615. SZ	京汉股份	88	555.0	30.05	29.28	63.59	0.33	14.35	73.39	0	73.43
000616. SZ	海航投资	224	640.6	35.59	25.90	27.25	0.43	5.14	49.43	0	87.64
000619. SZ	海螺型材	23	478.2	36.86	48.10	47.86	0.33	3.95	32.13	1	39.09
000620. SZ	新华联	68	671.4	39.43	77.89	75.40	0.33	5.89	80.05	0	339.94
000623. SZ	吉林敖东	501	721.9	33.89	28.26	33.65	0.43	17.33	11.35	0	198.34
000625. SZ	长安汽车	1175	777.2	37.90	57.66	48.18	0.46	33.14	61.78	1	894.14
000626. SZ	远大控股	321	786.1	33.43	63.97	64.89	0.38	38.27	76.70	0	86.18
000628. SZ	高新发展	130	650.8	33.51	33.84	56.12	0.38	9.07	82.71	1	39.71
000630. SZ	铜陵有色	44	409.0	31.29	46.06	45.47	0.36	-4.63	66.88	1	441.67

证券代码	证券名称	披露数量	内部控制指数	内控信息披露指数	机构持股比例(%)	前十大股东持股比例(%)	独董占比(%)	ROE(%)	资产负债率(%)	是否国有	总资产(亿元)
000631.SZ	顺发恒业	486	642.8	30.05	80.04	78.84	0.33	9.02	68.36	0	118.92
000632.SZ	三木集团	53	605.8	32.96	21.54	37.31	0.43	0.99	80.97	0	71.53
000635.SZ	英力特	197	671.7	36.28	52.13	54.96	0.38	1.07	11.15	1	31.44
000636.SZ	风华高科	142	631.2	35.68	33.86	35.92	0.44	1.63	27.38	1	65.88
000637.SZ	茂化实华	67	663.8	30.82	24.30	47.99	0.33	10.69	25.68	0	12.72
000638.SZ	万方发展	132	702.3	35.81	63.50	53.18	0.33	−16.46	87.76	0	25.38
000639.SZ	西王食品	110	696.9	32.07	63.31	61.12	0.33	11.36	21.96	0	17.42
000650.SZ	仁和药业	205	580.1	27.98	29.22	37.20	0.33	17.70	17.60	0	31.56
000651.SZ	格力电器	769	786.3	28.36	43.98	37.06	0.38	27.31	69.96	1	1616.98
000652.SZ	泰达股份	208	586.0	25.49	44.09	40.21	0.33	10.23	86.35	1	285.72
000655.SZ	金岭矿业	192	611.4	31.25	61.35	62.36	0.33	0.33	6.86	1	34.30
000656.SZ	金科股份	261	593.4	40.01	32.60	37.98	0.33	10.26	83.95	0	955.53
000657.SZ	中钨高新	146	625.8	34.12	11.69	65.56	0.33	−16.03	49.34	1	68.30
000659.SZ	珠海中富	88	502.9	32.50	13.90	16.36	0.40	−6.11	66.89	0	31.75
000661.SZ	长春高新	1038	669.3	30.02	42.46	35.28	0.33	23.90	36.18	1	38.16
000662.SZ	天夏智慧	28	506.9	27.12	36.96	40.57	0.33	−0.44	15.95	0	6.80
000663.SZ	永安林业	56	654.0	27.98	44.10	64.57	0.43	6.88	48.69	1	39.84
000665.SZ	湖北广电	118	616.7	24.70	40.25	65.79	0.40	7.18	29.67	1	76.05
000666.SZ	经纬纺机	104	617.7	32.21	23.44	66.43	0.75	7.86	50.99	1	280.66
000667.SZ	美好置业	311	647.7	34.68	27.98	35.54	0.43	7.56	65.21	0	174.55
000668.SZ	荣丰控股	16	667.2	30.62	44.29	47.33	0.43	4.01	49.48	0	14.41
000669.SZ	金鸿能源	74	545.4	30.97	64.86	55.95	0.33	6.18	54.68	0	91.96
000671.SZ	阳光城	154	715.7	25.78	74.56	74.27	0.33	20.42	80.42	0	701.73
000672.SZ	上峰水泥	178	569.0	34.03	32.78	81.44	0.33	3.52	60.14	0	46.78
000673.SZ	当代东方	31	665.3	26.02	52.43	64.95	0.33	10.56	17.86	0	25.66
000676.SZ	智度股份	281	650.8	30.21	0.83	33.34	0.40	2.44	53.42	0	3.13
000677.SZ	恒天海龙	181	656.8	36.72	39.84	42.34	0.33	22.95	24.25	0	8.28
000678.SZ	襄阳轴承	31	307.3	19.57	35.05	55.64	0.33	−7.72	55.44	1	23.50
000679.SZ	大连友谊	274	553.0	30.74	32.10	34.03	0.50	−13.68	78.22	0	84.28
000680.SZ	山推股份	71	600.1	31.71	13.12	34.23	0.38	−24.08	62.84	1	93.99
000681.SZ	视觉中国	92	412.6	40.89	43.88	67.41	0.38	19.26	23.76	0	27.70

证券代码	证券名称	披露数量	内部控制指数	内控信息披露指数	机构持股比例(%)	前十大股东持股比例(%)	独董占比(%)	ROE(%)	资产负债率(%)	是否国有	总资产(亿元)
000682. SZ	东方电子	172	706.7	29.18	20.70	21.93	0.33	3.37	41.99	1	32.68
000683. SZ	远兴能源	101	680.1	32.86	28.47	58.72	0.33	0.94	57.37	0	193.82
000685. SZ	中山公用	55	422.3	34.50	57.57	65.53	0.33	17.35	19.69	0	137.45
000687. SZ	华讯方舟	441	650.6	21.65	41.28	53.71	0.44	-21.88	56.66	0	26.27
000688. SZ	建新矿业	160	679.8	32.42	11.22	77.28	0.33	21.40	22.25	0	19.22
000690. SZ	宝新能源	74	652.6	38.72	47.14	43.48	0.33	12.91	47.86	0	97.02
000692. SZ	惠天热电	24	452.3	27.97	36.18	38.51	0.45	5.64	67.28	1	42.79
000695. SZ	滨海能源	175	714.8	30.92	49.56	49.89	0.33	1.06	70.99	1	11.16
000697. SZ	炼石有色	944	593.9	34.10	12.86	33.60	0.43	4.14	10.25	0	16.87
000698. SZ	沈阳化工	58	422.6	29.09	1.67	49.16	0.33	4.95	59.78	1	96.31
000700. SZ	模塑科技	543	645.3	35.39	49.93	53.54	0.40	13.75	47.07	0	45.58
000701. SZ	厦门信达	104	681.7	38.07	33.97	41.80	0.33	5.26	70.54	1	142.01
000702. SZ	正虹科技	61	590.2	37.55	30.52	36.74	0.33	1.03	26.68	1	6.28
000703. SZ	恒逸石化	147	792.6	38.81	77.23	78.12	0.33	3.55	66.96	0	252.09
000705. SZ	浙江震元	42	472.3	29.68	24.20	31.66	0.33	2.93	34.03	1	19.38
000707. SZ	双环科技	50	603.6	36.61	29.10	31.27	0.33	0.82	86.59	1	110.83
000708. SZ	大冶特钢	83	666.8	31.34	60.89	62.00	0.33	7.97	31.91	1	51.38
000709. SZ	河钢股份	154	782.6	33.58	64.76	64.22	0.33	1.32	74.50	1	1788.12
000710. SZ	*ST 天仪	168	650.9	39.74	65.60	66.34	0.43	-10.53	76.41	1	4.99
000711. SZ	京蓝科技	271	579.7	26.16	29.12	34.58	0.43	13.80	2.82	0	2.98
000713. SZ	丰乐种业	452	695.4	25.82	49.26	48.01	0.60	2.26	26.88	1	18.63
000715. SZ	中兴商业	28	501.6	34.90	65.06	66.50	0.33	6.14	47.12	1	21.67
000716. SZ	黑芝麻	192	558.1	33.25	42.04	52.63	0.38	7.71	38.48	0	28.25
000718. SZ	苏宁环球	189	694.6	26.39	47.32	66.69	0.43	16.91	61.41	0	247.84
000719. SZ	大地传媒	147	650.6	21.84	78.22	85.43	0.33	12.05	34.08	1	92.99
000720. SZ	新能泰山	43	480.1	29.46	18.93	21.33	0.36	8.95	76.55	1	53.83
000721. SZ	西安饮食	86	631.1	35.90	29.54	37.60	0.33	-5.00	37.92	1	10.87
000722. SZ	湖南发展	106	661.3	36.66	70.60	62.19	0.40	5.12	6.94	1	28.99
000723. SZ	美锦能源	48	446.2	24.10	13.41	91.78	0.33	-10.46	55.19	0	148.61
000725. SZ	京东方 A	947	665.9	34.98	25.26	44.23	0.33	2.13	48.65	1	1525.93
000726. SZ	鲁泰 A	106	635.6	33.73	39.44	38.26	0.38	10.66	19.96	0	90.91

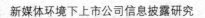

续表

证券代码	证券名称	披露数量	内部控制指数	内控信息披露指数	机构持股比例(%)	前十大股东持股比例(%)	独董占比(%)	ROE(%)	资产负债率(%)	是否国有	总资产(亿元)
000727. SZ	华东科技	248	620.8	24.30	30.40	84.32	0.33	0.10	42.91	1	319.65
000729. SZ	燕京啤酒	47	442.3	34.24	70.00	70.66	0.33	4.71	24.94	1	182.43
000731. SZ	四川美丰	329	675.4	28.51	18.11	21.75	0.43	2.06	44.37	1	50.83
000732. SZ	泰禾集团	58	418.6	23.44	74.88	81.80	0.43	20.63	79.87	0	847.82
000733. SZ	振华科技	301	655.9	29.87	19.31	47.95	0.57	5.17	42.66	1	66.56
000735. SZ	罗牛山	214	548.1	24.44	27.09	26.21	0.43	3.57	59.34	0	45.03
000736. SZ	中房地产	124	628.0	27.57	54.80	81.84	0.30	1.68	63.44	1	81.27
000737. SZ	南风化工	71	305.7	24.76	31.56	33.56	0.38	-85.41	95.97	1	30.13
000738. SZ	中航动控	47	456.3	38.39	73.21	70.95	0.45	4.22	27.73	1	69.48
000739. SZ	普洛药业	136	606.1	23.11	25.41	50.08	0.33	8.79	55.20	0	53.95
000751. SZ	锌业股份	42	490.3	31.37	24.88	25.67	0.33	4.56	44.91	0	36.43
000752. SZ	西藏发展	91	636.1	27.98	25.89	25.67	0.33	2.10	12.95	1	14.24
000753. SZ	漳州发展	48	598.6	31.53	28.85	36.27	0.38	-5.98	61.56	1	38.22
000755. SZ	山西三维	74	657.0	30.61	39.43	40.55	0.31	-34.43	78.73	1	57.77
000756. SZ	新华制药	104	664.8	32.19	56.74	70.36	0.50	4.44	55.83	1	44.92
000757. SZ	浩物股份	243	674.4	34.58	21.14	44.40	0.33	2.80	38.77	0	8.93
000758. SZ	中色股份	77	452.3	25.98	47.78	49.79	0.33	8.09	71.79	1	228.08
000759. SZ	中百集团	71	639.7	33.57	65.12	64.41	0.36	0.19	65.43	1	86.16
000760. SZ	斯太尔	425	582.3	15.32	10.08	61.06	0.33	-12.52	17.86	0	19.49
000761. SZ	本钢板材	17	511.6	32.76	89.95	79.95	0.43	-24.11	72.02	1	444.62
000762. SZ	西藏矿业	274	689.1	31.24	28.86	30.49	0.57	1.90	15.88	1	24.03
000766. SZ	通化金马	47	675.7	25.90	26.69	42.51	0.33	0.63	45.94	0	41.56
000767. SZ	漳泽电力	0	552.6	26.71	42.98	60.91	0.36	7.53	77.57	1	331.96
000768. SZ	中航飞机	145	750.3	41.02	70.22	64.18	0.36	3.01	54.78	1	374.64
000777. SZ	中核科技	48	617.8	29.02	31.28	31.45	0.38	7.83	38.21	1	19.01
000778. SZ	新兴铸管	58	661.1	28.81	48.00	47.60	0.33	3.57	64.01	1	508.71
000779. SZ	三毛派神	100	664.8	34.71	25.51	32.60	0.50	-32.24	71.66	1	7.26
000780. SZ	平庄能源	87	462.1	36.10	65.03	66.18	0.43	-8.70	24.11	1	56.83
000782. SZ	美达股份	104	631.7	26.07	21.93	40.71	0.33	3.90	43.31	0	22.97
000785. SZ	武汉中商	86	625.6	30.47	49.66	53.85	0.33	-5.93	65.58	1	26.37
000786. SZ	北新建材	124	656.1	35.83	55.53	53.98	0.33	11.95	31.92	1	136.04

续表

证券代码	证券名称	披露数量	内部控制指数	内控信息披露指数	机构持股比例(%)	前十大股东持股比例(%)	独董占比(%)	ROE(%)	资产负债率(%)	是否国有	总资产(亿元)
000789.SZ	万年青	73	411.8	30.11	48.92	49.73	0.33	9.70	54.64	1	90.08
000790.SZ	泰合健康	325	606.4	38.94	21.36	25.37	0.33	−6.16	36.99	0	9.26
000791.SZ	甘肃电投	72	630.6	39.14	85.63	86.08	0.43	0.89	71.86	1	133.93
000792.SZ	盐湖股份	506	553.0	33.77	73.21	66.87	0.36	3.13	69.67	1	807.13
000793.SZ	华闻传媒	1230	604.0	29.51	33.67	29.27	0.33	10.34	26.24	1	128.18
000795.SZ	英洛华	91	618.3	33.06	31.11	51.38	0.33	−5.20	38.23	0	19.27
000796.SZ	凯撒旅游	74	426.8	27.98	36.73	74.29	0.36	28.50	50.19	0	35.37
000797.SZ	中国武夷	211	642.7	29.52	48.59	59.24	0.33	10.89	86.16	1	99.89
000799.SZ	酒鬼酒	136	597.9	26.34	1.57	34.71	0.33	5.17	22.94	1	22.81
000800.SZ	一汽轿车	1875	622.5	27.66	59.64	62.15	0.50	0.61	51.52	1	180.38
000801.SZ	四川九洲	74	677.3	36.36	68.45	61.81	0.43	10.64	51.79	1	47.58
000802.SZ	北京文化	96	491.1	19.57	68.89	46.28	0.33	2.27	27.14	0	14.23
000803.SZ	*ST金宇	185	229.7	11.64	18.45	38.91	0.33	−24.76	75.11	0	4.74
000806.SZ	银河生物	194	697.6	37.56	26.63	53.76	0.43	6.03	23.41	0	27.00
000807.SZ	云铝股份	47	676.3	35.75	60.76	60.19	0.36	0.57	77.31	1	292.82
000809.SZ	铁岭新城	526	629.3	25.20	35.89	39.14	0.33	−5.31	48.52	1	63.02
000810.SZ	创维数字	304	729.5	32.51	38.58	78.70	0.33	19.52	55.33	0	52.69
000811.SZ	烟台冰轮	284	622.9	24.46	48.26	51.38	0.33	14.86	52.89	1	44.17
000812.SZ	陕西金叶	61	629.1	31.43	27.89	28.50	0.33	2.27	43.24	0	19.57
000813.SZ	德展健康	377	622.1	37.29	59.88	70.08	0.33	0.58	30.39	0	19.72
000816.SZ	智慧农业	74	627.8	36.11	12.02	32.21	0.50	0.82	43.28	0	66.26
000818.SZ	方大化工	8	653.4	33.38	33.47	43.89	0.33	5.95	16.28	0	25.76
000819.SZ	岳阳兴长	421	660.6	33.47	40.19	42.77	0.33	7.47	13.29	1	8.19
000820.SZ	神雾节能	59	564.9	25.28	14.10	35.36	0.43	4.87	62.22	0	6.97
000821.SZ	京山轻机	96	672.7	31.82	34.14	48.87	0.33	3.47	36.07	0	27.78
000822.SZ	山东海化	72	642.5	21.09	43.76	45.34	0.44	5.57	39.02	1	37.14
000823.SZ	超声电子	281	601.6	37.34	35.27	38.37	0.33	3.20	31.30	1	46.15
000825.SZ	太钢不锈	72	626.8	32.10	70.37	70.49	0.36	−16.05	69.51	1	724.48
000826.SZ	启迪桑德	224	710.5	34.00	59.86	53.50	0.33	16.53	60.35	1	158.49
000828.SZ	东莞控股	86	412.3	34.09	70.61	71.63	0.50	18.99	44.93	1	83.22
000829.SZ	天音控股	134	622.5	27.21	49.21	46.74	0.43	−10.89	79.39	1	111.90

续表

证券代码	证券名称	披露数量	内部控制指数	内控信息披露指数	机构持股比例(%)	前十大股东持股比例(%)	独董占比(%)	ROE(%)	资产负债率(%)	是否国有	总资产(亿元)
000830. SZ	鲁西化工	175	654. 2	39. 04	42. 76	43. 41	0. 57	3. 91	64. 40	1	223. 67
000833. SZ	贵糖股份	24	418. 6	23. 85	30. 27	67. 26	0. 43	6. 27	22. 56	1	34. 06
000835. SZ	长城动漫	434	603. 4	31. 14	34. 02	23. 49	0. 33	2. 78	76. 60	0	14. 75
000836. SZ	鑫茂科技	87	620. 5	25. 54	30. 77	47. 33	0. 36	9. 75	44. 21	0	33. 49
000837. SZ	秦川机床	134	571. 0	22. 37	41. 49	58. 48	0. 33	−8. 15	48. 61	1	67. 33
000838. SZ	财信发展	198	579. 1	24. 50	43. 24	70. 16	0. 33	11. 63	69. 66	0	52. 20
000839. SZ	中信国安	403	704. 1	26. 35	43. 21	44. 32	0. 33	5. 26	37. 01	0	110. 02
000848. SZ	承德露露	241	744. 5	32. 76	58. 61	56. 48	0. 33	31. 16	31. 71	0	24. 91
000850. SZ	华茂股份	132	642. 4	31. 48	49. 01	50. 24	0. 44	1. 84	36. 65	1	85. 72
000851. SZ	高鸿股份	424	599. 8	31. 43	12. 30	24. 55	0. 56	3. 28	55. 53	1	64. 88
000852. SZ	石化机械	152	654. 2	17. 44	75. 63	73. 13	0. 38	0. 24	63. 72	1	73. 78
000858. SZ	五粮液	247	728. 9	30. 57	67. 92	62. 51	0. 43	14. 93	15. 61	1	525. 47
000859. SZ	国风塑业	74	456. 2	40. 31	26. 47	27. 72	0. 44	0. 68	24. 41	1	19. 38
000860. SZ	顺鑫农业	335	725. 4	36. 73	59. 44	52. 42	0. 33	7. 20	65. 38	1	158. 97
000861. SZ	海印股份	154	548. 7	27. 58	53. 76	62. 36	0. 43	6. 69	62. 47	0	77. 32
000862. SZ	银星能源	254	582. 4	26. 90	30. 03	64. 95	0. 33	−7. 17	81. 57	1	93. 62
000863. SZ	三湘印象	90	653. 4	38. 94	57. 26	70. 39	0. 38	3. 51	77. 64	0	134. 77
000868. SZ	安凯客车	44	495. 1	33. 89	40. 38	42. 40	0. 36	3. 20	76. 73	1	61. 76
000869. SZ	张裕 A	276	692. 1	34. 90	84. 86	63. 23	0. 31	14. 40	25. 02	1	103. 44
000875. SZ	吉电股份	182	707. 0	27. 63	4. 88	28. 09	0. 33	3. 10	79. 23	1	228. 72
000876. SZ	新希望	793	734. 0	34. 77	67. 92	67. 59	0. 38	11. 98	31. 46	0	352. 17
000877. SZ	天山股份	254	628. 9	32. 97	42. 52	41. 93	0. 43	−7. 80	63. 79	1	205. 30
000878. SZ	云南铜业	42	499. 3	24. 25	51. 32	49. 61	0. 36	0. 48	72. 92	1	233. 09
000880. SZ	潍柴重机	32	490. 2	30. 45	16. 95	59. 32	0. 33	2. 36	62. 59	1	34. 48
000881. SZ	中广核技	163	686. 9	36. 44	26. 48	28. 79	0. 33	−66. 40	80. 60	1	49. 25
000882. SZ	华联股份	104	699. 2	30. 17	27. 83	37. 94	0. 33	3. 66	51. 05	1	136. 07
000883. SZ	湖北能源	134	661. 9	33. 12	76. 22	97. 10	0. 33	10. 45	43. 14	1	429. 88
000885. SZ	同力水泥	10	589. 3	26. 08	84. 82	86. 38	0. 40	1. 61	52. 45	1	59. 35
000887. SZ	中鼎股份	89	757. 1	28. 86	53. 69	53. 46	0. 43	21. 69	49. 13	0	74. 71
000888. SZ	峨眉山 A	61	426. 3	34. 96	59. 93	50. 88	0. 33	10. 70	21. 01	1	24. 69
000889. SZ	茂业通信	62	593. 8	36. 46	55. 83	66. 79	0. 33	7. 05	33. 68	0	33. 93

证券代码	证券名称	披露数量	内部控制指数	内控信息披露指数	机构持股比例（%）	前十大股东持股比例（%）	独董占比（%）	ROE（%）	资产负债率（%）	是否国有	总资产（亿元）
000890.SZ	法尔胜	214	601.5	27.59	33.48	31.59	0.36	0.53	61.46	0	29.79
000892.SZ	欢瑞世纪	704	555.0	21.05	26.72	35.29	0.40	35.87	50.87	0	0.09
000893.SZ	东凌国际	183	786.1	37.98	50.41	68.16	0.44	2.68	26.78	0	63.51
000895.SZ	双汇发展	364	709.0	32.41	70.38	81.37	0.50	27.24	22.71	0	228.84
000897.SZ	津滨发展	45	528.2	24.44	38.34	37.68	0.36	-13.99	75.12	1	62.91
000898.SZ	鞍钢股份	88	532.8	28.90	86.01	87.50	0.75	-10.06	50.70	1	885.96
000899.SZ	赣能股份	11	518.2	37.33	57.03	62.94	0.36	24.30	56.08	1	59.74
000900.SZ	现代投资	541	687.1	31.48	46.77	44.81	0.50	8.43	62.22	1	186.97
000901.SZ	航天科技	164	594.3	25.48	59.08	51.16	0.45	3.74	28.34	1	21.30
000902.SZ	新洋丰	93	410.8	35.47	32.75	59.52	0.33	19.65	28.25	0	69.70
000903.SZ	云内动力	461	719.4	40.71	48.15	45.73	0.43	4.88	48.38	1	71.12
000905.SZ	厦门港务	62	619.8	32.04	56.75	57.62	0.33	9.73	40.90	1	51.69
000906.SZ	浙商中拓	104	701.8	36.02	63.58	69.32	0.33	6.78	70.61	1	60.14
000908.SZ	景峰医药	164	659.5	22.61	53.68	63.76	0.36	17.36	34.69	0	34.43
000909.SZ	数源科技	61	412.3	33.16	50.22	53.82	0.40	3.92	79.81	1	43.95
000910.SZ	大亚圣象	44	501.0	29.87	70.01	60.41	0.38	11.50	62.58	0	64.75
000911.SZ	南宁糖业	31	346.2	20.43	63.28	57.97	0.36	4.41	70.97	1	56.70
000912.SZ	泸天化	162	660.9	32.08	55.11	57.40	0.40	2.36	91.01	1	82.86
000915.SZ	山大华特	183	701.3	38.13	45.03	37.45	0.38	14.75	19.29	1	20.81
000916.SZ	华北高速	72	615.2	31.79	68.82	68.48	0.36	3.09	22.90	1	62.28
000917.SZ	电广传媒	439	701.7	30.49	9.26	22.67	0.44	3.73	43.27	1	201.53
000918.SZ	嘉凯城	89	573.1	34.01	73.86	73.74	0.33	-74.38	90.51	0	346.84
000919.SZ	金陵药业	68	645.2	29.96	65.49	62.85	0.40	8.74	24.04	1	38.50
000920.SZ	南方汇通	171	686.9	31.12	67.39	54.39	0.40	9.07	35.67	1	16.73
000921.SZ	海信科龙	111	686.2	31.59	81.38	84.85	0.75	15.49	68.70	1	142.93
000922.SZ	*ST佳电	181	576.9	31.66	42.62	62.07	0.33	-21.35	42.41	1	32.48
000923.SZ	河北宣工	153	701.5	28.20	50.91	50.57	0.33	0.16	71.17	1	14.61
000925.SZ	众合科技	151	652.9	26.46	52.90	47.05	0.36	3.00	71.58	1	43.09
000926.SZ	福星股份	241	689.4	34.65	27.73	40.91	0.33	7.08	72.61	0	393.95
000927.SZ	一汽夏利	436	600.3	30.18	76.90	80.26	0.36	1.18	73.46	1	59.04
000928.SZ	中钢国际	138	669.2	23.22	41.87	61.33	0.57	18.09	78.55	1	134.45

续表

证券代码	证券名称	披露数量	内部控制指数	内控信息披露指数	机构持股比例(%)	前十大股东持股比例(%)	独董占比(%)	ROE(%)	资产负债率(%)	是否国有	总资产(亿元)
000929.SZ	兰州黄河	243	623.0	38.57	37.61	40.20	0.33	9.56	25.91	0	15.93
000930.SZ	中粮生化	31	542.9	28.99	21.83	22.41	0.33	−65.73	72.14	1	56.48
000931.SZ	中关村	441	677.6	33.43	30.37	31.79	0.33	21.48	68.87	0	27.57
000932.SZ	华菱钢铁	145	631.5	36.18	71.84	72.57	0.40	−33.84	86.05	1	764.99
000935.SZ	四川双马	298	617.2	39.20	45.58	77.52	0.33	−4.21	40.09	0	54.51
000936.SZ	华西股份	241	680.2	35.93	44.83	62.03	0.33	3.53	24.72	0	38.98
000937.SZ	冀中能源	30	486.3	31.13	70.53	75.22	0.33	1.92	50.96	1	407.08
000938.SZ	紫光股份	211	646.7	32.11	43.74	39.55	0.50	6.92	57.22	1	62.84
000948.SZ	南天信息	74	654.2	34.27	35.30	40.22	0.36	1.30	45.08	1	26.08
000949.SZ	新乡化纤	42	587.2	23.06	41.05	41.39	0.33	5.64	49.45	1	49.78
000951.SZ	中国重汽	34	512.1	33.71	74.79	72.31	0.33	6.21	69.71	1	169.62
000952.SZ	广济药业	156	622.4	29.85	37.49	32.22	0.38	4.11	68.29	1	16.21
000953.SZ	*ST河化	102	631.6	32.01	46.19	48.85	0.43	−57.50	92.32	0	14.10
000955.SZ	欣龙控股	41	553.4	33.57	29.71	29.06	0.33	−11.76	39.91	0	10.92
000957.SZ	中通客车	301	721.4	41.48	40.32	47.06	0.33	28.05	69.64	1	70.59
000958.SZ	东方能源	64	411.8	25.09	51.20	63.41	0.43	25.21	56.24	1	53.01
000959.SZ	首钢股份	6	560.7	19.82	16.79	81.34	0.36	−4.84	65.45	1	665.38
000960.SZ	锡业股份	766	614.8	27.27	49.73	59.60	0.36	−22.62	68.45	1	275.98
000961.SZ	中南建设	194	553.1	36.75	79.45	77.40	0.33	3.93	86.27	0	962.26
000963.SZ	华东医药	184	719.5	31.03	72.86	62.58	0.33	42.98	71.59	0	114.17
000965.SZ	天保基建	146	636.1	43.07	59.84	60.19	0.50	4.32	33.38	1	66.16
000966.SZ	长源电力	224	638.8	33.64	52.76	54.22	0.33	34.54	64.10	1	95.82
000967.SZ	盈峰环境	73	641.7	33.20	68.90	66.71	0.43	5.79	36.92	0	54.58
000969.SZ	安泰科技	314	645.8	26.45	46.85	46.75	0.33	2.78	45.63	1	83.27
000970.SZ	中科三环	211	681.2	28.54	41.52	39.10	0.33	7.23	13.93	1	53.21
000971.SZ	高升控股	89	436.2	30.28	59.97	64.02	0.36	0.86	8.48	0	17.80
000972.SZ	中基健康	221	476.5	25.04	47.27	47.29	0.33	−4.57	60.82	1	26.30
000973.SZ	佛塑科技	374	649.1	43.27	19.89	33.70	0.43	4.10	51.97	1	48.80
000975.SZ	银泰资源	74	630.1	31.41	42.87	70.50	0.33	6.63	5.23	0	49.08
000976.SZ	春晖股份	121	614.3	25.04	24.86	29.39	0.33	6.74	67.26	0	7.30
000977.SZ	浪潮信息	30	489.2	31.13	52.74	49.34	0.33	17.43	63.66	1	78.19

续表

证券代码	证券名称	披露数量	内部控制指数	内控信息披露指数	机构持股比例(%)	前十大股东持股比例(%)	独董占比(%)	ROE(%)	资产负债率(%)	是否国有	总资产(亿元)
000978.SZ	桂林旅游	150	654.5	38.64	45.92	42.38	0.33	2.03	43.86	1	28.57
000979.SZ	中弘股份	321	601.8	40.26	52.16	53.22	0.43	5.01	70.66	0	200.55
000980.SZ	金马股份	108	624.9	24.86	21.19	24.13	0.43	2.94	38.77	0	34.09
000981.SZ	银亿股份	8	566.9	39.87	66.88	90.31	0.33	10.63	78.06	0	247.16
000982.SZ	中银绒业	244	437.0	24.87	46.32	65.06	0.33	-23.09	75.12	0	135.63
000983.SZ	西山煤电	31	488.3	37.97	65.29	63.68	0.40	0.88	63.65	1	522.31
000985.SZ	大庆华科	6	588.3	19.81	77.58	73.57	0.43	-3.41	20.64	1	6.07
000987.SZ	越秀金控	145	644.7	30.48	56.86	58.90	0.33	10.56	32.95	1	33.18
000988.SZ	华工科技	121	678.3	38.23	42.61	41.31	0.33	5.23	39.79	1	50.05
000989.SZ	九芝堂	60	428.6	31.84	38.75	81.46	0.33	30.10	15.28	0	44.71
000990.SZ	诚志股份	86	668.1	33.11	45.21	59.73	0.50	5.10	46.78	0	49.28
000993.SZ	闽东电力	43	421.1	36.63	54.63	56.56	0.33	1.54	54.22	1	34.21
000996.SZ	中国中期	132	530.4	21.91	21.93	26.16	0.33	1.69	13.36	0	6.78
000997.SZ	新大陆	236	700.3	26.85	43.02	40.23	0.40	17.11	51.80	0	47.98
000998.SZ	隆平高科	45	415.6	30.38	43.27	36.00	0.44	23.01	51.15	0	50.24
000999.SZ	华润三九	104	704.9	34.16	80.64	77.83	0.36	17.33	36.15	1	120.19
001696.SZ	宗申动力	226	695.5	30.31	36.88	46.85	0.33	11.00	36.88	0	64.95
001896.SZ	豫能控股	46	626.1	28.08	79.55	81.89	0.50	15.54	66.34	1	131.35
002001.SZ	新和成	482	694.1	37.01	68.65	64.91	0.36	5.74	27.47	0	97.24
002002.SZ	鸿达兴业	76	618.2	33.78	29.92	69.15	0.33	15.28	63.95	0	116.31
002003.SZ	伟星股份	184	655.8	32.09	40.32	50.25	0.36	13.76	13.30	0	21.53
002004.SZ	华邦健康	320	658.6	26.61	23.69	40.10	0.33	9.01	47.18	0	197.10
002005.SZ	德豪润达	107	574.7	28.50	23.99	39.65	0.36	5.92	55.39	0	134.31
002006.SZ	精功科技	198	651.5	33.18	13.47	43.44	0.33	1.85	43.85	0	15.62
002007.SZ	华兰生物	241	651.9	31.90	51.41	56.56	0.43	16.72	3.41	0	40.21
002008.SZ	大族激光	496	712.7	36.98	32.35	33.87	0.38	16.99	35.22	0	75.82
002009.SZ	天奇股份	88	455.6	21.94	23.17	40.97	0.33	5.92	56.46	0	45.92
002010.SZ	传化智联	43	653.2	31.83	48.05	80.87	0.33	18.28	22.96	0	144.82
002011.SZ	盾安环境	362	639.2	36.46	50.90	49.62	0.33	2.28	63.96	0	103.53
002012.SZ	凯恩股份	104	619.7	33.97	26.08	27.80	0.33	1.65	23.16	0	16.24
002013.SZ	中航机电	123	667.8	33.32	43.60	73.71	0.33	9.93	66.31	1	178.92

证券代码	证券名称	披露数量	内部控制指数	内控信息披露指数	机构持股比例(%)	前十大股东持股比例(%)	独董占比(%)	ROE(%)	资产负债率(%)	是否国有	总资产(亿元)
002014. SZ	永新股份	77	478.3	32.29	63.59	62.72	0.36	11.54	21.44	0	20.78
002016. SZ	世荣兆业	378	683.0	35.61	5.09	77.38	0.33	3.82	66.06	0	50.41
002017. SZ	东信和平	61	418.6	34.44	47.65	48.69	0.45	8.17	46.67	1	15.46
002018. SZ	华信国际	212	607.4	23.37	32.25	70.16	0.50	5.30	42.89	0	53.93
002019. SZ	亿帆医药	526	674.6	29.82	21.59	70.15	0.38	13.29	36.65	0	45.47
002020. SZ	京新药业	1425	639.0	31.67	36.54	46.93	0.33	11.34	23.11	0	29.40
002021. SZ	中捷资源	43	578.8	22.77	20.41	45.09	0.40	-35.20	37.43	0	16.46
002022. SZ	科华生物	181	669.7	32.51	20.22	36.52	0.50	13.89	16.70	0	20.72
002023. SZ	海特高新	256	670.8	36.38	25.99	39.42	0.44	1.92	17.47	0	45.41
002024. SZ	苏宁云商	826	711.3	38.43	29.15	53.09	0.33	2.87	63.75	0	880.76
002025. SZ	航天电器	163	689.3	30.86	56.70	55.44	0.33	12.49	27.83	1	32.33
002026. SZ	山东威达	132	658.7	37.32	64.49	47.56	0.33	4.97	19.10	0	20.20
002027. SZ	分众传媒	124	643.2	25.59	1.21	69.84	0.57	73.20	62.12	0	125.02
002028. SZ	思源电气	104	633.2	36.24	12.66	49.91	0.43	10.20	33.58	0	61.93
002029. SZ	七匹狼	163	640.8	36.82	51.00	49.17	0.44	5.57	31.47	0	73.98
002030. SZ	达安基因	132	626.7	38.11	50.55	44.94	0.33	10.09	36.23	1	30.42
002031. SZ	巨轮智能	406	537.0	27.97	14.11	53.61	0.33	4.41	29.14	0	43.69
002032. SZ	苏泊尔	43	412.6	33.64	91.97	91.21	0.33	21.90	32.27	0	73.96
002033. SZ	丽江旅游	124	673.2	30.06	50.14	38.88	0.33	9.96	20.48	1	27.40
002034. SZ	美欣达	91	658.0	36.45	23.42	52.30	0.33	8.58	38.10	0	7.97
002035. SZ	华帝股份	303	594.9	33.17	45.22	51.10	0.43	13.90	43.41	0	27.76
002036. SZ	联创电子	298	743.2	25.40	43.29	55.51	0.33	17.44	45.34	0	28.66
002037. SZ	久联发展	289	602.4	27.95	53.65	48.10	0.30	4.15	72.13	1	83.13
002038. SZ	双鹭药业	449	716.0	36.15	36.53	51.27	0.33	17.04	3.95	0	37.62
002039. SZ	黔源电力	356	683.6	32.91	44.43	44.02	0.36	17.87	76.43	1	182.30
002040. SZ	南京港	89	612.7	25.89	68.37	66.35	0.33	3.37	36.82	1	10.90
002041. SZ	登海种业	146	693.4	29.69	62.87	68.75	0.36	17.35	25.89	0	42.98
002042. SZ	华孚色纺	33	595.5	20.23	71.92	66.09	0.33	9.46	60.14	0	93.98
002043. SZ	兔宝宝	196	693.6	36.78	34.39	36.43	0.40	11.52	21.32	0	11.66
002044. SZ	美年健康	106	662.1	28.60	52.30	55.15	0.36	10.32	27.66	0	44.81
002045. SZ	国光电器	92	591.4	31.05	45.52	42.36	0.33	3.70	53.80	0	28.77

续表

证券代码	证券名称	披露数量	内部控制指数	内控信息披露指数	机构持股比例(%)	前十大股东持股比例(%)	独董占比(%)	ROE(%)	资产负债率(%)	是否国有	总资产(亿元)
002046. SZ	轴研科技	74	631.9	34.89	47.90	51.89	0.33	-13.81	45.65	1	22.43
002047. SZ	宝鹰股份	106	613.0	29.30	26.05	59.13	0.33	14.90	62.42	0	68.96
002048. SZ	宁波华翔	241	620.9	31.72	32.67	42.10	0.40	3.80	46.05	0	105.29
002049. SZ	紫光国芯	584	688.8	37.85	71.30	64.97	0.43	12.24	28.94	1	41.29
002050. SZ	三花智控	61	418.6	35.15	57.88	61.67	0.33	15.20	41.69	0	80.39
002051. SZ	中工国际	92	638.4	31.76	74.88	67.53	0.43	18.87	67.56	1	198.40
002052. SZ	同洲电子	484	570.3	22.53	17.77	33.48	0.38	7.75	49.82	0	30.68
002053. SZ	云南能投	163	647.7	36.78	60.15	69.77	0.33	8.71	50.96	1	40.44
002054. SZ	德美化工	254	701.6	34.03	30.27	54.32	0.33	16.06	20.93	0	24.89
002055. SZ	得润电子	586	685.6	34.30	53.26	55.02	0.43	5.33	67.43	0	54.16
002056. SZ	横店东磁	425	648.0	32.83	64.61	61.91	0.43	9.61	31.09	0	51.40
002057. SZ	中钢天源	241	587.6	29.36	36.13	38.67	0.33	3.25	15.14	1	6.03
002058. SZ	威尔泰	86	636.9	33.16	56.62	56.39	0.33	-5.88	18.15	0	2.25
002059. SZ	云南旅游	104	641.2	22.20	73.47	76.18	0.33	5.11	50.01	1	40.41
002060. SZ	粤水电	103	557.7	21.54	37.60	39.60	0.33	4.23	81.96	1	145.94
002062. SZ	宏润建设	162	608.7	28.97	53.22	67.78	0.33	9.11	81.64	0	148.97
002063. SZ	远光软件	133	690.4	37.34	32.22	35.48	0.33	7.39	15.65	0	20.36
002064. SZ	华峰氨纶	184	635.4	30.65	43.18	46.97	0.33	7.82	37.72	0	53.85
002065. SZ	东华软件	114	714.7	34.82	50.92	52.33	0.40	15.28	22.82	0	111.57
002066. SZ	瑞泰科技	116	598.2	34.90	47.54	48.15	0.33	-19.51	75.47	1	35.11
002067. SZ	景兴纸业	178	680.8	29.63	0.74	19.94	0.33	0.40	47.36	0	57.18
002068. SZ	黑猫股份	59	652.6	25.12	46.14	48.76	0.33	0.89	67.19	1	63.20
002070. SZ	众和股份	264	484.3	31.96	4.73	32.83	0.60	-18.95	71.87	0	27.06
002071. SZ	长城影视	178	674.5	33.55	28.41	52.84	0.38	22.28	60.45	0	29.17
002072. SZ	凯瑞德	106	253.7	21.04	43.75	34.57	0.40	-78.76	88.64	0	7.17
002073. SZ	软控股份	224	686.8	27.17	28.07	37.62	0.43	5.47	44.67	0	80.61
002074. SZ	国轩高科	714	693.7	35.58	15.84	66.69	0.38	27.00	54.69	0	67.13
002075. SZ	沙钢股份	136	558.7	38.95	19.90	75.00	0.43	-3.43	38.11	0	65.50
002076. SZ	雪莱特	312	663.4	37.26	3.61	55.92	0.43	6.23	29.90	0	14.32
002077. SZ	大港股份	258	591.0	37.89	67.12	75.60	0.60	-1.23	65.81	1	52.66
002078. SZ	太阳纸业	219	779.0	37.53	60.10	65.94	0.43	10.34	62.50	0	197.18

证券代码	证券名称	披露数量	内部控制指数	内控信息披露指数	机构持股比例(%)	前十大股东持股比例(%)	独董占比(%)	ROE(%)	资产负债率(%)	是否国有	总资产(亿元)
002079. SZ	苏州固锝	292	668.8	35.99	40.74	43.06	0.43	1.79	13.23	0	14.90
002080. SZ	中材科技	179	711.3	35.22	68.69	67.49	0.33	11.34	61.40	1	79.98
002081. SZ	金螳螂	374	653.2	34.15	62.56	56.28	0.33	20.29	64.74	0	248.05
002082. SZ	栋梁新材	113	620.9	33.00	21.22	45.03	0.38	4.81	16.71	0	16.17
002083. SZ	孚日股份	146	688.6	23.82	32.09	41.38	0.33	10.77	60.95	0	76.62
002084. SZ	海鸥卫浴	235	689.9	34.90	49.03	55.43	0.38	5.22	37.67	0	18.40
002085. SZ	万丰奥威	58	418.6	39.60	71.92	74.32	0.33	23.99	46.76	0	88.46
002086. SZ	东方海洋	136	670.1	29.82	45.30	55.15	0.33	3.24	25.00	0	37.68
002087. SZ	新野纺织	31	501.1	32.94	37.42	42.98	0.33	5.96	67.45	1	62.17
002088. SZ	鲁阳节能	224	586.1	37.72	14.38	54.73	0.33	3.63	23.74	0	21.01
002089. SZ	新海宜	265	719.7	29.66	28.13	49.55	0.33	7.55	58.99	0	48.80
002090. SZ	金智科技	85	417.6	36.07	54.85	60.30	0.38	16.81	54.15	0	26.42
002091. SZ	江苏国泰	270	681.8	31.32	45.96	46.59	0.33	14.73	49.98	1	37.45
002092. SZ	中泰化学	736	596.8	34.06	31.58	39.52	0.38	0.09	67.69	1	370.28
002093. SZ	国脉科技	146	690.8	37.67	1.49	60.87	0.50	3.18	52.61	0	28.47
002094. SZ	青岛金王	140	653.2	30.37	76.20	51.60	0.43	13.34	58.08	0	19.18
002095. SZ	生意宝	254	662.4	37.18	59.62	64.53	0.33	3.65	14.16	0	5.92
002096. SZ	南岭民爆	165	652.6	37.16	77.64	76.01	0.33	5.38	35.33	1	36.98
002097. SZ	山河智能	98	560.8	31.12	13.79	34.78	0.43	-1.22	61.64	0	63.19
002098. SZ	浔兴股份	164	637.0	37.82	47.23	75.83	0.33	10.10	29.48	0	14.77
002099. SZ	海翔药业	132	705.0	35.26	11.24	56.51	0.33	14.52	26.04	0	48.31
002100. SZ	天康生物	281	649.0	26.60	28.32	67.36	0.33	10.90	37.32	1	38.05
002101. SZ	广东鸿图	221	678.7	34.19	60.29	53.11	0.33	9.15	47.26	1	27.62
002102. SZ	冠福股份	462	568.1	34.03	16.86	57.47	0.38	7.53	40.29	0	48.72
002103. SZ	广博股份	166	761.8	30.75	44.34	69.33	0.33	6.60	24.27	0	21.49
002104. SZ	恒宝股份	363	718.8	35.82	12.96	28.85	0.43	26.82	18.37	0	19.21
002105. SZ	信隆健康	128	599.9	37.83	52.79	54.01	0.36	-11.22	60.72	0	13.13
002106. SZ	莱宝高科	367	546.4	37.69	32.74	35.30	0.33	-15.93	18.39	1	42.81
002107. SZ	沃华医药	77	676.8	31.33	1.72	57.13	0.33	11.06	18.10	0	6.68
002108. SZ	沧州明珠	395	701.5	39.93	44.63	43.72	0.33	12.68	26.43	0	24.35
002110. SZ	三钢闽光	101	493.5	44.04	74.44	76.55	0.43	-43.68	76.85	1	71.24

续表

证券代码	证券名称	披露数量	内部控制指数	内控信息披露指数	机构持股比例(%)	前十大股东持股比例(%)	独董占比(%)	ROE(%)	资产负债率(%)	是否国有	总资产(亿元)
002111.SZ	威海广泰	243	646.5	37.04	62.74	66.97	0.33	10.27	38.71	0	33.39
002112.SZ	三变科技	221	657.7	32.43	31.47	40.73	0.50	2.01	66.21	1	14.34
002113.SZ	天润数娱	307	627.7	29.71	59.59	42.18	0.33	-4.73	18.18	0	1.11
002114.SZ	罗平锌电	91	550.0	32.28	6.88	71.02	0.33	2.20	53.75	1	17.89
002115.SZ	三维通信	163	715.9	38.53	14.98	34.65	0.43	2.05	53.10	0	20.68
002116.SZ	中国海诚	123	694.1	35.25	71.59	70.84	0.33	23.13	68.76	1	35.25
002117.SZ	东港股份	214	714.8	30.31	70.48	61.94	0.38	16.19	26.55	0	20.29
002118.SZ	紫鑫药业	132	627.7	20.77	51.40	60.95	0.43	1.98	59.68	0	49.98
002119.SZ	康强电子	164	627.9	34.94	43.31	51.84	0.43	-8.41	50.78	0	14.29
002120.SZ	韵达股份	168	685.8	34.44	12.76	55.02	0.33	8.94	31.40	0	9.20
002122.SZ	天马股份	72	478.3	32.06	53.33	58.13	0.33	1.00	33.95	0	75.55
002123.SZ	梦网荣信	196	689.9	33.97	41.13	49.22	0.33	3.48	33.84	0	73.40
002124.SZ	天邦股份	254	628.6	40.11	39.39	68.63	0.43	17.19	42.79	0	19.67
002125.SZ	湘潭电化	162	617.3	29.44	63.54	64.71	0.33	2.71	59.70	1	26.32
002126.SZ	银轮股份	274	649.1	34.83	28.60	31.62	0.33	11.03	43.68	0	39.25
002127.SZ	南极电商	133	689.9	31.98	53.80	58.26	0.33	43.88	10.01	0	13.73
002128.SZ	露天煤业	214	642.5	27.04	73.26	74.12	0.33	6.19	36.95	1	140.80
002129.SZ	中环股份	556	673.2	29.77	53.03	50.00	0.40	2.92	51.09	1	210.83
002130.SZ	沃尔核材	123	709.3	33.20	0.97	34.61	0.43	34.69	53.55	0	36.73
002131.SZ	利欧股份	73	425.6	36.10	30.59	55.05	0.38	10.72	31.08	0	84.00
002132.SZ	恒星科技	75	508.7	19.20	4.66	50.87	0.33	2.46	33.81	0	28.14
002133.SZ	广宇集团	121	738.6	31.60	25.97	41.92	0.33	-2.30	63.42	0	87.35
002134.SZ	天津普林	196	651.6	34.11	58.49	55.26	0.33	-8.84	27.27	1	7.18
002135.SZ	东南网架	133	648.5	29.34	54.45	59.76	0.33	1.84	73.27	0	90.24
002136.SZ	安纳达	122	606.2	20.50	45.79	52.45	0.33	-25.31	51.12	1	9.51
002137.SZ	麦达数字	154	686.6	33.57	32.87	67.19	0.64	3.37	31.63	0	13.33
002138.SZ	顺络电子	271	717.6	35.75	41.99	40.42	0.33	11.64	25.65	0	32.40
002139.SZ	拓邦股份	512	683.4	34.22	8.43	40.46	0.33	9.52	40.31	0	16.29
002140.SZ	东华科技	211	675.4	41.67	76.61	75.45	0.40	9.38	65.34	1	57.43
002141.SZ	贤丰控股	61	622.3	36.77	44.22	41.49	0.40	2.26	41.04	0	5.66
002143.SZ	印纪传媒	98	741.7	28.94	28.49	92.16	0.38	43.25	31.90	0	26.31

续表

证券代码	证券名称	披露数量	内部控制指数	内控信息披露指数	机构持股比例(%)	前十大股东持股比例(%)	独董占比(%)	ROE(%)	资产负债率(%)	是否国有	总资产(亿元)
002144. SZ	宏达高科	392	685.0	35.53	2.77	37.63	0.33	7.30	17.67	0	20.71
002145. SZ	中核钛白	187	634.8	30.86	11.39	60.38	0.33	-6.86	50.79	0	47.91
002146. SZ	荣盛发展	644	615.7	31.67	69.46	73.55	0.40	16.49	78.60	0	1028.71
002147. SZ	新光圆成	93	525.9	34.75	7.42	28.97	0.33	0.41	27.82	0	12.08
002148. SZ	北纬通信	691	608.8	38.59	2.16	32.38	0.33	-0.93	8.66	0	11.11
002149. SZ	西部材料	106	605.0	27.86	66.32	62.12	0.33	-16.15	65.67	1	28.67
002150. SZ	通润装备	121	643.5	33.61	67.82	67.84	0.43	10.83	29.46	0	9.04
002151. SZ	北斗星通	86	611.4	33.90	11.16	65.17	0.43	2.65	26.58	0	37.92
002152. SZ	广电运通	236	709.1	41.41	72.75	63.58	0.38	20.98	38.14	1	77.00
002153. SZ	石基信息	342	643.5	36.67	40.42	83.42	0.43	17.47	11.58	0	52.77
002154. SZ	报喜鸟	44	546.4	31.95	1.71	27.50	0.43	3.63	38.30	0	45.34
002155. SZ	湖南黄金	344	680.3	27.90	52.31	51.88	0.43	0.85	40.36	1	57.50
002156. SZ	通富微电	196	621.2	39.27	64.40	61.73	0.36	4.50	42.56	0	65.12
002157. SZ	正邦科技	260	609.5	33.96	71.36	73.66	0.40	13.70	63.62	0	97.64
002158. SZ	汉钟精机	111	575.8	29.82	72.53	74.03	0.38	10.78	19.26	0	22.79
002159. SZ	三特索道	145	648.4	33.93	49.45	41.84	0.33	4.59	46.34	0	22.38
002160. SZ	常铝股份	70	668.0	33.03	47.89	62.49	0.43	6.29	49.93	0	47.12
002161. SZ	远望谷	163	614.2	31.74	4.11	36.12	0.43	1.18	13.53	0	18.90
002162. SZ	悦心健康	213	614.4	37.67	59.27	61.40	0.44	1.78	61.90	0	21.44
002163. SZ	中航三鑫	127	517.8	25.96	34.67	48.66	0.33	-27.20	81.71	1	70.20
002164. SZ	宁波东力	344	626.1	33.34	35.71	45.04	0.43	1.02	40.79	0	18.26
002165. SZ	红宝丽	224	606.6	38.86	36.62	41.86	0.33	9.91	39.00	0	17.92
002166. SZ	莱茵生物	60	638.6	22.10	9.49	44.47	0.43	12.56	60.79	0	20.30
002167. SZ	东方锆业	241	410.7	22.98	5.01	36.10	0.33	-23.26	62.94	1	27.10
002168. SZ	深圳惠程	263	679.6	39.75	5.85	19.39	0.33	11.63	16.36	0	13.88
002169. SZ	智光电气	136	701.9	32.20	26.95	42.15	0.33	12.37	58.09	0	30.61
002170. SZ	芭田股份	128	616.1	38.71	17.78	47.81	0.33	9.12	50.62	0	39.20
002171. SZ	楚江新材	196	712.4	30.42	66.88	64.07	0.43	6.07	39.73	0	28.37
002172. SZ	澳洋科技	46	428.4	31.10	60.99	62.51	0.33	14.72	67.89	0	36.76
002174. SZ	游族网络	285	718.4	30.01	31.76	76.00	0.33	42.19	25.19	0	29.25
002176. SZ	江特电机	736	601.0	27.00	30.34	33.98	0.43	1.92	56.04	0	67.84

续表

证券代码	证券名称	披露数量	内部控制指数	内控信息披露指数	机构持股比例(%)	前十大股东持股比例(%)	独董占比(%)	ROE(%)	资产负债率(%)	是否国有	总资产(亿元)
002177. SZ	御银股份	181	647.9	37.93	3.31	26.95	0.25	4.25	28.51	0	23.13
002178. SZ	延华智能	120	717.7	34.47	25.64	42.72	0.43	11.15	40.13	0	21.16
002179. SZ	中航光电	186	694.1	38.50	67.06	62.56	0.33	18.21	48.31	1	74.64
002180. SZ	艾派克	75	419.6	33.02	31.46	88.70	0.33	23.75	37.53	0	31.19
002182. SZ	云海金属	374	567.6	26.57	9.23	38.32	0.33	3.31	62.37	0	29.29
002184. SZ	海得控制	254	709.9	34.20	25.26	65.38	0.33	9.85	51.79	0	19.39
002185. SZ	华天科技	542	632.8	26.57	43.17	42.84	0.40	11.76	25.22	0	70.69
002186. SZ	全聚德	1005	749.9	33.77	56.37	60.46	0.33	9.85	21.10	1	18.60
002187. SZ	广百股份	73	412.6	25.43	66.71	65.84	0.43	10.26	45.36	1	46.12
002188. SZ	巴士在线	213	669.9	31.39	37.06	53.69	0.33	2.43	10.47	0	22.32
002189. SZ	利达光电	74	583.6	33.08	60.09	58.26	0.33	3.05	32.01	1	8.51
002190. SZ	成飞集成	396	629.7	32.47	56.80	57.62	0.33	5.29	40.24	1	46.43
002191. SZ	劲嘉股份	543	728.2	38.32	45.55	40.97	0.33	19.02	18.51	0	53.65
002192. SZ	融捷股份	1004	571.7	33.13	17.20	49.26	0.33	1.64	17.67	0	9.30
002193. SZ	山东如意	121	667.8	36.02	52.20	54.79	0.60	2.52	64.22	0	19.16
002194. SZ	武汉凡谷	286	670.0	36.77	5.25	73.36	0.33	3.70	18.18	0	24.96
002195. SZ	二三四五	175	700.0	32.08	17.12	74.56	0.43	9.83	7.78	0	48.22
002196. SZ	方正电机	283	642.7	31.17	32.07	59.20	0.33	6.23	18.75	0	27.61
002197. SZ	证通电子	77	436.2	36.28	7.61	44.19	0.43	7.02	57.71	0	29.42
002198. SZ	嘉应制药	74	586.8	35.62	1.99	43.04	0.33	7.40	11.29	0	10.48
002200. SZ	云投生态	63	628.7	28.17	33.21	52.68	0.33	1.26	67.92	1	28.85
002201. SZ	九鼎新材	95	638.8	36.33	54.95	58.68	0.33	2.59	58.78	0	21.38
002202. SZ	金风科技	311	835.8	34.11	55.44	59.90	0.33	18.13	66.92	0	525.72
002203. SZ	海亮股份	121	679.9	34.47	72.46	78.94	0.33	12.52	55.17	0	92.20
002204. SZ	大连重工	182	535.1	33.64	70.20	70.64	0.43	0.34	61.87	1	171.28
002205. SZ	国统股份	255	621.5	32.20	49.13	47.72	0.43	−5.63	42.81	1	16.77
002206. SZ	海利得	495	659.2	36.28	31.74	55.74	0.43	9.52	41.58	0	36.38
002207. SZ	准油股份	330	601.7	29.48	8.87	33.20	0.38	−36.01	55.91	0	9.89
002208. SZ	合肥城建	91	419.6	34.44	69.09	69.33	0.44	6.02	75.37	1	66.97
002209. SZ	达意隆	221	641.9	34.70	46.24	64.90	0.43	1.95	58.90	0	16.09
002210. SZ	飞马国际	74	417.6	35.34	66.88	75.44	0.33	11.89	88.20	0	205.75

证券代码	证券名称	披露数量	内部控制指数	内控信息披露指数	机构持股比例(%)	前十大股东持股比例(%)	独董占比(%)	ROE(%)	资产负债率(%)	是否国有	总资产(亿元)
002211. SZ	宏达新材	283	470.7	31.00	2.29	46.90	0.50	−7.63	23.35	0	10.34
002212. SZ	南洋股份	31	632.1	34.04	7.03	59.47	0.33	3.18	43.01	0	31.56
002213. SZ	特尔佳	123	619.7	34.50	14.39	44.48	0.50	3.15	20.52	0	4.40
002214. SZ	大立科技	121	594.3	24.67	19.50	43.31	0.50	3.44	32.59	0	14.19
002215. SZ	诺普信	133	716.5	29.64	49.27	59.81	0.43	14.26	42.52	0	30.77
002216. SZ	三全食品	192	690.3	38.47	46.20	68.10	0.33	1.87	50.93	0	38.41
002217. SZ	合力泰	185	610.5	28.84	20.32	57.38	0.33	8.70	39.56	0	91.55
002218. SZ	拓日新能	241	694.7	31.33	61.48	60.20	0.33	1.35	38.63	0	42.48
002219. SZ	恒康医疗	163	549.6	26.20	8.54	63.89	0.43	11.94	20.45	0	47.80
002220. SZ	天宝股份	133	663.2	32.84	48.49	65.98	0.43	8.50	58.29	0	45.70
002221. SZ	东华能源	246	652.5	28.17	49.75	61.40	0.43	13.44	78.25	0	148.97
002222. SZ	福晶科技	94	542.8	23.07	42.29	40.46	0.33	5.90	9.55	1	6.94
002223. SZ	鱼跃医疗	236	682.5	29.41	32.43	62.49	0.33	18.85	27.13	0	29.26
002224. SZ	三力士	208	596.9	33.28	20.62	46.14	0.38	18.79	7.89	0	15.80
002225. SZ	濮耐股份	71	589.6	34.18	13.74	54.10	0.38	3.38	48.90	0	51.55
002226. SZ	江南化工	102	623.2	32.79	54.50	54.92	0.33	1.27	22.13	0	46.35
002227. SZ	奥特迅	86	526.2	31.59	68.63	68.36	0.43	1.26	22.93	0	10.09
002228. SZ	合兴包装	85	641.8	31.18	65.17	60.22	0.43	8.28	46.00	0	29.83
002229. SZ	鸿博股份	204	655.3	34.27	13.80	43.94	0.33	1.06	48.84	0	20.46
002230. SZ	科大讯飞	886	706.5	33.49	22.81	34.49	0.36	9.17	22.25	0	83.90
002231. SZ	奥维通信	92	427.6	35.72	1.50	48.94	0.40	1.35	22.07	0	8.49
002232. SZ	启明信息	72	589.7	23.75	60.88	60.48	0.33	0.31	35.61	1	16.81
002233. SZ	塔牌集团	201	667.2	37.48	0.43	68.23	0.40	8.90	27.41	0	60.35
002234. SZ	民和股份	123	568.8	24.10	53.51	61.65	0.33	−30.50	51.54	0	18.09
002235. SZ	安妮股份	90	644.9	31.15	21.05	47.75	0.43	3.04	39.45	0	6.47
002236. SZ	大华股份	106	695.3	36.65	27.77	60.39	0.43	23.59	42.92	0	115.03
002238. SZ	天威视讯	340	648.2	31.15	73.28	75.75	0.36	11.36	26.99	1	35.80
002239. SZ	奥特佳	130	644.5	30.84	53.71	75.67	0.33	9.00	42.63	0	66.95
002240. SZ	威华股份	241	539.6	31.84	2.30	41.24	0.50	−13.14	41.72	0	24.02
002241. SZ	歌尔股份	400	720.6	33.98	50.71	54.14	0.38	14.08	50.66	0	192.48
002242. SZ	九阳股份	181	676.4	32.81	71.33	74.28	0.33	19.72	42.98	0	58.91

续表

证券代码	证券名称	披露数量	内部控制指数	内控信息披露指数	机构持股比例(%)	前十大股东持股比例(%)	独董占比(%)	ROE(%)	资产负债率(%)	是否国有	总资产(亿元)
002243. SZ	通产丽星	163	632.2	38.00	54.72	63.25	0.33	0.53	14.98	1	17.57
002244. SZ	滨江集团	62	425.3	24.88	67.39	77.72	0.43	12.02	74.11	0	422.30
002245. SZ	澳洋顺昌	178	605.1	27.77	50.95	49.96	0.33	15.93	23.07	0	24.88
002246. SZ	北化股份	331	621.6	36.73	58.82	56.76	0.33	4.85	24.69	1	15.91
002247. SZ	帝龙文化	286	612.4	30.90	31.15	52.86	0.33	8.40	19.03	0	13.34
002249. SZ	大洋电机	223	603.9	39.28	12.22	74.73	0.44	9.56	49.41	0	76.06
002250. SZ	联化科技	241	711.2	40.94	19.01	45.14	0.43	16.61	34.10	0	63.45
002251. SZ	步步高	301	619.2	32.94	60.31	66.72	0.57	4.50	59.30	0	122.79
002252. SZ	上海莱士	64	415.6	31.92	82.18	84.62	0.38	14.88	7.30	0	115.56
002253. SZ	川大智胜	312	655.1	33.63	49.58	40.58	0.38	3.72	18.17	0	16.07
002254. SZ	泰和新材	174	603.0	35.16	40.45	47.03	0.33	4.99	17.62	1	25.58
002255. SZ	海陆重工	30	654.3	31.60	2.89	38.90	0.33	5.02	35.85	0	36.62
002256. SZ	兆新股份	163	630.3	34.62	44.27	49.58	0.33	9.09	67.76	0	18.62
002258. SZ	利尔化学	175	712.1	34.94	68.25	71.98	0.33	11.27	39.32	1	25.57
002259. SZ	升达林业	86	425.3	34.11	37.45	42.15	0.40	1.61	61.69	0	31.81
002260. SZ	德奥通航	44	538.8	37.34	55.67	43.71	0.50	-6.40	61.61	0	8.61
002261. SZ	拓维信息	156	733.2	33.66	5.12	51.85	0.42	12.90	17.53	0	43.23
002262. SZ	恩华药业	254	668.4	33.15	59.03	68.89	0.43	18.13	28.37	0	25.51
002263. SZ	大东南	554	598.3	31.25	38.80	42.64	0.43	0.54	28.55	0	42.14
002264. SZ	新华都	181	543.2	23.67	55.25	71.73	0.43	-43.12	82.31	0	35.17
002265. SZ	西仪股份	62	650.6	31.79	73.61	74.02	0.33	-6.24	36.55	1	7.70
002266. SZ	浙富控股	193	635.0	34.31	6.36	32.15	0.40	2.46	39.75	0	52.12
002267. SZ	陕天然气	89	673.3	39.84	74.88	72.15	0.33	12.43	49.43	1	101.00
002268. SZ	卫士通	214	607.7	32.59	58.40	61.39	0.33	11.43	45.16	1	26.24
002269. SZ	美邦服饰	74	637.1	29.91	66.19	74.20	0.40	-13.00	55.37	0	69.55
002270. SZ	华明装备	166	691.1	35.57	6.81	73.21	0.43	32.94	17.36	0	20.33
002271. SZ	东方雨虹	223	726.7	39.67	14.57	46.85	0.33	19.61	33.15	0	60.84
002272. SZ	川润股份	258	599.3	33.47	2.97	42.15	0.33	-5.72	33.66	0	17.38
002273. SZ	水晶光电	246	560.1	24.50	44.12	38.95	0.33	7.72	12.05	0	30.86
002275. SZ	桂林三金	124	627.3	29.57	71.71	77.99	0.33	16.36	15.10	0	27.60
002276. SZ	万马股份	133	681.4	27.73	51.66	52.29	0.33	9.63	39.19	0	50.44

续表

证券代码	证券名称	披露数量	内部控制指数	内控信息披露指数	机构持股比例（%）	前十大股东持股比例（%）	独董占比（%）	ROE（%）	资产负债率（%）	是否国有	总资产（亿元）
002277.SZ	友阿股份	460	625.8	34.58	40.24	42.13	0.36	10.01	64.12	0	105.27
002278.SZ	神开股份	274	442.1	28.58	24.21	47.69	0.40	0.94	29.60	0	17.47
002279.SZ	久其软件	46	653.5	34.74	47.56	66.99	0.33	10.19	20.82	0	24.97
002280.SZ	联络互动	282	677.5	28.82	20.52	74.91	0.43	32.48	37.86	0	18.58
002281.SZ	光迅科技	376	702.7	34.32	56.10	59.41	0.36	9.57	37.04	1	42.15
002282.SZ	博深工具	106	613.1	42.14	5.50	62.57	0.33	0.84	24.53	0	10.36
002283.SZ	天润曲轴	136	577.2	36.95	49.47	53.10	0.33	4.59	28.50	0	47.86
002284.SZ	亚太股份	391	555.6	26.81	66.41	62.54	0.33	5.62	38.22	0	42.52
002285.SZ	世联行	105	685.3	31.31	65.92	66.45	0.33	17.67	50.74	0	73.98
002286.SZ	保龄宝	270	601.5	24.15	11.13	45.93	0.44	2.80	22.76	0	19.14
002287.SZ	奇正藏药	135	661.7	35.14	90.98	91.16	0.43	17.01	20.24	0	20.70
002288.SZ	超华科技	255	671.5	25.54	0.35	51.49	0.33	1.68	33.19	0	26.04
002290.SZ	中科新材	120	609.6	24.97	34.52	59.57	0.33	3.38	37.37	0	13.35
002291.SZ	星期六	150	641.9	30.14	71.81	72.90	0.50	1.30	39.80	0	30.28
002292.SZ	奥飞娱乐	420	741.6	34.42	28.34	73.03	0.43	17.46	35.81	0	48.09
002293.SZ	罗莱生活	60	665.7	37.39	45.60	71.33	0.33	16.63	23.80	0	34.85
002294.SZ	信立泰	213	678.3	33.13	51.70	75.99	0.33	30.82	12.83	0	53.87
002295.SZ	精艺股份	105	681.8	33.10	3.86	52.24	0.33	0.66	16.03	0	12.55
002296.SZ	辉煌科技	75	455.6	37.78	5.07	34.77	0.60	5.28	32.27	0	21.43
002297.SZ	博云新材	105	603.2	33.86	34.74	39.67	0.33	-12.77	40.26	1	17.50
002298.SZ	中电鑫龙	520	685.2	28.94	22.09	56.25	0.33	3.53	38.90	0	50.95
002299.SZ	圣农发展	90	668.0	38.25	72.66	70.47	0.33	-8.41	49.10	0	109.61
002300.SZ	太阳电缆	120	664.4	36.75	64.80	66.76	0.36	14.57	56.44	0	30.48
002301.SZ	齐心集团	195	611.4	27.39	62.79	67.53	0.33	1.73	53.12	0	24.44
002302.SZ	西部建设	190	719.2	32.33	69.17	80.95	0.33	8.98	65.20	1	125.56
002303.SZ	美盈森	75	499.0	39.46	21.19	65.09	0.40	9.50	23.65	0	32.27
002304.SZ	洋河股份	60	771.8	34.74	76.85	77.71	0.36	25.37	32.25	1	338.60
002305.SZ	南国置业	60	427.6	32.09	61.01	76.43	0.36	1.03	83.27	1	190.87
002306.SZ	中科云网	90	420.0	25.91	0.42	27.23	0.43	-122.27	89.13	0	1.80
002307.SZ	北新路桥	75	594.9	35.49	47.49	48.30	0.33	2.43	79.91	1	127.08
002309.SZ	中利集团	735	669.1	34.86	17.29	58.22	0.40	9.47	73.45	0	213.48

续表

证券代码	证券名称	披露数量	内部控制指数	内控信息披露指数	机构持股比例(%)	前十大股东持股比例(%)	独董占比(%)	ROE(%)	资产负债率(%)	是否国有	总资产(亿元)
002310. SZ	东方园林	1244	782. 1	36. 28	11. 54	63. 25	0. 44	10. 10	63. 83	0	176. 96
002311. SZ	海大集团	105	787. 9	34. 20	75. 81	70. 12	0. 43	16. 72	37. 72	0	81. 85
002312. SZ	三泰控股	765	638. 5	25. 65	29. 72	52. 38	0. 38	-2. 06	35. 48	0	68. 75
002313. SZ	日海通讯	285	645. 0	35. 62	39. 24	34. 27	0. 43	-1. 51	49. 73	0	44. 02
002314. SZ	南山控股	150	714. 1	35. 40	55. 40	81. 23	0. 33	4. 50	47. 54	0	113. 85
002315. SZ	焦点科技	315	664. 6	28. 32	6. 53	67. 83	0. 33	8. 10	17. 61	0	24. 54
002316. SZ	键桥通讯	90	597. 5	23. 38	30. 39	46. 85	0. 43	2. 70	56. 22	0	19. 60
002317. SZ	众生药业	195	688. 9	35. 86	10. 41	49. 35	0. 33	15. 13	36. 73	0	33. 34
002318. SZ	久立特材	150	620. 5	37. 93	47. 91	47. 11	0. 33	5. 07	30. 13	0	36. 46
002319. SZ	乐通股份	90	637. 0	35. 04	1. 67	22. 60	0. 43	0. 43	52. 70	0	11. 97
002320. SZ	海峡股份	103	601. 9	34. 59	70. 52	70. 92	0. 36	5. 82	8. 43	1	22. 71
002321. SZ	华英农业	120	640. 4	33. 06	47. 82	38. 21	0. 33	1. 19	69. 09	1	49. 64
002322. SZ	理工环科	240	678. 1	33. 57	27. 43	52. 71	0. 33	6. 18	12. 21	0	32. 62
002323. SZ	雅百特	150	705. 7	35. 40	42. 57	81. 63	0. 33	60. 25	35. 21	0	9. 41
002324. SZ	普利特	135	592. 7	26. 56	2. 61	61. 38	0. 43	15. 31	36. 96	0	29. 18
002325. SZ	洪涛股份	285	696. 1	35. 12	27. 16	45. 10	0. 43	11. 75	51. 68	0	67. 36
002326. SZ	永太科技	225	685. 5	32. 16	18. 12	55. 21	0. 33	8. 22	44. 38	0	34. 37
002327. SZ	富安娜	75	426. 1	36. 37	12. 25	59. 17	0. 57	16. 33	21. 85	0	29. 28
002328. SZ	新朋股份	180	718. 1	33. 21	2. 59	41. 84	0. 33	4. 07	29. 81	0	38. 88
002329. SZ	皇氏集团	120	658. 6	27. 12	49. 89	67. 27	0. 33	9. 77	37. 59	0	44. 54
002331. SZ	皖通科技	105	708. 0	33. 97	6. 82	33. 01	0. 33	5. 80	29. 08	0	17. 88
002332. SZ	仙琚制药	120	711. 6	34. 08	42. 04	47. 75	0. 33	7. 70	37. 41	1	34. 39
002333. SZ	罗普斯金	151	576. 6	34. 50	70. 92	73. 76	0. 40	14. 74	9. 59	0	16. 26
002334. SZ	英威腾	345	662. 4	35. 41	1. 35	40. 87	0. 33	9. 92	17. 13	0	20. 35
002335. SZ	科华恒盛	120	669. 3	39. 38	61. 02	74. 34	0. 43	12. 16	51. 98	0	31. 86
002337. SZ	赛象科技	165	644. 1	31. 18	35. 07	39. 56	0. 40	-7. 93	20. 36	0	16. 90
002338. SZ	奥普光电	195	507. 0	17. 95	72. 78	71. 27	0. 33	6. 11	14. 94	1	9. 88
002339. SZ	积成电子	180	728. 1	32. 42	12. 40	35. 29	0. 33	10. 23	32. 94	0	23. 44
002340. SZ	格林美	630	665. 2	25. 27	34. 45	33. 97	0. 33	3. 42	57. 44	0	159. 39
002341. SZ	新纶科技	270	643. 9	35. 71	22. 37	45. 70	0. 43	-7. 13	58. 59	0	36. 35
002342. SZ	巨力索具	150	633. 7	32. 21	29. 27	38. 68	0. 43	1. 13	37. 92	0	38. 79

续表

证券代码	证券名称	披露数量	内部控制指数	内控信息披露指数	机构持股比例(%)	前十大股东持股比例(%)	独董占比(%)	ROE(%)	资产负债率(%)	是否国有	总资产(亿元)
002343.SZ	慈文传媒	276	725.6	31.96	37.52	41.74	0.33	23.10	63.03	0	28.95
002344.SZ	海宁皮城	430	654.6	40.69	69.42	67.24	0.33	11.58	51.52	1	102.82
002345.SZ	潮宏基	90	415.3	35.64	64.50	60.07	0.33	10.27	41.28	0	43.76
002346.SZ	柘中股份	75	624.3	25.74	10.79	84.19	0.43	7.93	25.60	0	20.01
002347.SZ	泰尔股份	90	618.7	32.68	18.75	49.23	0.38	0.96	30.01	0	17.31
002348.SZ	高乐股份	105	698.5	30.61	43.21	56.52	0.38	4.66	1.97	0	12.42
002349.SZ	精华制药	120	670.5	29.54	70.09	76.35	0.33	5.56	10.86	1	25.06
002350.SZ	北京科锐	75	627.7	35.61	62.31	63.43	0.33	3.96	39.99	0	19.32
002351.SZ	漫步者	210	706.4	33.32	5.92	73.73	0.33	5.98	7.84	0	18.91
002352.SZ	顺丰控股	60	668.9	32.92	27.35	69.69	0.33	3.48	20.04	0	8.85
002353.SZ	杰瑞股份	960	621.0	36.09	5.59	55.71	0.33	1.85	22.78	0	103.93
002355.SZ	兴民智通	120	609.4	38.08	32.46	53.85	0.33	1.39	37.20	0	32.42
002356.SZ	赫美集团	75	423.3	28.61	72.98	79.18	0.44	7.02	38.58	0	26.08
002357.SZ	富临运业	165	690.3	24.96	46.32	59.68	0.33	9.77	61.83	0	28.54
002358.SZ	森源电气	90	552.5	21.07	43.83	62.49	0.38	8.59	52.50	0	46.25
002359.SZ	齐星铁塔	150	512.9	29.93	49.04	61.28	0.33	1.22	32.71	0	13.99
002360.SZ	同德化工	210	579.2	32.07	1.25	43.42	0.33	8.58	17.90	0	13.02
002361.SZ	神剑股份	180	680.5	32.41	15.24	49.57	0.43	9.16	26.59	0	23.48
002362.SZ	汉王科技	195	694.0	39.78	12.56	45.17	0.38	0.66	11.98	0	8.51
002363.SZ	隆基机械	300	625.0	23.10	51.51	52.29	0.43	4.18	34.72	0	21.87
002364.SZ	中恒电气	120	717.2	35.54	52.26	61.40	0.33	13.54	24.33	0	16.36
002365.SZ	永安药业	211	603.8	34.20	19.04	40.55	0.50	1.58	6.94	0	12.03
002366.SZ	台海核电	165	617.5	29.60	53.80	64.06	0.33	1.70	65.43	0	43.05
002367.SZ	康力电梯	165	739.5	34.86	15.42	55.88	0.43	22.70	41.53	0	40.49
002368.SZ	太极股份	105	605.2	28.11	71.53	53.09	0.33	9.57	62.51	1	58.07
002369.SZ	卓翼科技	345	617.5	28.18	4.66	27.25	0.38	-3.96	58.25	0	32.09
002370.SZ	亚太药业	45	648.7	29.17	53.17	71.72	0.33	7.27	61.52	0	20.61
002371.SZ	北方华创	180	640.9	35.09	71.67	70.38	0.36	2.09	51.50	1	41.80
002372.SZ	伟星新材	120	728.6	38.87	71.82	74.87	0.33	21.46	17.50	0	29.01
002373.SZ	千方科技	105	722.7	30.91	52.20	65.26	0.33	23.99	28.69	0	43.42
002374.SZ	丽鹏股份	180	668.6	25.32	18.22	54.74	0.33	6.29	47.02	0	37.97

续表

证券代码	证券名称	披露数量	内部控制指数	内控信息披露指数	机构持股比例(%)	前十大股东持股比例(%)	独董占比(%)	ROE(%)	资产负债率(%)	是否国有	总资产(亿元)
002375.SZ	亚厦股份	570	647.4	35.74	47.61	57.54	0.36	8.55	60.73	0	184.16
002376.SZ	新北洋	300	605.7	25.74	52.45	48.13	0.44	7.91	31.83	1	30.87
002377.SZ	国创高新	165	613.9	35.14	49.22	55.20	0.33	4.15	50.22	0	18.24
002378.SZ	章源钨业	135	626.3	33.02	76.23	75.76	0.36	-8.05	39.03	0	31.25
002380.SZ	科远股份	100	677.6	31.37	14.11	69.41	0.43	6.38	21.16	0	12.56
002381.SZ	双箭股份	45	598.3	36.05	18.56	54.25	0.33	9.11	19.59	0	15.25
002382.SZ	蓝帆医疗	315	657.6	36.30	67.18	66.55	0.33	15.24	20.94	0	14.97
002383.SZ	合众思壮	210	621.4	27.48	14.20	44.32	0.43	3.71	26.20	0	24.90
002384.SZ	东山精密	165	568.0	34.53	23.59	66.35	0.33	1.39	60.68	0	69.12
002385.SZ	大北农	60	623.5	36.53	23.00	57.49	0.40	10.84	33.14	0	138.49
002386.SZ	天原集团	615	690.0	37.71	46.34	46.97	0.36	0.41	67.56	1	134.70
002387.SZ	黑牛食品	210	634.7	30.27	6.32	51.54	0.33	-61.14	40.72	0	12.27
002388.SZ	新亚制程	105	601.6	39.79	53.00	58.45	0.33	0.80	32.58	0	8.65
002389.SZ	南洋科技	180	690.0	37.75	12.66	61.27	0.33	4.09	8.04	0	36.91
002390.SZ	信邦制药	240	681.9	30.97	27.83	55.24	0.33	7.07	58.97	0	65.05
002391.SZ	长青股份	225	639.2	39.81	11.00	61.22	0.43	9.09	18.69	0	35.52
002392.SZ	北京利尔	90	297.6	31.37	1.21	50.02	0.36	-1.59	39.31	0	47.10
002393.SZ	力生制药	660	541.1	17.75	54.84	57.27	0.38	3.89	12.89	1	34.09
002394.SZ	联发股份	245	629.4	35.77	60.28	54.58	0.33	11.00	39.74	0	44.72
002395.SZ	双象股份	105	725.8	28.24	76.09	72.94	0.33	2.90	23.84	0	11.69
002396.SZ	星网锐捷	225	698.0	34.38	57.57	53.74	0.33	11.26	36.85	1	53.44
002397.SZ	梦洁股份	135	622.7	31.42	3.19	69.03	0.36	11.65	29.35	0	19.77
002398.SZ	建研集团	75	477.2	37.55	13.31	38.59	0.33	10.59	17.63	0	24.78
002399.SZ	海普瑞	870	698.0	41.78	78.92	78.23	0.43	6.80	27.74	0	121.68
002400.SZ	省广股份	105	695.9	22.82	53.31	35.04	0.33	23.90	65.65	1	77.80
002401.SZ	中海科技	90	703.6	29.47	57.13	57.71	0.43	7.97	41.11	1	12.15
002402.SZ	和而泰	690	666.5	38.23	29.63	52.80	0.33	7.81	28.31	0	13.98
002403.SZ	爱仕达	120	678.8	32.11	48.96	60.54	0.43	6.80	39.13	0	27.39
002404.SZ	嘉欣丝绸	165	599.8	29.78	12.22	40.26	0.33	4.67	36.54	0	20.89
002405.SZ	四维图新	450	668.8	33.07	44.64	35.86	0.33	5.19	20.49	0	37.28
002406.SZ	远东传动	105	668.4	30.77	1.54	41.38	0.33	4.28	12.00	0	24.81

证券代码	证券名称	披露数量	内部控制指数	内控信息披露指数	机构持股比例(%)	前十大股东持股比例(%)	独董占比(%)	ROE(%)	资产负债率(%)	是否国有	总资产(亿元)
002407. SZ	多氟多	870	652.3	29.54	10.19	24.09	0.33	2.54	38.56	0	38.25
002408. SZ	齐翔腾达	746	673.5	32.36	63.65	59.36	0.33	4.09	30.41	0	80.48
002409. SZ	雅克科技	38	618.4	35.79	6.22	74.40	0.50	6.89	21.07	0	17.10
002410. SZ	广联达	1003	592.3	35.28	7.09	57.25	0.33	8.83	10.63	0	30.88
002411. SZ	必康股份	165	645.0	38.13	3.85	79.20	0.33	26.11	40.75	0	88.32
002412. SZ	汉森制药	210	709.8	37.61	69.50	68.79	0.44	8.39	9.19	0	13.80
002413. SZ	雷科防务	165	678.4	33.82	50.82	50.41	0.33	8.43	9.27	0	23.44
002414. SZ	高德红外	210	642.0	33.31	61.85	76.37	0.43	2.58	25.47	0	33.38
002415. SZ	海康威视	150	749.2	39.30	65.24	72.93	0.44	35.28	36.35	1	303.16
002416. SZ	爱施德	150	691.4	29.60	78.89	80.68	0.43	3.21	57.17	0	104.55
002417. SZ	三元达	210	659.8	34.88	7.65	49.25	0.40	6.80	57.24	0	10.46
002418. SZ	康盛股份	195	595.9	27.23	16.33	61.71	0.33	4.80	50.77	0	40.95
002419. SZ	天虹商场	120	692.6	35.66	82.70	81.23	0.38	24.08	60.29	1	138.84
002420. SZ	毅昌股份	90	637.0	35.43	41.70	49.92	0.33	2.91	59.03	0	40.54
002421. SZ	达实智能	154	689.8	31.59	51.75	51.87	0.33	9.08	44.81	0	48.44
002422. SZ	科伦药业	603	509.4	37.28	7.52	57.83	0.33	5.91	50.57	0	225.83
002424. SZ	贵州百灵	465	646.5	32.10	8.89	76.55	0.44	16.74	30.21	0	38.42
002425. SZ	凯撒文化	30	510.2	30.36	70.27	61.56	0.33	4.42	20.06	0	26.69
002426. SZ	胜利精密	165	702.1	35.67	24.07	57.18	0.40	7.17	52.74	0	113.07
002427. SZ	尤夫股份	150	669.7	31.96	74.47	69.85	0.33	6.28	29.75	0	30.67
002428. SZ	云南锗业	300	625.0	34.07	46.66	46.21	0.33	3.89	25.26	0	22.41
002429. SZ	兆驰股份	480	563.3	31.56	68.79	68.33	0.38	7.43	48.74	0	94.56
002430. SZ	杭氧股份	135	718.5	25.09	77.91	78.38	0.33	4.00	57.84	1	97.31
002431. SZ	棕榈股份	299	602.5	40.85	20.92	56.23	0.33	-5.27	64.78	0	122.45
002432. SZ	九安医疗	180	648.9	36.14	49.58	50.93	0.43	-22.04	25.73	0	8.20
002433. SZ	太安堂	540	669.8	30.18	44.40	49.56	0.33	4.94	23.15	0	58.69
002434. SZ	万里扬	60	661.7	34.78	70.21	73.72	0.33	9.46	60.24	0	60.82
002435. SZ	长江润发	225	549.4	21.04	37.16	45.57	0.33	5.03	38.07	0	14.23
002436. SZ	兴森科技	120	622.0	27.18	4.29	58.04	0.43	6.86	40.19	0	37.95
002437. SZ	誉衡药业	195	568.6	32.56	72.62	69.52	0.40	20.15	58.08	0	83.13
002438. SZ	江苏神通	90	594.8	35.11	19.57	53.27	0.43	1.76	35.46	0	17.54

续表

证券代码	证券名称	披露数量	内部控制指数	内控信息披露指数	机构持股比例(%)	前十大股东持股比例(%)	独董占比(%)	ROE(%)	资产负债率(%)	是否国有	总资产(亿元)
002439. SZ	启明星辰	178	626.0	27.41	32.86	53.54	0.43	15.34	36.36	0	28.28
002440. SZ	闰土股份	75	613.4	33.55	15.42	54.05	0.33	12.60	18.59	0	75.90
002441. SZ	众业达	240	618.1	30.99	9.97	66.14	0.33	7.97	37.59	0	38.32
002442. SZ	龙星化工	60	636.6	32.89	31.48	67.47	0.50	-7.52	62.75	0	28.30
002443. SZ	金洲管道	120	708.3	24.92	31.21	32.08	0.33	4.89	23.13	0	27.37
002444. SZ	巨星科技	193	633.4	36.20	67.15	64.42	0.33	12.00	25.51	0	55.26
002445. SZ	中南文化	150	585.2	20.17	77.19	66.92	0.33	6.96	40.83	0	36.55
002446. SZ	盛路通信	150	680.3	30.16	23.50	67.73	0.43	8.99	21.61	0	29.35
002447. SZ	壹桥股份	165	709.0	35.29	19.63	56.69	0.43	11.14	27.54	0	32.71
002448. SZ	中原内配	75	456.3	34.79	6.22	30.46	0.33	9.84	20.76	0	25.95
002449. SZ	国星光电	345	656.8	39.67	11.99	40.65	0.36	6.39	32.95	1	43.92
002450. SZ	康得新	1240	754.2	37.05	38.66	32.59	0.43	25.55	49.83	0	183.68
002451. SZ	摩恩电气	120	575.0	30.66	4.19	71.88	0.38	2.53	61.43	0	18.19
002452. SZ	长高集团	135	640.2	30.32	7.91	46.12	0.33	5.73	32.40	0	18.23
002453. SZ	天马精化	285	649.8	31.66	24.69	35.35	0.43	2.11	33.48	0	19.48
002454. SZ	松芝股份	105	564.3	31.52	29.48	57.78	0.33	12.86	38.73	0	43.70
002455. SZ	百川股份	75	640.9	32.03	6.08	55.19	0.43	7.45	57.06	0	18.92
002456. SZ	欧菲光	150	642.4	31.88	39.63	41.84	0.36	8.22	62.41	0	160.68
002457. SZ	青龙管业	309	583.8	23.13	16.69	37.99	0.33	2.76	27.23	0	24.74
002458. SZ	益生股份	75	569.0	33.87	41.94	66.93	0.33	-78.41	81.68	0	17.55
002459. SZ	天业通联	45	645.7	28.86	24.32	63.76	0.38	-23.72	10.22	0	13.53
002460. SZ	赣锋锂业	553	607.5	33.41	7.62	42.89	0.38	7.86	25.49	0	25.28
002461. SZ	珠江啤酒	105	630.3	34.68	81.37	80.97	0.43	2.48	47.07	1	64.85
002462. SZ	嘉事堂	120	685.5	27.75	59.04	43.70	0.38	12.73	62.59	1	58.87
002463. SZ	沪电股份	135	705.3	36.18	48.01	49.13	0.33	0.17	40.62	0	54.36
002464. SZ	金利科技	300	652.0	34.74	28.82	74.57	0.33	4.19	57.18	0	22.73
002465. SZ	海格通信	585	661.8	32.83	38.65	39.75	0.33	10.57	29.70	1	98.95
002466. SZ	天齐锂业	1030	654.1	37.31	37.90	54.35	0.43	8.24	45.82	0	75.16
002467. SZ	二六三	135	661.0	29.66	21.31	39.75	0.38	4.15	16.11	0	26.27
002468. SZ	申通快递	90	578.0	42.62	46.95	65.50	0.38	0.53	51.61	0	15.70
002469. SZ	三维工程	240	644.0	34.48	28.91	36.96	0.33	10.90	17.29	0	15.73

续表

证券代码	证券名称	披露数量	内部控制指数	内控信息披露指数	机构持股比例(%)	前十大股东持股比例(%)	独董占比(%)	ROE(%)	资产负债率(%)	是否国有	总资产(亿元)
002470.SZ	金正大	150	708.4	29.97	63.38	70.00	0.44	15.08	30.84	0	117.46
002471.SZ	中超控股	135	600.2	29.10	37.70	38.86	0.50	6.63	68.06	0	84.20
002472.SZ	双环传动	135	697.9	34.68	15.16	60.28	0.33	8.50	25.05	0	38.06
002473.SZ	圣莱达	345	648.5	34.08	62.62	68.67	0.50	1.10	16.33	0	4.75
002474.SZ	榕基软件	27	640.9	33.33	13.73	39.40	0.33	1.16	27.51	0	19.06
002475.SZ	立讯精密	225	726.3	31.30	76.22	67.31	0.43	21.02	49.26	0	115.87
002476.SZ	宝莫股份	90	660.9	28.99	29.14	33.93	0.33	2.37	28.89	0	15.48
002477.SZ	雏鹰农牧	150	592.4	32.57	27.43	57.40	0.36	5.83	53.72	0	101.81
002478.SZ	常宝股份	135	698.9	34.29	17.73	48.76	0.33	7.08	21.48	0	39.48
002479.SZ	富春环保	104	608.1	32.11	55.68	56.88	0.33	7.52	37.16	0	49.88
002480.SZ	新筑股份	75	501.5	32.31	51.60	50.51	0.33	-6.61	52.54	0	51.19
002481.SZ	双塔食品	225	644.3	32.59	64.69	63.29	0.33	7.15	38.74	1	41.84
002482.SZ	广田集团	150	600.8	32.68	63.43	72.81	0.33	5.96	56.50	0	136.56
002483.SZ	润邦股份	135	598.1	32.31	49.38	61.36	0.43	-21.33	41.18	0	45.01
002484.SZ	江海股份	240	601.0	27.65	44.90	60.48	0.33	7.95	13.51	0	20.51
002485.SZ	希努尔	180	690.4	30.62	70.03	74.67	0.43	1.15	28.45	0	27.51
002486.SZ	嘉麟杰	150	577.4	32.54	34.89	39.26	0.38	-10.56	42.12	0	16.08
002487.SZ	大金重工	135	692.9	32.89	61.42	63.83	0.43	5.80	32.01	0	24.15
002488.SZ	金固股份	240	657.2	29.83	31.88	59.51	0.43	2.98	56.45	0	37.18
002489.SZ	浙江永强	166	675.4	37.96	45.19	57.08	0.33	15.63	41.78	0	58.11
002490.SZ	山东墨龙	135	597.2	35.61	6.14	76.75	0.60	-10.12	56.62	0	58.51
002491.SZ	通鼎互联	135	683.2	34.46	52.17	55.77	0.33	8.21	45.03	0	52.31
002492.SZ	恒基达鑫	60	621.5	33.57	57.92	59.48	0.43	3.18	25.18	0	15.16
002493.SZ	荣盛石化	75	412.2	26.86	85.71	91.71	0.33	5.25	65.62	0	374.74
002494.SZ	华斯股份	180	646.5	30.84	61.89	49.12	0.33	1.29	38.35	0	23.00
002495.SZ	佳隆股份	75	621.0	28.05	5.85	50.66	0.33	3.67	7.23	0	11.73
002496.SZ	辉丰股份	255	622.5	19.76	6.38	63.25	0.33	6.17	41.43	0	61.72
002497.SZ	雅化集团	345	653.8	32.45	4.80	32.34	0.33	5.42	17.25	0	28.93
002498.SZ	汉缆股份	195	596.1	32.09	70.43	70.73	0.33	7.82	33.40	0	62.15
002499.SZ	科林环保	75	621.6	29.99	17.68	47.51	0.33	4.03	27.26	0	10.25
002501.SZ	利源精制	225	701.2	28.02	7.11	31.96	0.33	13.21	56.49	0	88.20

续表

证券代码	证券名称	披露数量	内部控制指数	内控信息披露指数	机构持股比例(%)	前十大股东持股比例(%)	独董占比(%)	ROE(%)	资产负债率(%)	是否国有	总资产(亿元)
002502. SZ	骅威文化	150	721.4	32.78	45.53	61.63	0.33	6.50	6.83	0	33.32
002503. SZ	搜于特	45	664.3	35.99	46.28	80.66	0.43	8.69	36.65	0	36.70
002504. SZ	弘高创意	120	680.2	34.87	34.05	76.54	0.43	33.83	77.97	0	41.41
002505. SZ	大康农业	45	478.2	34.58	5.73	74.99	0.33	0.05	30.28	0	83.21
002506. SZ	协鑫集成	435	665.9	31.65	51.32	79.39	0.33	99.27	75.77	0	147.86
002507. SZ	涪陵榨菜	220	625.3	39.13	49.02	65.21	0.40	12.85	17.17	1	16.60
002508. SZ	老板电器	120	684.9	31.95	70.52	60.59	0.33	29.10	37.01	0	50.27
002509. SZ	天广中茂	105	707.6	37.84	14.55	56.55	0.43	6.84	19.61	0	51.08
002510. SZ	天汽模	405	679.0	32.12	26.91	33.55	0.40	9.50	51.55	0	37.18
002511. SZ	中顺洁柔	90	478.6	34.63	64.82	62.78	0.33	3.69	46.44	0	45.44
002512. SZ	达华智能	60	670.0	31.24	19.37	70.44	0.43	8.97	43.36	0	50.30
002514. SZ	宝馨科技	90	544.6	29.81	44.84	74.92	0.33	4.66	27.77	0	14.08
002515. SZ	金字火腿	165	663.7	30.03	1.18	68.86	0.33	1.79	3.11	0	14.42
002516. SZ	旷达科技	90	418.4	32.86	21.05	61.11	0.33	12.55	66.58	0	65.46
002517. SZ	恺英网络	435	791.7	35.41	26.81	78.33	0.43	72.08	43.31	0	13.55
002518. SZ	科士达	195	671.3	38.46	75.37	73.43	0.43	14.28	30.04	0	25.25
002519. SZ	银河电子	90	411.6	37.14	58.73	61.54	0.33	10.82	45.22	0	35.77
002520. SZ	日发精机	60	664.4	33.33	59.52	65.08	0.43	5.86	29.54	0	24.32
002521. SZ	齐峰新材	195	422.6	32.85	7.40	27.83	0.43	9.16	18.21	0	40.97
002522. SZ	浙江众成	30	490.3	33.28	25.92	69.51	0.43	4.97	24.41	0	18.30
002523. SZ	天桥起重	165	701.3	34.66	19.55	46.37	0.36	7.38	34.79	1	27.91
002524. SZ	光正集团	120	537.1	24.38	36.18	39.53	0.44	0.84	45.56	0	19.25
002526. SZ	山东矿机	375	578.2	27.66	2.58	31.06	0.33	-14.73	39.80	0	29.37
002527. SZ	新时达	239	613.8	31.85	2.35	55.17	0.33	9.06	34.38	0	34.13
002528. SZ	英飞拓	45	661.9	34.48	49.05	75.11	0.43	3.00	18.65	0	29.45
002529. SZ	海源机械	330	630.1	25.93	52.75	50.97	0.43	0.28	18.16	0	12.21
002530. SZ	丰东股份	135	652.4	38.62	64.81	65.08	0.33	4.96	23.52	0	10.00
002531. SZ	天顺风能	150	646.0	36.27	72.70	69.47	0.43	14.20	50.27	0	46.43
002532. SZ	新界泵业	180	667.3	38.81	30.88	64.82	0.33	10.28	21.01	0	16.26
002533. SZ	金杯电工	330	685.8	31.48	31.74	38.29	0.33	7.42	21.26	0	28.30
002534. SZ	杭锅股份	270	600.0	33.92	83.27	80.77	0.33	-6.11	60.17	0	70.62

续表

证券代码	证券名称	披露数量	内部控制指数	内控信息披露指数	机构持股比例(%)	前十大股东持股比例(%)	独董占比(%)	ROE(%)	资产负债率(%)	是否国有	总资产(亿元)
002535.SZ	林州重机	315	579.5	31.98	3.63	56.77	0.38	-11.62	57.01	0	69.35
002536.SZ	西泵股份	120	605.8	31.22	1.56	59.60	0.33	3.76	40.64	0	29.86
002537.SZ	海立美达	180	679.2	37.11	77.24	75.61	0.33	5.07	37.72	0	27.67
002538.SZ	司尔特	405	711.1	25.52	52.42	55.39	0.33	11.61	26.64	0	41.06
002539.SZ	云图控股	195	617.4	26.64	19.78	76.41	0.33	7.83	65.16	0	88.66
002540.SZ	亚太科技	285	673.8	36.27	3.22	57.06	0.40	9.31	12.29	0	30.86
002541.SZ	鸿路钢构	240	677.1	28.29	6.35	72.16	0.40	7.25	64.40	0	70.83
002542.SZ	中化岩土	101	697.3	32.77	16.85	75.24	0.33	12.82	43.34	0	47.48
002543.SZ	万和电气	300	733.2	36.54	58.27	76.83	0.43	11.65	33.71	0	42.56
002544.SZ	杰赛科技	120	701.6	38.27	57.08	54.02	0.40	9.09	64.98	1	35.13
002545.SZ	东方铁塔	150	647.7	34.65	0.49	76.94	0.33	2.15	36.26	0	40.62
002546.SZ	新联电子	75	425.3	37.87	74.04	69.12	0.33	11.57	19.90	0	18.48
002547.SZ	春兴精工	180	714.0	34.61	27.29	64.59	0.33	10.13	46.38	0	35.12
002548.SZ	金新农	180	654.0	34.52	63.15	68.45	0.50	12.31	32.22	0	24.43
002549.SZ	凯美特气	105	547.5	36.13	44.92	80.51	0.38	-5.66	26.97	0	11.96
002550.SZ	千红制药	180	605.4	21.17	11.83	50.66	0.33	12.26	19.01	0	28.33
002551.SZ	尚荣医疗	105	715.6	34.32	25.39	60.64	0.33	9.91	46.51	0	29.15
002552.SZ	宝鼎科技	180	607.9	36.60	28.93	78.12	0.33	0.53	36.19	0	12.66
002553.SZ	南方轴承	135	580.7	23.44	1.33	53.44	0.33	10.23	7.66	0	7.10
002554.SZ	惠博普	150	641.4	34.16	10.15	60.40	0.33	8.33	34.25	0	32.25
002555.SZ	三七互娱	90	608.7	19.90	16.31	83.28	0.44	17.58	19.73	0	46.23
002556.SZ	辉隆股份	105	654.7	25.55	41.84	43.30	0.33	8.15	61.21	0	59.40
002557.SZ	洽洽食品	255	692.3	29.88	76.51	73.14	0.43	11.94	36.01	0	45.81
002558.SZ	世纪游轮	281	429.3	28.08	6.44	78.32	0.43	-5.49	5.92	0	6.16
002559.SZ	亚威股份	225	649.4	32.48	19.36	29.86	0.33	5.57	28.30	0	20.39
002560.SZ	通达股份	180	640.6	31.94	9.41	54.50	0.43	4.09	29.32	0	23.29
002561.SZ	徐家汇	165	601.6	32.08	46.88	53.28	0.33	13.39	17.52	1	24.15
002562.SZ	兄弟科技	120	650.4	26.18	23.11	74.75	0.33	8.98	17.19	0	20.59
002563.SZ	森马服饰	30	590.1	31.03	22.66	83.49	0.33	15.43	20.54	0	116.55
002564.SZ	天沃科技	180	519.3	26.29	3.40	42.20	0.33	0.53	57.51	0	68.80
002565.SZ	顺灏股份	43	672.6	28.77	54.19	51.94	0.43	8.47	43.05	0	34.29

续表

证券代码	证券名称	披露数量	内部控制指数	内控信息披露指数	机构持股比例(%)	前十大股东持股比例(%)	独董占比(%)	ROE(%)	资产负债率(%)	是否国有	总资产(亿元)
002566. SZ	益盛药业	270	517.1	24.29	8.20	55.69	0.33	0.63	33.74	0	26.34
002568. SZ	百润股份	105	733.3	30.69	7.04	82.16	0.43	46.22	45.24	0	18.19
002569. SZ	步森股份	120	472.9	27.45	10.43	67.86	0.33	2.24	24.22	0	6.85
002570. SZ	贝因美	480	646.6	33.20	59.92	60.29	0.38	2.87	31.12	0	53.24
002571. SZ	德力股份	885	571.5	33.81	1.00	52.15	0.33	-4.04	31.80	0	22.29
002572. SZ	索菲亚	90	500.3	33.80	43.92	57.10	0.43	21.85	23.18	0	31.54
002573. SZ	清新环境	540	684.6	35.05	59.08	57.86	0.38	19.52	53.71	0	65.41
002574. SZ	明牌珠宝	156	591.1	19.43	59.35	58.73	0.43	2.01	38.31	0	49.51
002575. SZ	群兴玩具	195	649.8	23.79	46.58	66.15	0.43	2.04	6.97	0	9.62
002576. SZ	通达动力	165	584.1	30.33	14.19	48.41	0.50	1.12	20.14	0	11.10
002577. SZ	雷柏科技	240	586.8	31.10	76.18	77.43	0.40	-20.37	28.79	0	14.53
002578. SZ	闽发铝业	75	644.1	33.20	1.69	53.74	0.33	1.95	22.97	0	12.76
002579. SZ	中京电子	195	601.4	37.33	55.58	56.44	0.33	4.57	48.21	0	12.61
002580. SZ	圣阳股份	180	649.6	38.20	11.08	35.26	0.33	3.18	37.31	0	18.05
002581. SZ	未名医药	450	706.7	21.86	8.57	68.89	0.43	20.71	11.26	0	24.16
002582. SZ	好想你	120	575.8	24.14	7.71	54.83	0.33	-0.23	41.87	0	23.78
002583. SZ	海能达	315	645.8	26.47	11.74	66.24	0.43	11.88	50.33	0	46.04
002584. SZ	西陇科学	60	662.5	42.78	31.01	70.00	0.33	6.85	24.83	0	23.91
002585. SZ	双星新材	133	720.4	30.99	41.35	64.14	0.43	2.33	10.04	0	58.12
002586. SZ	围海股份	180	655.4	30.33	46.79	54.62	0.43	4.03	63.10	0	44.56
002587. SZ	奥拓电子	150	649.2	38.37	21.70	49.73	0.43	3.56	15.54	0	7.00
002588. SZ	史丹利	180	670.9	25.60	21.21	66.69	0.40	18.57	39.37	0	63.15
002589. SZ	瑞康医药	135	662.4	33.54	33.96	68.85	0.43	8.16	61.58	0	88.62
002590. SZ	万安科技	90	616.8	29.50	71.04	73.03	0.33	11.86	59.46	0	20.85
002591. SZ	恒大高新	145	502.0	23.19	4.48	66.77	0.43	-9.27	18.72	0	9.28
002592. SZ	八菱科技	180	603.1	31.91	2.32	71.83	0.43	9.14	20.91	0	25.45
002593. SZ	日上集团	120	587.5	25.87	13.17	70.14	0.43	2.83	41.15	0	29.73
002594. SZ	比亚迪	1155	740.7	37.87	23.72	82.65	0.50	10.22	68.80	0	1154.86
002595. SZ	豪迈科技	180	680.7	36.30	10.98	66.83	0.33	23.57	14.58	0	35.23
002596. SZ	海南瑞泽	165	621.1	37.12	20.45	61.36	0.33	4.43	33.79	0	31.69
002597. SZ	金禾实业	165	681.8	31.76	56.70	55.73	0.33	10.94	39.64	0	36.37

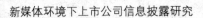

续表

证券代码	证券名称	披露数量	内部控制指数	内控信息披露指数	机构持股比例(%)	前十大股东持股比例(%)	独董占比(%)	ROE(%)	资产负债率(%)	是否国有	总资产(亿元)
002598.SZ	山东章鼓	225	635.0	30.28	37.14	49.77	0.33	7.36	22.81	1	9.82
002599.SZ	盛通股份	120	697.5	34.39	20.65	68.12	0.33	3.25	47.51	0	12.37
002600.SZ	江粉磁材	105	652.1	30.76	6.56	50.04	0.33	2.71	53.21	0	61.37
002601.SZ	龙蟒佰利	375	711.5	38.06	44.29	46.16	0.33	4.85	59.07	0	57.61
002602.SZ	世纪华通	630	596.2	35.21	65.95	80.69	0.33	10.72	21.25	0	50.71
002603.SZ	以岭药业	521	659.0	25.36	45.30	67.61	0.33	9.35	15.41	0	57.07
002604.SZ	龙力生物	270	647.2	34.54	19.98	35.46	0.33	2.64	29.79	0	26.97
002605.SZ	姚记扑克	165	650.9	33.26	4.67	72.68	0.43	9.53	26.80	0	14.51
002606.SZ	大连电瓷	210	642.4	25.96	16.99	37.75	0.43	4.91	42.96	0	13.67
002607.SZ	亚夏汽车	225	543.4	26.80	44.21	63.01	0.33	1.85	76.74	0	36.67
002609.SZ	捷顺科技	345	611.2	24.64	7.08	66.88	0.38	16.27	22.30	0	12.54
002610.SZ	爱康科技	210	644.8	35.88	45.32	46.84	0.33	4.73	79.49	0	121.80
002611.SZ	东方精工	75	642.4	35.82	7.82	63.14	0.50	7.20	56.19	0	24.89
002612.SZ	朗姿股份	210	619.1	33.19	21.93	75.28	0.40	3.25	16.63	0	27.89
002613.SZ	北玻股份	165	694.2	33.53	1.00	66.39	0.33	1.56	17.26	0	19.44
002614.SZ	蒙发利	61	426.9	32.72	18.27	69.67	0.33	8.03	40.52	0	39.25
002615.SZ	哈尔斯	75	475.1	31.60	9.19	67.51	0.43	5.87	27.94	0	8.89
002616.SZ	长青集团	105	654.1	37.43	40.76	72.44	0.50	6.66	44.18	0	29.04
002617.SZ	露笑科技	45	635.5	35.89	52.54	74.22	0.43	8.83	49.04	0	18.63
002618.SZ	丹邦科技	525	553.0	34.73	42.94	48.34	0.40	4.13	30.81	0	23.87
002619.SZ	巨龙管业	90	655.5	29.39	47.85	71.95	0.33	6.34	12.94	0	36.80
002620.SZ	瑞和股份	75	426.3	37.15	44.23	63.93	0.33	6.18	49.39	0	21.33
002621.SZ	三垒股份	105	597.1	25.95	16.79	72.67	0.43	4.98	2.35	0	11.61
002622.SZ	融钰集团	120	600.6	35.22	12.89	53.11	0.33	7.70	14.63	0	13.52
002623.SZ	亚玛顿	525	678.4	34.93	54.97	63.30	0.33	2.56	19.18	0	26.69
002624.SZ	完美世界	182	670.2	37.56	47.37	78.61	0.40	32.05	62.10	0	30.31
002625.SZ	龙生股份	1005	617.3	32.83	4.09	62.55	0.43	8.04	24.82	0	7.04
002626.SZ	金达威	105	665.4	32.59	73.44	76.14	0.33	7.46	44.44	0	27.73
002627.SZ	宜昌交运	300	663.4	32.97	57.71	52.91	0.33	5.25	47.24	1	20.62
002628.SZ	成都路桥	120	607.3	36.70	22.02	38.37	0.33	0.71	53.92	0	56.77
002629.SZ	仁智股份	1350	620.3	36.41	8.36	25.86	0.33	-14.02	19.98	0	8.27

证券代码	证券名称	披露数量	内部控制指数	内控信息披露指数	机构持股比例(%)	前十大股东持股比例(%)	独董占比(%)	ROE(%)	资产负债率(%)	是否国有	总资产(亿元)
002630. SZ	华西能源	225	667.9	29.93	24.98	37.95	0.33	7.03	67.97	0	91.67
002631. SZ	德尔未来	225	676.0	29.64	47.13	74.87	0.43	9.25	11.42	0	17.78
002632. SZ	道明光学	166	619.3	37.64	52.44	66.64	0.38	3.78	9.47	0	15.65
002633. SZ	申科股份	120	603.5	30.39	5.69	61.66	0.50	3.97	24.68	0	7.16
002634. SZ	棒杰股份	180	649.9	30.68	19.23	68.07	0.43	5.13	18.27	0	10.85
002636. SZ	金安国纪	105	631.0	33.30	11.65	70.77	0.33	3.97	48.27	0	26.87
002637. SZ	赞宇科技	105	699.8	31.83	17.65	44.20	0.43	1.34	43.69	0	21.66
002638. SZ	勤上股份	30	562.0	27.95	35.45	39.40	0.33	0.93	30.32	0	32.41
002639. SZ	雪人股份	120	603.0	28.15	0.03	60.48	0.33	1.22	33.84	0	24.99
002640. SZ	跨境通	165	588.2	29.98	29.66	76.41	0.33	8.81	34.56	0	31.22
002641. SZ	永高股份	105	631.2	28.06	56.93	75.62	0.33	11.67	40.39	0	39.75
002642. SZ	荣之联	150	674.8	38.58	16.79	59.20	0.36	7.95	23.24	0	46.60
002643. SZ	万润股份	360	671.8	29.34	61.77	61.85	0.33	11.10	13.90	1	30.19
002644. SZ	佛慈制药	93	671.2	35.58	73.28	71.97	0.50	4.05	9.45	1	13.62
002645. SZ	华宏科技	105	601.6	34.18	66.71	77.12	0.33	−1.07	13.65	0	17.45
002646. SZ	青青稞酒	495	688.1	30.12	73.44	73.27	0.33	10.16	14.16	0	27.23
002648. SZ	卫星石化	150	609.3	33.10	60.84	78.26	0.43	−13.13	55.88	0	70.98
002649. SZ	博彦科技	750	685.9	38.05	6.12	37.22	0.43	11.13	27.33	0	23.68
002650. SZ	加加食品	270	674.6	32.80	51.59	51.29	0.33	8.22	31.59	0	26.97
002651. SZ	利君股份	120	623.6	31.49	2.71	84.80	0.40	7.81	25.41	0	24.98
002652. SZ	扬子新材	60	411.2	25.30	54.66	69.29	0.33	6.47	62.03	0	18.08
002653. SZ	海思科	60	656.2	31.55	10.99	86.14	0.43	17.30	33.18	0	32.28
002654. SZ	万润科技	240	622.1	39.56	12.82	61.68	0.33	5.74	36.51	0	20.87
002655. SZ	共达电声	133	573.8	38.19	48.40	46.10	0.33	3.05	45.29	0	11.55
002656. SZ	摩登大道	210	696.3	32.95	58.82	74.54	0.43	0.84	51.38	0	27.86
002657. SZ	中科金财	75	422.3	32.98	19.00	56.24	0.33	10.19	36.00	0	25.89
002658. SZ	雪迪龙	135	665.7	35.94	14.76	71.32	0.43	18.07	12.67	0	18.13
002659. SZ	中泰桥梁	180	659.3	35.08	68.03	51.82	0.44	0.47	66.33	1	25.65
002660. SZ	茂硕电源	180	655.2	38.53	10.42	45.98	0.40	1.95	46.34	0	18.60
002661. SZ	克明面业	315	621.7	24.77	67.61	69.02	0.33	13.83	18.50	0	24.56
002662. SZ	京威股份	255	631.0	32.71	82.97	80.14	0.33	10.77	35.66	0	68.72

续表

证券代码	证券名称	披露数量	内部控制指数	内控信息披露指数	机构持股比例(%)	前十大股东持股比例(%)	独董占比(%)	ROE(%)	资产负债率(%)	是否国有	总资产(亿元)
002663.SZ	普邦股份	120	598.5	35.76	20.04	57.75	0.33	5.22	34.07	0	64.37
002664.SZ	信质电机	105	563.9	22.67	61.60	65.96	0.33	14.33	44.16	0	27.42
002665.SZ	首航节能	180	710.7	36.72	51.21	61.49	0.33	7.22	39.22	0	48.81
002666.SZ	德联集团	195	603.4	22.70	11.39	68.78	0.33	7.38	17.45	0	32.13
002667.SZ	鞍重股份	150	521.4	27.44	23.01	58.92	0.33	0.82	10.61	0	8.51
002668.SZ	奥马电器	45	428.3	33.68	38.25	63.04	0.43	16.46	58.49	0	43.33
002669.SZ	康达新材	90	616.5	26.09	10.64	52.25	0.33	16.79	20.36	0	9.05
002670.SZ	国盛金控	71	609.9	30.35	10.16	66.15	0.33	3.12	25.50	0	10.45
002671.SZ	龙泉股份	150	619.4	31.15	9.85	40.95	0.33	1.71	40.38	0	24.67
002672.SZ	东江环保	75	423.1	41.04	24.75	64.76	0.50	12.78	51.84	1	66.85
002674.SZ	兴业科技	120	634.8	38.96	75.97	69.34	0.43	0.83	37.64	0	25.25
002675.SZ	东诚药业	255	575.3	34.18	53.07	68.64	0.40	6.40	12.24	0	25.48
002676.SZ	顺威股份	105	541.6	26.10	67.10	79.97	0.43	0.20	33.61	0	16.20
002677.SZ	浙江美大	90	669.9	32.96	1.53	78.59	0.33	15.32	13.90	0	12.12
002678.SZ	珠江钢琴	120	742.6	35.77	87.04	86.67	0.57	7.77	21.64	1	24.64
002679.SZ	福建金森	135	589.2	35.78	79.60	79.84	0.33	5.16	56.20	1	16.53
002680.SZ	长生生物	180	618.3	38.38	14.10	82.13	0.33	25.43	11.03	0	36.95
002681.SZ	奋达科技	210	671.5	30.18	5.40	74.37	0.43	13.53	20.41	0	31.24
002682.SZ	龙洲股份	135	685.7	33.27	44.90	38.55	0.43	3.87	59.49	1	40.46
002683.SZ	宏大爆破	165	665.2	32.58	45.63	56.83	0.33	5.02	43.63	1	42.40
002684.SZ	猛狮科技	102	623.8	33.10	51.56	64.00	0.43	0.38	45.67	0	15.99
002685.SZ	华东重机	75	425.4	27.76	52.57	53.66	0.33	2.73	29.34	0	11.93
002686.SZ	亿利达	105	653.9	37.45	36.46	63.58	0.33	11.66	32.80	0	14.14
002687.SZ	乔治白	90	636.5	28.02	3.25	59.19	0.33	6.24	24.33	0	13.75
002688.SZ	金河生物	75	428.6	30.05	52.55	55.86	0.33	10.56	44.06	0	18.85
002689.SZ	远大智能	75	626.2	24.68	68.21	67.79	0.33	8.57	47.43	0	25.87
002690.SZ	美亚光电	195	712.3	29.65	34.51	79.44	0.43	17.56	11.37	0	21.73
002691.SZ	冀凯股份	75	626.3	27.78	70.25	72.53	0.33	2.88	15.69	0	10.05
002692.SZ	睿康股份	32	656.5	33.86	3.86	71.12	0.33	9.51	52.83	0	32.24
002693.SZ	双成药业	150	623.1	36.97	65.28	61.38	0.40	5.84	40.16	0	15.50
002695.SZ	煌上煌	315	639.0	38.40	58.01	65.27	0.33	4.07	15.29	0	18.28

续表

证券代码	证券名称	披露数量	内部控制指数	内控信息披露指数	机构持股比例(%)	前十大股东持股比例(%)	独董占比(%)	ROE(%)	资产负债率(%)	是否国有	总资产(亿元)
002696.SZ	百洋股份	210	667.0	35.67	13.38	64.93	0.60	5.91	43.29	0	18.86
002697.SZ	红旗连锁	180	674.5	30.51	11.36	67.85	0.38	9.05	44.11	0	36.42
002698.SZ	博实股份	120	634.5	34.71	33.79	73.72	0.33	10.50	13.75	0	20.54
002699.SZ	美盛文化	10	644.4	29.21	77.10	73.38	0.43	13.69	15.35	0	13.83
002700.SZ	新疆浩源	120	644.3	34.12	37.05	68.39	0.40	14.05	19.37	0	10.55
002701.SZ	奥瑞金	255	689.4	30.78	45.31	56.65	0.33	25.51	56.95	0	104.81
002702.SZ	海欣食品	150	566.8	36.86	0.57	57.18	0.43	−5.11	22.37	0	9.63
002703.SZ	浙江世宝	123	634.9	29.81	67.75	92.64	0.33	3.73	22.45	0	18.86

资料来源：迪博内部控制与风险管理数据库、同花顺 iFinD 和 Wind 数据库，作者整理。

参 考 文 献

[1] 毕茜、彭珏、左永彦：《环境信息披露制度、公司治理和环境信息披露》，载于《会计研究》2012 年第 7 期。

[2] 操巍：《交叉上市、管理层盈利预测与自愿披露信息效应》，载于《当代财经》2017 年第 8 期。

[3] 曹廷贵、苏静、任渝：《基于互联网技术的软信息成本与小微企业金融排斥度关系研究》，载于《经济学家》2015 年第 7 期。

[4] 曾辉祥、李世辉、周志方、肖序：《水资源信息披露、媒体报道与企业风险》，载于《会计研究》2018 年第 4 期。

[5] 曾建光、伍利娜、王立彦：《中国式拆迁、投资者保护诉求与应计盈余质量——基于制度经济学与 internet 治理的证据》，载于《经济研究》2013 年第 7 期。

[6] 陈超、甘露润：《银行风险管理、贷款信息披露与并购宣告市场反应》，载于《金融研究》2013 年第 1 期。

[7] 陈晓、陈淑燕：《股票交易量对年报信息的反应研究——来自上海、深圳股市的经验证据》，载于《金融研究》2001 年第 7 期。

[8] 陈艳：《会计信息披露方式的经济学思考》，载于《会计研究》2004 年第 8 期。

[9] 陈艳红、宗乾进、袁勤俭：《国外微博研究热点、趋势及研究方法：基于信息计量学的视角》，载于《国际新闻界》2013 年第 9 期。

[10] 程小可、王化成、刘雪辉：《年度盈余披露的及时性与市场反应：来自沪市的证据》，载于《审计研究》2004 年第 2 期。

[11] 程小可、张慧慧、李昊洋、王景：《研发信息披露对研发活动溢出效应的影响——来自创业板的经验数据》，载于《科技进步与对策》2018 年第 11 期。

[12] 程新生、刘建梅、程悦：《相得益彰抑或掩人耳目：盈余操纵与 Md&A 中非财务信息披露》，载于《会计研究》2015 年第 8 期。

［13］程新生、熊凌云、彭涛：《信息披露行为差异的经济后果——基于市场反应、股票交易量及股票收益波动性实证研究》，载于《系统工程》2015 年第 10 期。

［14］程新生、谭有超、许垒：《公司价值、自愿披露与市场化进程》，载于《金融研究》2011 年第 8 期。

［15］崔学刚：《公司治理机制对公司透明度的影响》，载于《会计研究》2004 第 8 期。

［16］丁方舟：《"理想"与"新媒体"：中国新闻社群的话语建构与权力关系》，载于《新闻与传播研究》2015 年第 3 期。

［17］丁慧、吕长江、黄海杰：《社交媒体、投资者信息获取和解读能力与盈余预期——来自"上证 E 互动"平台的证据》，载于《经济研究》2018 年第 1 期。

［18］董大勇、肖作平：《证券信息交流家乡偏误及其对股票价格的影响：来自股票论坛的证据》，载于《管理世界》2011 年第 1 期。

［19］董望、陈汉文：《内部控制、应计质量与盈余反应——基于中国 2009 年 A 股上市公司的经验证据》，载于《审计研究》2011 年第 4 期。

［20］范小雯：《上市公司自愿性信息披露影响因素研究》，载于《证券市场导报》2006 第 4 期。

［21］方红星、金玉娜：《高质量内部控制能抑制盈余管理吗？——基于自愿性内部控制鉴证报告的经验研究》，载于《会计研究》2011 年第 8 期。

［22］房昭强、应惟伟：《新三板企业信息披露影响风险资本进入的实证研究》，载于《投资研究》2017 年第 12 期。

［23］傅传锐、洪运超：《公司治理、产品市场竞争与智力资本自愿信息披露——基于我国 A 股高科技行业的实证研究》，载于《中国软科学》2018 年第 5 期。

［24］傅传锐、王美玲：《智力资本自愿信息披露、企业生命周期与权益资本成本——来自我国高科技 A 股上市公司的经验证据》，载于《经济管理》2018 年第 4 期。

［25］傅蕴英、张明妮：《货币政策与会计信息披露质量——基于深交所 A 股上市公司的经验证据》，载于《重庆大学学报》（社会科学版）2018 年第 4 期。

［26］高鸿桢：《关于上海股市效率性的探讨》，载于《厦门大学学报》

（哲学社会科学版）1996 年第 4 期。

　　[27] 高锦萍、王伟军：《公司高管个人特质信息披露的特征及影响因素研究》，载于《情报科学》2018 年第 9 期。

　　[28] 高明华、苏然、曾诚：《自愿性信息披露评价及市场有效性检验》，载于《经济与管理研究》2018 年第 4 期。

　　[29] 郭庆光：《传播学概论》，中国人民大学出版社 2011 年版。

　　[30] 郭庆光：《传播学教程》，中国人民大学出版社 2004 年版。

　　[31] 葛欣航：《浅谈新媒体及其对媒体经营管理的影响》，载于《当代经济》2012 年第 4 期。

　　[32] 韩金红、余珍：《碳信息披露与企业投资效率——基于 2011～2015 年 CDP 中国报告的实证研究》，载于《工业技术经济》2017 年第 8 期。

　　[33]［美] 哈罗德·拉斯韦尔：《社会传播的结构与功能》（何道宽译），中国传媒大学出版社。

[34] 韩美妮、王福胜：《信息披露质量、银行关系和技术创新》，载于《管理科学》2017 年第 5 期。

　　[35] 韩鹏、岳园园：《企业创新行为信息披露的经济后果研究——来自创业板的经验证据》，载于《会计研究》2016 年第 1 期。

　　[36] 何进日、武丽：《信息披露制度变迁与欺诈管制》，载于《会计研究》2006 年第 10 期。

　　[37] 何卫东：《上市公司自愿性信息披露研究》，载于《深圳证券交易所综合研究所研究报告》2003 年版。

　　[38] 何贤杰、王孝钰、孙淑伟、朱红军：《网络新媒体信息披露的经济后果研究——基于股价同步性的视角》，载于《管理科学学报》2018 年第 6 期。

　　[39] 何贤杰、王孝钰、赵海龙：《上市公司网络新媒体信息披露研究：基于微博的实证分析》，载于《财经研究》2016 年第 3 期。

　　[40] 何贤杰、肖土盛、陈信元：《企业社会责任信息披露与公司融资约束》，载于《财经研究》2012 年第 8 期。

　　[41] 何玉、唐清亮、王开田：《碳信息披露、碳业绩与资本成本》，载于《会计研究》2014 年第 1 期。

　　[42] 何玉、张天西：《自愿实施网络财务报告公司的特征研究》，载于《会计研究》2005 年第 12 期。

［43］胡军、王甄、陶莹、邹隽奇：《微博、信息披露与分析师盈余预测》，载于《财经研究》2016 年第 5 期。

［44］胡军、王甄、陶莹：《微博、信息披露与分析师盈余预测》，载于《财经研究》2016 年第 5 期。

［45］胡军、王甄：《微博、特质性信息披露与股价同步性》，载于《金融研究》2015 年第 11 期。

［46］胡奕明、范皓晴：《银行薪酬信息披露现状研究——来自巴塞尔成员国银行的调查分析》，载于《会计研究》2016 年第 4 期。

［47］黄超、王敏、常维：《国际"四大"审计提高公司社会责任信息披露质量了吗?》，载于《会计与经济研究》2017 年第 5 期。

［48］黄荷暑、周泽将：《社会责任信息自愿披露、CEO 权力与会计盈余质量——基于倾向得分匹配法（PSM）的分析》，载于《北京工商大学学报》（社会科学版）2017 年第 3 期。

［49］黄俊、郭照蕊：《新闻媒体报道与资本市场定价效率——基于股价同步性的分析》，载于《管理世界》2014 年第 5 期。

［50］黄艺翔、姚铮：《企业社会责任报告、印象管理与企业业绩》，载于《经济管理》2016 第 1 期。

［51］姜英兵、严婷：《制度环境对会计准则执行的影响研究》，载于《会计研究》2012 第 4 期。

［52］金爱华、于海云：《上市公司关键客户信息自愿性披露的影响因素分析——来自 2009~2012 年的经验数据》，载于《理论月刊》2017 年第 4 期。

［53］匡文波：《"新媒体"概念辨析》，载于《国际新闻界》2008 年第 6 期。

［54］兰晓霞：《移动社交网络信息披露意愿的实证研究——基于隐私计算与信任的视角》，载于《现代情报》2017 年第 4 期。

［55］黎来芳、陈占燎：《控股股东股权质押降低信息披露质量吗?》，载于《科学决策》2018 年第 8 期。

［56］李常青、幸伟：《控股股东股权质押与上市公司信息披露》，载于《统计研究》2017 年第 12 期。

［57］李春涛、刘贝贝、周鹏：《卖空与信息披露：融券准自然实验的证据》，载于《金融研究》2017 年第 9 期。

[58] 李贺、余璐、许一明、解梦凡：《解释水平理论视角下的社交网络隐私悖论研究》，载于《情报学报》2018 年第 1 期。

[59] 李虹、霍达：《管理层能力与企业环境信息披露——基于权力距离与市场化进程调节作用视角》，载于《上海财经大学学报》2018 年第 3 期。

[60] 李慧云、郭晓萍、张林：《自愿性信息披露水平高的上市公司治理特征研究》，载于《统计研究》2013 年第 7 期。

[61] 李强、冯波：《高管激励与环境信息披露质量关系研究——基于政府和市场调节作用的视角》，载于《山西财经大学学报》2015 年第 2 期。

[62] 李世辉、何绍丽、曾辉祥：《水信息披露、机构投资者异质性与企业价值——来自我国 A 股制造业上市公司的经验证据》，载于《湖南大学学报》（社会科学版）2018 年第 4 期。

[63] 李维安：《中国上市公司治理指数与治理绩效的实证分析》，载于《管理世界》2006 年第 3 期。

[64] 李心丹、肖斌卿、王树华：《中国上市公司投资者关系管理评价指标及其应用研究》，载于《管理世界》2006 年第 9 期。

[65] 李秀玉、史亚雅：《绿色发展、碳信息披露质量与财务绩效》，载于《经济管理》2016 年第 7 期。

[66] 李雪婷、宋常、郭雪萌：《碳信息披露与企业价值相关性研究》，载于《管理评论》2017 年第 12 期。

[67] 李志斌、章铁生：《内部控制、产权性质与社会责任信息披露——来自中国上市公司的经验证据》，载于《会计研究》2017 年第 10 期。

[68] 李忠海、李道远：《基金持股波动性与公司信息披露质量的关联性——来自深市上市公司 2005～2013 年的经验证据》，载于《证券市场导报》2015 年第 3 期。

[69] 梁东擎：《流动性的度量及其资产价格的关系》，载于《金融研究》2008 年第 9 期。

[70] 梁飞媛：《中国上市公司自愿性信息披露与监管》，载于《经济管理出版社》2011 年。

[71] 林祥友、何帅、邓传红：《XBRL 信息披露对上市公司会计稳健性的影响研究》，载于《投资研究》2017 年第 3 期。

[72] 刘海飞、许金涛、柏巍、李心丹：《社交网络、投资者关注与股

价同步性》，载于《管理科学学报》2017 年第 2 期。

[73] 刘慧芬、王华：《竞争环境、政策不确定性与自愿性信息披露》，载于《经济管理》2015 年第 11 期。

[74] 刘建明：《受众行为的反沉默螺旋模式》，载于《现代传播》2002 年第 2 期。

[75] 龙立、龚光明：《投资者情绪与上市公司自愿性信息披露迎合策略——基于业绩快报行为的实证检验》，载于《中南财经政法大学学报》2017 年第 5 期。

[76] 陆正飞、刘桂进：《中国公众投资者信息需求之探索性研究》，载于《经济研究》2002 年第 4 期。

[77] 罗琦、罗洪鑫：《风险资本的"价值增值"功能分析——基于网络信息披露的视角》，载于《南开管理评论》2018 年第 1 期。

[78] 吕明晗、徐光华、沈弋、钱明：《异质性债务治理、契约不完全性与环境信息披露》载于《会计研究》2018 年第 5 期。

[79] 毛新述、王斌、林长泉、王楠：《信息发布者与资本市场效率》，载于《经济研究》2013 年第 10 期。

[80] 梅洁、杜亚斌：《机构投资者改善信息披露质量的异质性行为研究——来自 2004~2010 年深市 A 股的经验证据》，载于《证券市场导报》2012 年第 6 期。

[81] 倪恒旺、李常青、魏志华：《媒体关注、企业自愿性社会责任信息披露与融资约束》，载于《山西财经大学学报》2015 年第 11 期。

[82] 聂萍、周戴：《基于 XBRL 环境网络财务报告网页呈现质量实证研究》，载于《会计研究》2011 年第 4 期。

[83] 潘琰、林琳：《公司报告模式再造：基于 XBRL 与 Web 服务的柔性报告模式》，载于《会计研究》2007 年第 5 期。

[84] 潘琰、林琳：《互联网公司报告的近期发展：中美百强之比较》载于《福州大学学报》（哲学社会科学版）2011 年第 4 期。

[85] 潘琰、林炎滨：《XBRL 财务报告质量体系构建之思考》，载于《福州大学学报》（哲学社会科学版）2012 年第 5 期。

[86] 潘琰：《因特网财务报告若干问题研究》，厦门大学博士论文，2002 年。

[87] 潘琰：《互联网上的公司财务报告——中国上市公司财务信息网

上披露情况调查》，载于《会计研究》2000 年第 9 期。

[88] 钱明、徐光华、沈弋：《社会责任信息披露、会计稳健性与融资约束——基于产权异质性的视角》，载于《会计研究》2016 年第 5 期。

[89] 权小锋、尹洪英、吴红军：《媒体报道对 ipo 股价表现的非对称影响研究——来自创业板上市公司的经验证据》，载于《会计研究》2015 年第 6 期。

[90] 任聪聪：《上市公司网络会计信息披露影响因素研究》，载于《现代管理科学》2013 年第 9 期。

[91] ［美］赛弗林、坦卡特：《传播学的起源、研究与应用》（陈韵昭译），福建人民出版社。

[92] 邵庆海：《新媒体定义剖析》，载于《中国广播》2011 年第 3 期。

[93] 沈玢：《社交媒体时代的从众效应研究——以拼趣为例》，载于《新闻大学》2017 年第 3 期。

[94] 沈洪涛、冯杰：《舆论监督、政府监管与企业环境信息披露》，载于《会计研究》2012 年第 2 期。

[95] 沈洪涛、黄珍、郭肪汝：《告白还是辩白——企业环境表现与环境信息披露关系研究》，载于《南开管理评论》2014 年第 2 期。

[96] 沈艺峰、吴世农：《我国证券市场过度反应了吗?》，载于《经济研究》1999 年第 2 期。

[97] 沈颖玲：《会计全球化的技术视角——利用 XBRL 构建国际财务报告准则分类体系》，载于《会计研究》2004 年第 4 期。

[98] 舒利敏：《我国重污染行业环境信息披露现状研究——基于沪市重污染行业 620 份社会责任报告的分析》，载于《证券市场导报》2014 年第 9 期。

[99] 宋献中、胡珺、李四海：《社会责任信息披露与股价崩盘风险——基于信息效应与声誉保险效应的路径分析》，载于《金融研究》2017 年第 4 期。

[100] 宋献中：《论企业核心能力信息的自愿披露》，载于《会计研究》2006 年第 2 期。

[101] 孙光国、杨金凤：《高质量的内部控制能提高会计信息透明度吗?》，载于《财经问题研究》2013 年第 7 期。

[102] 汤莉萍：《影像叙述现实，网络视频新媒体播客传播研究》，四

川大学出版社 2012 年版。

［103］谭松涛、阚铄、崔小勇：《互联网沟通能够改善市场信息效率吗？——基于深交所"互动易"网络平台的研究》，载于《金融研究》2016年第 3 期。

　［104］唐勇军、赵梦雪、王秀丽、钟凯莉：《法律制度环境、注册会计师审计制度与碳信息披露》，载于《工业技术经济》2018 年第 4 期。

　［105］唐跃军、吕斐适、程新生：《大股东制衡、治理战略与信息披露》，载于《经济学》（季刊）2008 年第 2 期。

　［106］唐跃军、左晶晶：《终极控制权、大股东制衡与信息披露质量》，载于《经济理论与经济管理》2012 年第 6 期。

　［107］陶文杰、金占明：《媒体关注下的 csr 信息披露与企业财务绩效关系研究及启示——基于我国 A 股上市公司 csr 报告的实证研究》，载于《中国管理科学》2013 年第 4 期。

　［108］田利辉、王可第：《社会责任信息披露的"掩饰效应"和上市公司崩盘风险——来自中国股票市场的 DID – PSM 分析》，载于《管理世界》2017 第 11 期。

　［109］万鹏、曲晓辉：《董事长个人特征、代理成本与营收计划的自愿披露——来自沪深上市公司的经验证据》，载于《会计研究》2012 年第7 期。

　［110］汪昌云、武佳薇、孙艳梅、甘顺利：《公司的媒体信息管理行为与 ipo 定价效率》，载于《管理世界》2015 年第 1 期。

　［111］汪炜、蒋高峰：《信息披露、透明度与资本成本》，载于《经济研究》2004 年第 7 期。

　［112］汪炜、袁东任：《盈余质量与前瞻性信息披露：正向补充还是负向替代?》，载于《审计与经济研究》2014 年第 1 期。

　［113］王春峰、孙金帅、房振明：《上市公司会计信息质量对市场流动性的影响》，载于《证券市场导报》2012 年第 12 期。

　［114］王健忠：《"能说就要说"还是"能不说就不说"——自愿性信息披露与企业创新》，载于《北京社会科学》2018 年第 1 期。

　［115］王磊、孔东民：《盈余信息、个人投资者关注与股票价格》，载于《财经研究》2014 年第 11 期。

　［116］王鹏程、李建标：《自愿性信息披露、媒体治理与市场效率——

基于盈利预测披露的实验研究》，载于《企业经济》2018 年第 1 期。

[117] 王卫星、左哲：《网络新媒体信息披露对民营企业经营绩效的影响研究——基于中小板民营上市公司的实证分析》，载于《湖南师范大学社会科学学报》2018 第 1 期。

[118] 王晰巍、相甍甍、张长亮、王微：《新媒体环境下信息隐私国内外研究动态及发展趋势》，载于《图书情报工作》2017 第 15 期。

[119] 王霞、徐晓东、王宸：《公共压力、社会声誉、内部治理与企业环境信息披露——来自中国制造业上市公司的证据》，载于《南开管理评论》2013 年第 2 期。

[120] 王雄元、喻长秋：《专有化成本与公司自愿性信息披露——基于客户信息披露的分析》，载于《财经研究》2014 年第 12 期。

[121] 王雪：《上市公司应制定适当的信息披露政策》，载于《财务与会计》2007 第 16 期。

[122] 危平、曾高峰：《环境信息披露、分析师关注与股价同步性——基于强环境敏感型行业的分析》，载于《上海财经大学学报》2018 年第 2 期。

[123] 温素彬、周鎏鎏：《企业碳信息披露对财务绩效的影响机理——媒体治理的"倒 U 型"调节作用》，载于《管理评论》2017 年第 29 期。

[124] 吴丹红、杨汉明、周莉：《企业社会责任信息披露的制度动因研究》，载于《统计与决策》2015 年第 22 期。

[125] 吴红军、刘啟仁、吴世农：《公司环保信息披露与融资约束》，载于《世界经济》2017 年第 5 期。

[126] 吴璇、田高良、司毅、于忠泊：《网络舆情管理与股票流动性》，载于《管理科学》2017 年第 6 期。

[127] 武俊桥：《论证券信息披露简明性规则——以网络时代为背景》，载于《证券市场导报》2011 年第 11 期。

[128] 肖曙光、罗美、张延平：《企业自愿性信息披露的决策机理差异性——基于不同时代与市场结构的比较研究》，载于《经济管理》2017 年第 6 期。

[129] 谢志华、崔学刚：《信息披露水平：市场推动与政府监管——基于中国上市公司数据的研究》，载于《审计研究》2005 年 4 期。

[130] 熊伟、陈浪南、朱杰：《股权结构与信息透明度相关性的实证研

究》，载于《系统工程学报》2015 年第 3 期。

［131］徐寿福、徐龙炳：《信息披露质量与资本市场估值偏误》，载于《会计研究》2015 年第 1 期。

［132］徐巍、陈冬华：《自媒体披露的信息作用——来自新浪微博的实证证据》，载于《金融研究》2016 年第 3 期。

［133］徐向艺、高传贵、方政：《分析师预测存在信息披露的"功能锁定"吗?》，载于《华东经济管理》2017 年第 10 期。

［134］徐晓东、陈小悦：《第一大股东对公司治理、企业业绩的影响分析》，载于《经济研究》2003 第 2 期。

［135］闫海洲、陈百助：《气候变化、环境规制与公司碳排放信息披露的价值》，载于《金融研究》2017 年第 6 期。

［136］闫华红、包楠：《会计信息披露与投资者利益保护》，载于《财政研究》2015 年第 1 期。

［137］杨海燕、韦德洪、孙健：《机构投资者持股能提高上市公司会计信息质量吗?——兼论不同类型机构投资者的差异》，载于《会计研究》2012 年第 9 期。

［138］杨汉明、吴丹红：《企业社会责任信息披露的制度动因及路径选择——基于"制度同形"的分析框架》，载于《中南财经政法大学学报》2015 年第 1 期。

［139］杨鹏、史丹梦：《真伪博弈：微博空间的科学传播机制——以"谣言粉碎机"微博为例》，载于《新闻大学》2011 年第 4 期。

［140］杨周南、朱建国、刘峰：《XBRL 分类标准认证的理论基础和方法学体系研究》，载于《会计研究》2010 年第 10 期。

［141］杨子绪、彭娟、唐清亮：《强制性和自愿性碳信息披露制度对比研究——来自中国资本市场的经验》，载于《系统管理学报》2018 年第 3 期。

［142］姚海鑫、王轶英、王书林：《无形资产自愿信息披露、融资约束与投资不足——基于中国高新技术上市公司数据的实证分析》，载于《东北大学学报》（社会科学版）2018 年第 3 期。

［143］姚圣、李诗依：《空间距离对环境信息披露的非线性影响》，载于《软科学》2017 年第 7 期。

［144］姚圣、周敏：《政策变动背景下企业环境信息披露的权衡：政府

补助与违规风险规避》，载于《财贸研究》2017 年第 7 期。

[145] 叶康涛、曹丰、王化成：《内部控制信息披露能够降低股价崩盘风险吗?》，载于《金融研究》2015 年第 2 期。

[146] 叶颖玫：《内部控制与管理层盈余预测披露行为——基于我国半强制半自愿制度的实证检验》，载于《厦门大学学报》（哲学社会科学版）2016 年第 1 期。

[147] 易志高、潘子成、李心丹、茅宁：《高管政治关联助推公司媒体报道了吗？——来自民营企业 IPO 期间的证据》，载于《财经研究》2018 第 6 期。

[148] 易志高、潘子成、茅宁、李心丹：《策略性媒体披露与财富转移——来自公司高管减持期间的证据》，载于《经济研究》2017 年第 4 期。

[149] 于瑾、刘翔、丁春霞：《基金组合披露、投资者关注与业绩持续性》，载于《国际金融研究》2016 年第 4 期。

[150] 余海宗、丁璐、谢璇、吴艳玲：《内部控制信息披露、市场评价与盈余信息含量》，载于《审计研究》2013 年第 5 期。

[151] 张兵、李晓明：《中国股票市场的渐进有效性研究》，载于《经济研究》2003 年第 1 期。

[152] 张纯、吕伟：《信息披露、市场关注与融资约束》，载于《会计研究》2007 年第 11 期。

[153] 张建儒、侯雪晨：《中小板企业内部控制信息披露质量影响因素的实证研究》，载于《中国内部审计》2015 年第 1 期。

[154] 张静：《低碳经济视域下上市公司碳信息披露质量与财务绩效关系研究》，载于《兰州大学学报》（社会科学版）2018 年第 2 期。

[155] 张天西：《网络财务报告：XBRL 标准的理论基础研究》，载于《会计研究》2006 年第 9 期。

[156] 张维迎：《博弈论与信息经济学》，上海人民出版社 2004 年版。

[157] 张馨艺、张海燕、夏冬林：《高管持股、择时披露与市场反应》，载于《会计研究》2012 年第 6 期。

[158] 张秀敏、刘星辰、汪瑾：《阅读难易程度与信息披露质量——基于易读衡量和关联因素视角的分析》，载于《当代经济管理》2017 年第 6 期。

[159] 张秀敏、汪瑾、薛宇：《语义分析方法在企业环境信息披露研究中的应用》，载于《会计研究》2016 年第 1 期。

[160] 张学勇、廖理：《股权分置改革、自愿性信息披露与公司治理》，载于《经济研究》2010 年第 4 期。

[161] 张正勇、吉利、毛洪涛：《公司社会责任信息披露与经济动机研究——来自中国上市公司社会责任报告的经验证据》，载于《证券市场导报》2012 年第 7 期。

[162] 张正勇、吉利、毛洪涛：《上市公司社会责任报告自愿披露的动机——以所有权性质为背景的经验分析》，载于《证券市场导报》2014 年第 7 期。

[163] 张正勇、李玉：《企业披露环境信息：利公还是利私——来自高管减持的经验证据》，载于《现代财经》（天津财经大学学报）2018 年第 4 期。

[164] 张志红、宋艺、王楠：《信息披露频率对非专业投资者盈利预测影响的实验研究》，载于《会计研究》2018 年第 2 期。

[165] 张宗新、张晓荣、廖士光：《上市公司自愿性信息披露行为有效吗？——基于 1998～2003 年中国证券市场的检验》，载于《经济学》（季刊）2005 年第 2 期。

[166] 张宗新、杨飞、袁庆海：《上市公司信息披露质量提升能否改进公司绩效？——基于 2002～2005 年深市上市公司的经验证据》，载于《会计研究》2007 年第 10 期。

[167] 赵良玉、阮心怡、刘芬芬：《社会责任信息披露对企业融资成本的影响——基于我国上市公司的经验证据》，载于《贵州财经大学学报》2017 年第 6 期。

[168] 郑建明、许晨曦：《"新环保法"提高了企业环境信息披露质量吗？——一项准自然实验》，载于《证券市场导报》2018 年第 8 期。

[169] 郑培培、任春艳、郭兰：《社会责任信息披露、媒体报道与个体投资者的投资决策——一项实验证据》，载于《经济管理》2017 年第 4 期。

[170] 钟伟强、张天西、张燕妮：《自愿披露与公司治理：一项基于中国上市公司数据的实证分析》，载于《管理科学》2006 年第 3 期。

[171] 周冬华、赵玉洁：《微博信息披露有利于降低股价同步性吗？》，载于《当代财经》2016 年第 8 期。

[172] 周志方、周宏、曾辉祥：《水信息披露、政治关联和资本成本——以 2010～2015 年中国高水敏感性行业为例》，载于《中南大学学报》

（社会科学版）2018年第2期。

［173］朱红军、汪辉：公平信息披露的经济后果：《基于收益波动性、信息泄露及寒风效应的实证研究》，载于《管理世界》2009年第2期。

［174］邹萍：《"言行一致"还是"投桃报李"？——企业社会责任信息披露与实际税负》，载于《经济管理》2018年第3期。

［175］Abdulkadir, M., Schwienbacher, A., "Voluntary Disclosure of Corporate Venture Capital Investments", *Journal of Banking and Finance*, 2016, 68 (20): 69 –83.

［176］Aboody, D., Kasznik, R., "CEO Stock Options Awards and the Timing of Corporate Voluntary Disclosures", *Journal of Accounting and Economics*, 2000, 29 (15): 73 –100.

［177］Aboody, D., Lehavy, R., Trueman, B., "Limited Attention and the Earnings Announcement Returns of Past Stock Market Winners" *Review of Accounting Studies*, 2010, 15 (2): 317 –344.

［178］Amihud, Y., Mdndelson, H., "Asset Pricing and the Bid – Ask Spread ", *Journal of Financial Economics*, 1986, 17 (2): 223 –249.

［179］Anil, A., Brian, M., "On the Synergy Between Disclosure and Investment Beauty Contests", *Journal of Accounting and Economics*, 2016, 61 (2 – 3): 255 –273.

［180］Araujo, T., Kollat, J., "Communicating Effectively About Csr on Twitter", *Internet Research*, 2018, 28 (2): 419 –431.

［181］Arya, A., Mittendorf, B., "Using Disclosure to Influence Herd Behavior and Alter Competition", *Journal of Accounting and Economics*, 2005, 40 (1): 231 –246.

［182］Audra, L. B., Ioannis, V. F., Shane, A. J., "Redacting Proprietary Information at the Initial Public offering", *Journal of Financial Economics*, 2016, 120 (1): 102 –123.

［183］Audra, L., Boone, J. T., White, S. S., "The Effect of Institutional Ownership on Firm Transparency and Information Production", *Journal of Financial Economics*, 2015, 117 (3): 508 –533.

［184］Ball, R., Brown, P., "An Empirical Evaluation of Accounting Income Numbers", *Journal of Accounting Research*, 1968, 6 (9): 159 –178.

[185] Berger, P. , Hann, R. , "Segment Profitability and the Proprietary and Agency Costs of Disclosures", *The Accounting Review*, 2007, 82 (4): 869 – 902.

[186] Beyer, A. , Cohen, D. A. , Lys, T. Z. , et al. , "The Financial Reporting Environment: Review of the Recent Literature", *Journal of Accounting and Economics*, 2010, 50 (2): 296 – 343.

[187] Blankespoor, E. , Miller, B. P. , White, H. D. , "Initial Evidence on the Market Impact of the Xbrl Mandate", *Review of Accounting Studies*, 2014, 19 (4) 1468 – 1503.

[188] Bonson, E. , Frederickson, Jr. , Miller, Js. , "The Effects of Pro-formance Earnings Disclosures on Analysts' and Nonprofessional Investors' Equity Valuation Judgments", *Accounting Review*, 2008, 79 (3): 67 – 86.

[189] Boritz, J. E. , No W. , "Security In Xml – Based Financial Repor-ting Services on the Internet", *Journal of Accounting and Public Policy*, 2005, 24 (1): 11 – 35.

[190] Botosan, C. , Plumlee, M. , "A Re – Examination of Disclosure Level and the Expected Cost of Equity Capital", *Journal of Accounting Research*, 2002, 40 (7): 21 – 40.

[191] Botosan, C. , "Diselosure Level and the Cost of Equity Capital", *The Accounting Review*, 1997, 72 (3): 323 – 349.

[192] Bourveau, T. , Schoenfeld, J. , "Shareholder Activism and Volunta-ry Disclosure", *Review of Accounting Studies*, 2017, 22 (3): 1307 – 1339.

[193] Brennan, N. , "Voluntary Disclosure of Profit Forecasts by Target Companies in Takeover Bids", *Journal of Business Finance and Accounting*, 1999, 26 (7): 883 – 918.

[194] Bukhari, M. , Galloway, J. , "Twitter, Alternativefacts, Careless Whispers and Rheumatology", *Rheumatology*, 2018, 57 (5): 773 – 774.

[195] Bushee, B. , Core, J. , Guay, W. , et al. , "The Role of the Busi-ness Press as an Information Intermediary", *Journal of Accounting Research*, 2010, 48 (1): 1 – 19.

[196] Bushman, R. , Piotroski, J. , Smith, A. , "Capital Allocation and Timely Accounting Recognition of Economic Losses", *Journal of Business Finance*

and Accounting, 2011, 38 (1 - 2): 1 - 33.

[197] Cassar, G. J., Gerakos, J. J., Green, J. R., Hand, J. R. M, Neal M. H., "Fund Voluntary Disclosure", *Accounting Review.* 2018, 93 (2): 117 - 135.

[198] Chen, H., De, P., Hu, Y., Hwang, B. H., "Wisdom of Crowds: the Value of Stock Opinions Transmitted Through Social Media", *Review of Financial Studies*, 2014, 27 (5): 1367 - 1403.

[199] Cianciaruso, D., Sridhar, S., "Mandatory and Voluntary Disclosures: Dynamic Interactions", *Journal of Accounting Research*, 2018, 56 (4): 1253 - 1283.

[200] Craig, A., Depken, Zhang, Y., "Adverse Selection and Reputation In A World of Cheap Talk", *The Quarterly Review of Economics and Finance*, 2010, 50 (4): 548 - 558.

[201] Craven, B. M., Marston, C. L., "Financial Reporting on the Internet by Leading UK Companies", *European Accounting Review*, 1999, 8 (2): 321 - 333.

[202] Cuny, C., "Voluntary Disclosure Incentives: Evidence From the Municipal Bond Market", *Journal of Accounting and Economics*, 2016, 62 (1): 87 - 102.

[203] Darrough, M., "Disclosure Policy and Competition: Cournot vs. Bertrand", *The Accounting Review*, 1993, 68 (3): 534 - 562.

[204] David, S. G., "Managerial Ownership and Accounting Disclosures: an Empirical Study", *Review of Quantitative Finance and Accounting*, 2000, 15 (2): 169 - 185.

[205] Dayanandan, A., Donker, H., Karahan, G., "Do Voluntary Disclosures of Bad News Improve Liquidity?", *The North American Journal of Economics and Finance*, 2017, 40 (16 - 29).

[206] Deangelo, L., "Managerial Competition, Information Costs, and Corporate Governance: the Use of Accounting Performance Measures in Proxy Contests", *Journal of Accounting and Economics*, 1988, 10 (3): 3 - 37.

[207] Delort, J. Y., Arunasalam, B., Leung, H., et al., "The Impact of Manipulation in Internet Stock Message Boards", *International Journal of Bank-*

ing and Finance, 2011, 8 (4): 1 - 18.

[208] Dhaliwal, L., Yang, T., "Capital Allocation and Timely Accounting Recognition of Economic Losses", *The Accounting Review*, 2011, 86 (6): 59 - 100.

[209] Diamond, D., Verrecchia, R., "Disclosure, Liquidity, and the Cost of Capital", *The Journal of Finance*, 1991, 66 (13) 1325 - 1355.

[210] Dolinšek, T., Lutar - Skerbinjek, A., "Voluntary Disclosure of Financial Information on the Internet by Large Companies in Slovenia", *Kybernetes*, 2018, 47 (3): 458 - 473.

[211] Ettredge, M., Richardson, V. J., Scholz, S., "Dissemination of Information for Investors at Corporate Websites", *Journal of Accounting and Public Policy*, 2002, 21 (11): 357 - 369.

[212] Ettredge, M., Vernon, J. R., Scholz, S., " Dissemination of Information for Investors at Corporate Web Sites", *Journal of Accounting and Public Policy*, 2003, 21 (4): 357 - 369.

[213] Fama, E. F., Jensen, M. C., "Separation of Ownership and Control", *Journal of Law and Economics*, 1983, 26 (2): 12 - 35.

[214] Fieseler, C., Fleck, M., Meckel, M., "Corporate Social Responsibility in the Blogosphere", *Journal of Business Ethics*, 2010, 91 (4): 599 - 614.

[215] Frankel, R., Li, X., "Characteristics of A Firm's Information Environment and the Information Asymmetry Between Insiders and Outsiders", *Journal of Accounting Economics*, 2002, 37 (2): 229 - 259.

[216] French, K, Roll, R., "Stock Return Variance: the Arrival of Information and the Reaction of Traders", *Journal of Financial Economics*, 1986, 17 (9): 5 - 26.

[217] Gary, B., Gilles, H., Rodrigo, V., "How does Financial Reporting Quality Relate to Investment Efficiency? ", *Journal of Accounting and Economics*, 2009, 48 (2 - 3): 112 - 131.

[218] Gigler, F., " Self - Enforcing Voluntary Disclosures", *Journal of Accounting Research*, 1994, 32 (2): 224 - 240.

[219] Goh, L., Liu, X., Tsang, A., "Voluntary Disclosure of Corporate

Political Spending", *Journal of Corporate Finance*, 2018, 92 (3): 1 –32.

［220］Hales, J., Moon, J., Swenson, L., "A New Era of Voluntary Disclosure? Empirical Evidence on How Employee Postings on Social Media Relate to Future Corporate Disclosures", *Accounting, Organizations and Society*, 2018 (68 – 69): 88 –108.

［220］Healy, P. M., Palepu, K. G., "The Challenges of Investor Communications: the Case of Cuc International Inc", *Journal of Financial Economics*, 1995, 38 (10): 111 –141.

［222］Healy, P. M., Palepu, K. G., "Information Asymmetry, Corporate Disclosure, and the Capital Markets: a Review of the Empirical Disclosure Literature", *Journal of Accounting and Econcomics*, 2001, 31 (5): 405 –440.

［223］Hirshleifer, D., Teoh, S. H., "Limited Attention, Information Disclosure, and Financial Reporting", *Journal of Accounting and Economics*, 2003, 36 (1): 337 –386.

［224］Hodge, F., Kennedy, J., Maines, L. A., "Does Searchfacilitating Technology Improve the Transparency of Financial Reporting? ", *The Accounting Review*, 2004, 79 (3): 687 –703.

［225］Hodge, F. D., Kennedy, J. J, Maines, L. A., "Does Search – Facilitating Technology Improve the Transparency of Financial Reporting", *The Accounting Review*, 2004, 79 (3): 687 –703.

［226］Hogan, M., Strasburger, Vc., "Social Media and New Technology: a Primer", *Clin Pediatr (Phila)*, 2018, 35 (3): 134 –154.

［227］Honey, C., Heng, C., "Beyond Microblogging Conversation and Collaboration Via Twitter", *Proceeding of the 42nd Hawaii International Conference on System Sciences*, 2009: 1 –10.

［228］Hossain, A., "Voluntary Disclosure in an Emerging Capital Market", *International Journal of Accounting*, 1994 (29): 334 –351.

［229］Hung, M., Kim, Y., Li, S., "Political Connections and Voluntary Disclosure: Evidence From Around the World", *Journal of International Business Studies*, 2018, 49 (3): 272 –302.

［230］Hunton, J., "The Supply and Demand for Continuous Reporting, in Trust and Data Assurances in Capial Markets: the Role of Technology Solutions",

Research Monograph Sponsored by Pricewatehouse Coopers, 2003: 7 - 16.

［231］Inchausti, A. G. , "The Influence of Company Characteristics and Accounting Regulation on Information Disclosed by Spanish Firms", *European Accounting Review*, 1997, 6（1）: 45 - 68.

［232］Jennifer, A. , Anne, B. , "The Timeliness of Restatement Disclosures and Financial Reporting Credibility", *Journal of Business Finance & Accounting*, 2015, 42（7 - 8）: 826 - 859.

［233］Jensen, M. C. , Meckling, W. H. , "Theory of the Firm: Managerial Behavior, Agency Costs and Ownership Structure", *Journal of Financial Economics*, 1976, 3（4）: 305 - 360.

［234］John, C. C. , "Market Failure and the Economic Case for a Mandatory Disclosure System", *Virginia Law Review*, 1984, 70（4）: 717 - 753.

［235］Jung, M. J. , Naughton, J. P. , Tahoun, A. , Wang, C. , "Do Firms Strategically Disseminate? Evidence from Corporate Use of Social Media", *The Accounting Review*, 2018, 93（4）: 225 - 252.

［236］Kavajecz, K. , "A Specialist's Quoted Depth and the Limit Order Book", *Journal of Finance*, 2010, 54（2）: 747 - 771.

［237］Kelton, A. S. , Yang, Y. W. , "The Impact of Corporate Governance on Internet Financial Reporting", *Journal of Accounting and Public Policy*, 2008, 27（1）: 62 - 87.

［238］Kim, J. B. , Shroff, P. , Vyas, D. , Moerman, R. , "Credit Default Swaps and Managers' Voluntary Disclosure", *Journal of Accounting Research*, 2018, 56（3）: 953 - 988.

［239］Kumar, P. , Langberg, N. , Oded, J. , Sivaramakrishnan, K. , "Voluntary Disclosure and Strategic Stock Repurchases", *Journal of Accounting and Economics*, 2017, 63（2 - 3）: 207 - 230.

［240］Lang, K. , "Voluntary Disclosure and Analyst Forecast", *European Accounting Review*, 2018, 27（1）: 23 - 36.

［241］Lang, M. , Lins, K. V. , Maffett, M. , "Transparency, Liquidity, and Valuation: International Evidence on When Transparency Matters Most", *Journal of Accounting Research*, 2012, 50（3）: 729 - 774.

［242］Lang, M. , Lundholm, R. , "Cross - Sectional Determinants of Analysts Ratings of Corporate Disclosures", *Journal of Accounting Research*, 1993, 31 (16): 246 –271.

[243] Lang, M., Lundholm, R., "The Relation Between Security Returns, Firm Earnings, and Industry Earnings", *Contemporary Accounting Research*, 1996, 13 (2): 607 –629.

[244] Lau, M., and Wydick, B., "Dose New Information Technology Lower Media Qualiy? the Paradox of Commercial Public Goods", *Journal of Industy, Competition and Trade*, 2014, 14 (2): 145 –157.

[245] Lee, L. F., Hutton, A. P., Shu, S., "The Role of Social Media in the Capital Market: Evidence from Consumer Product Recalls", *Journal of Accounting Research*, 2015, 53 (2): 367 –404.

[246] Lerman, A., "Individual Investors Attention to Accounting Information: Message Board Discussions", *New York University*, 2010: 51 –69.

[247] Lin, Y., Mao, Y., Wang, Z., "Institutional Ownership, Peer Pressure, and Voluntary Disclosures", *Accounting Review*, 2018, 93 (4): 283 –308.

[248] Loeb, S., Katz, M., Langford, A., Byrne, N., Ciprut, S., "Prostate Cancer and Social Media", *Nature Reviews Urology*, 2018, 28 (5): 1287 –1299.

[249] Mark, R., "Continuous Disclosure and Information Asymmetry", *Accounting Research Journal*, 2015, 28 (2): 195 –224.

[250] Meek, G. K., Roberts, C. B., Gray, S. J., "Factors Influencing Voluntary Annual Report Disclosures by U. S., U. K. and Continental European Multinational Corporations", *Journal of International Business Studies*, 1995, 26 (3): 555 –572.

[251] Merton, R. C., "A Simple Model of Capital Market Equilibrium Within Complete Information", *The Journal of Finance*, 1987, 42 (3): 483 –510.

[252] Michael, W., "Disclosure Policy, Information Asymmetry, and Liquidity in Equity Markets", *Contemporary Accounting Research*, 1995, 11 (2): 801 –827.

[253] Miller, G., "The Press as a Watchdog for Accounting Fraud",

Journal of Accounting Research, 2006, 44 (5): 1001 – 1033.

[254] Miller, G. , Skinner, D. J. , "The Evolving Disclosure Landscape: How Changes in Technology, The Media, and Capital Markets are Affecting Disclosure", *Journal of Accounting Research*, 2015, 53 (2): 221 – 239.

[255] Mohamed, A. , Schwienbacher, A. , "Voluntary Disclosure of Corporate Venture Capital Investments", *Journal of Banking and Finance*, 2016, 68 (1): 69 – 83.

[256] Morck, R. , Shleifer, A. , Vishny, R. , "Do Managerial Objectives Drive Bad Acquisitions?", *Journal of Finance*, 1990, 45 (16): 31 – 50.

[257] Myers, S. , Majluf, N. , "Corporate Financing and Investment Decisions When Firms Have Information that Investors do Not Have", *Journal of Financial Economics*, 1984, 13 (8): 187 – 222.

[258] Noe, C. , "Voluntary Disclosures and Insider Transactions", *Journal of Accounting and Economics*, 1999, 27 (3): 305 – 326.

[259] Pagano, M. , Roell, A. , "Transparency and Liquidity: a Comparison of Auction and Dealer Markets with Informed Trading", *Journal of Finance*, 1996, 51 (2): 579 – 612.

[260] Petravick, S. , Gillett, J. W. , "Distributing Earnings Reports on the Internet", *Management Accounting (Usa)*, 1998, 80 (4): 54.

[261] Pinsker, "Xbrl Awareness in Auditing: A Sleeping Giant?", *Managerial Auditing Jomal* 2003, 18 (9): 732 – 736.

[262] Porta, R. L. , Silanes, L. D. , Schleifer, A. , "Corporate Ownership Around the World", *Journal of Finance*, 1999, 54 (2): 471 – 517.

[263] Ronald, "Xbrl – Based Financial Reporting: Challenges and Opportunities for Government Accountants", *The Journal of Government Financial Management*, 2008 (6): 16 – 22.

[264] Ruland, W. , Tung, S. , George, N. , "Factors Associated with the Disclosure of Managers' Forecasts", *The Accounting Review*, 1990, 65 (3): 710 – 721.

[265] Schrand, C. , Walther, B. , "Strategic Benchmarks in Earnings Announcements: the Selective Disclosure of Prior – Period Earnings Components", *The Accounting Review*, 2000, 75 (2): 151 – 177.

［266］Shirley, H., "Credibility of Voluntary Disclosure in Financial Firms", *Asia - Pacific Journal of Accounting & Economics*, 2017, 24（1 - 2）: 232 - 247.

［267］Simon, W., "A Study of the Relationship Between Corporate Governance Structure and the Extent of Voluntary Disclosure", *Journal of International Accounting, Auditing & Taxation*, 2001, 24（10）: 139 - 156.

［268］Singleton, W. R., Globerman, S., "The Changing Nature of Financial Disclosure in Japan", *International Journal of Accounting*, 2002, 37（1）: 95 - 111.

［269］Skinner, D., "Earnings Disclosures and Stockholder Lawsuits", *Journal of Accounting and Economics*, 1997, 23（3）: 249 - 282.

［270］Skinner, D., "Why Firms Voluntarily Disclose Bad News", *Journal of Accounting Research*, 1994, 32（19）: 38 - 61.

［271］Spence, M., "Job Market Signaling", *The Quarterly Journal of Economics*, 1973, 87（3）: 355 - 374.

［272］Sprenger, T. O., Tumasjan, A., Sandner, P. G., et al., "Tweets and Trades: the Information Content of Stock Microblogs", *European Financial Management*, 2014, 20（5）: 926 - 957.

［273］Thomas, H., Lisl, Z., "Twitter for City Police Department Information Sharing", *Proceeding of the American Society for Information Science and Technology*, 2011: 6 - 17.

［274］Tian, Xiaoli, "Does Real - Time Reporting Deter Strategic Disclosures by Management? the Impact of Real - Time Reporting and Event Controllability on Disclosure Bunching", *The Accounting Review*, 2015, 90（5）: 2107 - 2139.

［275］Vergeer, M., "Adopting, Networking, and Communicating on Twitter", *Social Science Computer Review*, 2017, 35（6）: 698 - 712.

［276］Verrecchia, R. E., Weber Joseph, "Reacted Disclosure", *Journal of Accounting Research*, 2006, 44（4）7: 91 - 791.

［277］Vioulè, M., Moulahi, B., Azé, J., Bringay, S., "Detection of Suicide - Related Posts in Twitter Data Streams", *IBM Journal of Research and Development*, 2018, 62（1）: 1 - 12.

[278] Warner, J. , Watts, R. , Wruck, K. , "Stock Prices and Top Management Changes", *Journal of Financial Economics*, 1988, 20 (4): 461 –493.

[279] Warner – Søderholm, G. , Bertsch, A. , Sawe, E. , "Who Trusts Social Media?", *Computers in Human Behavior*, 2018, 81: 303 –315.

[280] Weisbach, M. , "Outside Directors and Ceo Turnover", *Journal of Financial Economics* 1988, 20 (9): 431 –461.

[281] Yoon, H. , Zo, H. , Ciganek, A. P. , "Does Xbrl Adoption Reduce Information Asymmetry?", *Journal of Business Research*, 2010, 64 (2): 157 – 163.

[282] Zhang, J. , "Voluntary Information Disclosure on Social Media", *Decision Support Systems*, 2015, 73 (1): 28 –36.

[283] Zhang, Q. , James, L. C. , "New Development: Fiscal Transparency in China – Government Policy and the Role of Social Media", *Public Money & Management*, 2013, 33 (1): 71 –75.

[284] Zuo, L. , "The Informational Feedback Effect of Stock Prices on Management Forecasts", *Journal of Accounting and Economics*, 2016, 61 (2 – 3): 391 –413.

后 记

  本书是在我博士毕业论文的基础上修改而成，在对上市公司新媒体信息披露进行调查的基础上对其影响因素及市场作用进行了探索性研究。

  本书能够顺利完成，得益于所有关心和支持我的良师益友。首先，要感谢我的导师潘琰教授，她亦师亦母，能够成为潘老师的弟子是我人生一大幸事。在五年的求学道路上，潘老师对我耳提面命，严导善催。老师正直高尚的人格、公正无私的师德、勤奋好学的精神和精益求精的品格让我做人、做事、求学都受益匪浅。在全书的写作过程中，从选题、资料收集、框架结构的搭建到案例的选取，甚至遣词造句都得益于潘老师的悉心指导，离不开老师的智慧与心血。潘老师对我的关怀不仅在学业上，她也给予我许多接触企业实践的机会，让我对会计学的研究不再局限于理论。师恩似海，拙笔难表，唯有以后加倍努力来回报老师的教导之恩。在这里还要感谢郑老师，您的乐观总能给我带来前进的动力。

  本书能够顺利完成，也要感谢福州大学为我提供了优美舒适的教学和科研环境，使我能够专心进行写作和讨论。感谢经济与管理学院为我提供了广阔的平台和成长的土壤。在这里，我倾听了多位国内外著名专家的学术报告，有幸参与了多次专题论坛和培训会，使我洞悉了学科前沿，拓展了视野，打开了写作思路，掌握了新的写作方法。感谢李登峰教授、王应明教授、许萍教授、卢长宝教授、邓晓岚副教授、黄连琴教授、吴秋明教授、叶阿忠教授等，他们的教导和思想给我写作的思路与无尽启迪。向各位老师表达深深的谢意。同时，我也要感谢给我提出宝贵建议的纽约州立大学何乐融教授、香港科技大学许尤洋教授、厦门大学吴超鹏教授和复旦大学方军雄教授。

  还要感谢我的同门辛清泉博士、陈小可博士、刘秋明博士、甘建胜博士、林琳博士、欧凌燕博士、李灵翔博士、吴修瑶博士、毛腾飞博士、蔡高锐博士、刘晓静博士和朱灵子博士。感谢他们在我写作的过程中给予我的热情鼓励和帮助。还要感谢冯晓岚、谢晓红、陈玲玲、夏静、高翠霞、林宇嘉、虞红燕、刘啊丽、徐欣、白忆鹏、陈斐、许美月等师弟师妹，在他们的帮助和支持下，我的相关研究得以顺利完成。

感谢我的同窗好友刘家财博士、欧忠辉博士、邱启荣博士、黄友珀博士、陈颖博士、徐屹嵩博士、施海柳博士、王奇博士、宋震博士、陈圣群博士、郑晶博士、蓝以信博士、李婵博士、庄新霞博士、陈磊博士等，让我体会到友谊的珍贵和生活的乐趣，让我的博士生活不再孤单。

最后，还要感谢一直陪伴我的家人，是你们的付出让我得以完成本书。感谢我的妻子，你对家庭的无私付出给了我学习、工作和思考的空间，你的支持给了我极大的鼓舞和帮助。感谢可爱的儿子和女儿，有你们的存在，我的生活才充满乐趣。感谢我的父母，你们的默默付出，让身为儿子的我感受到伟大的父爱和母爱。感谢两位姐姐，在我需要帮助的时候随时挺身而出。

在写作过程中，所有的收获和进步无不让我深深感激帮助和关心我的人，在此不能一一致谢，唯有希望以我的书籍答谢所有人的厚爱。我将用我毕生的努力来回报关心、支持和爱护我的师长同人、亲朋好友！

王　冰

2019 年 3 月于福州

图书在版编目（CIP）数据

新媒体环境下上市公司信息披露研究／王冰著．—北京：
经济科学出版社，2019.4
（福建省社会科学研究基地财务与会计研究中心系列丛书）
ISBN 978 - 7 - 5218 - 0324 - 2

Ⅰ.①新⋯　Ⅱ.①王⋯　Ⅲ.①上市公司 - 会计分析 -
研究 - 中国　Ⅳ.①F279.246

中国版本图书馆 CIP 数据核字（2019）第 038574 号

责任编辑：赵　蕾
责任校对：隗立娜
责任印制：李　鹏

新媒体环境下上市公司信息披露研究
王冰／著
经济科学出版社出版、发行　新华书店经销
社址：北京市海淀区阜成路甲 28 号　邮编：100142
总编部电话：010 - 88191217　发行部电话：010 - 88191540
网址：www.esp.com.cn
电子邮件：esp@esp.com.cn
天猫网店：经济科学出版社旗舰店
网址：http://jjkxcbs.tmall.com
北京季蜂印刷有限公司印装
710 × 1000　16 开　16.5 印张　290000 字
2019 年 4 月第 1 版　2019 年 4 月第 1 次印刷
ISBN 978 - 7 - 5218 - 0324 - 2　定价：66.00 元
（图书出现印装问题，本社负责调换。电话：010 - 88191510）
（版权所有　侵权必究　打击盗版　举报热线：010 - 88191661
QQ：2242791300　营销中心电话：010 - 88191537
电子邮箱：dbts@esp.com.cn）